Familiengruppen in der Heimerziehung
Eine empirische Studie zur Entwicklung
und Differenzierung von Betreuungsmodellen

STUDIEN ZUR JUGEND- UND FAMILIENFORSCHUNG

Herausgegeben von Prof. Dr. Franz Petermann

Band 8

PETER LANG
Europäischer Verlag der Wissenschaften

Forschungsgruppe
Jugendhilfe Klein-Zimmern
(Hrsg.)

Familiengruppen in der Heimerziehung

Eine empirische Studie zur Entwicklung
und Differenzierung von Betreuungsmodellen

3., durchgesehene Auflage

PETER LANG
Frankfurt am Main · Berlin · Bern · New York · Paris · Wien

Die Deutsche Bibliothek - CIP-Einheitsaufnahme

Familiengruppen in der Heimerziehung : eine empirische
Studie zur Entwicklung und Differenzierung von
Betreuungsmodellen / Forschungsgruppe Jugendhilfe Klein-
Zimmern (Hrsg.). - 3., durchges. Aufl. - Frankfurt am Main ;
Berlin ; Bern ; New York ; Paris ; Wien : Lang, 1995
    (Studien zur Jugend- und Familienforschung ; Bd. 8)
ISBN 3-631-47863-1

NE: Forschungsgruppe Jugendhilfe <Klein-Zimmern>; GT

ISSN 0178-0212
ISBN 3-631-47863-1
© Peter Lang GmbH
Europäischer Verlag der Wissenschaften
Frankfurt am Main 1992
3. durchges. Aufl. 1995
Alle Rechte vorbehalten.

Das Werk einschließlich aller seiner Teile ist urheberrechtlich
geschützt. Jede Verwertung außerhalb der engen Grenzen des
Urheberrechtsgesetzes ist ohne Zustimmung des Verlages
unzulässig und strafbar. Das gilt insbesondere für
Vervielfältigungen, Übersetzungen, Mikroverfilmungen und die
Einspeicherung und Verarbeitung in elektronischen Systemen.

		Seite
Vorwort		**9**

1	Entwicklung der Familiengruppen im Jugendhilfezentrum St. Josephshaus Klein-Zimmern	11
	Eckhart Knab und Peter Ach	
1.1	Vom Wohngruppen- zum Familiengruppenmodell: Darstellung der Entwicklung einer Betreuungsstruktur	11
1.2	Gründung von Familiengruppen im St. Josephshaus Klein-Zimmern	14
	1.2.1 Personal- und Klientelkonzept	14
	1.2.2 Organisationskonzept	15
2	Familiengruppen: Begriffsbestimmung, Ziele und Konzepte	16
	Franz Petermann und Ulrike Petermann	
2.1	Bestimmung des Begriffs "Familie"	16
2.2	Bestimmung des Begriffs "Familiengruppe"	18
2.3	Familiengruppe - Anspruch und Heimrealität	20
2.4	Zur Bedeutung von Familiengruppen in der Heimerziehung	22
2.5	Ziele von Familiengruppen	25
2.6	Organisatorische Voraussetzungen von Familiengruppen	26
3	Untersuchungsentwurf und zentrale Annahmen	28
	Herbert Müller	
3.1	Widersprüche im Betreuungsmodell	28
3.2	Prozeßmodell von Belastung und Bewältigung	31
3.3	Untersuchungsbereiche	33
3.4	Klassifikationsschema	34
3.5	Organisationsbezogene zentrale Annahmen	37
3.6	Personbezogene zentrale Annahmen	39
3.7	Familienbezogene zentrale Annahmen	43
3.8	Zentrale Begriffe	46
3.9	Einordnung des Forschungsprojektes	56
4	Instrumentenentwicklung	58
	Herbert Müller	
4.1	Kategorien der Aktenanalyse	60

4.2	Merkmale der Klientel	61
	4.2.1 Das ABC-Inventar	62
	4.2.2 Der ABC-Filter	64
	4.2.3 Klientelmerkmale aus Interviews	65
	4.2.4 Die Aussagenliste zum Selbstwertgefühl (ALS)	67
	4.2.5 Das Soziogramm	68
4.3	Erfassung und Beurteilung von Standardsituationen	69
4.4	Erhebungsinstrumente zur Erzieher-Befragung	72
	4.4.1 Das Erzieher-Interview	72
	4.4.2 Der Fragebogen für FG-Erzieher (F-FG-E)	74
	4.4.3 Der Fragebogen zur Belastung von Erziehern	75
	4.4.4 Der Fragebogen zu Lebenszielen und zur Lebenszufriedenheit (FLL)	77
	4.4.5 Der Fragebogen zum elterlichen Erziehungsverhalten (FEV)	78
	4.4.6 Der Untersuchungsbewertungsbogen (UBB)	79
4.5	Heimleiter-/Erziehungsleiter-Interview	79
4.6	Herkunftsfamilien-Interview/Elternarbeit	81
4.7	Erhebungsinstrumente zum Thema Supervision	83
4.8	Einschätzung der Instrumentenentwicklung	85
	Franz Petermann	
5	Aufbau und Durchführung der Studie	86
	Herbert Müller und Franz Petermann	
5.1	Stichprobenbeschreibung	87
5.2	Kooperationsfindung	91
5.3	Schwierigkeiten bei der Erhebung	92
5.4	Folgerungen aus der Pilotphase	94
6	Auswertung und Einordnung der Ergebnisse	97
6.1	Merkmale der Kinder und Jugendlichen in den Familiengruppen	98
	Herbert Müller	
	6.1.1 Soziologische Merkmale	98
	6.1.2 Betreuungsrahmen	101
	6.1.3 Klinisches Störungsbild	103
	6.1.4 Selbstwertproblematik	106
	6.1.5 Akzeptanz, Bewältigung, Kooperation	109

	6.1.6 Integration	119
	6.1.7 Kinder der Kernfamilien	123
6.2	Standardsituation Mittagessen	124
	6.2.1 Rahmenbedingungen	124
	Herbert Müller	
	6.2.2 Auswertungsergebnisse der Videoaufzeichnungen	126
	Michael Macsenaere	
6.3	Erziehung und Belastung	142
	Herbert Müller	
	6.3.1 Erziehungsziele	143
	6.3.2 Wertorientierungen der Erzieher	153
	6.3.3 Autonomie, Identifikation, Kompetenz	156
	6.3.4 Organisationsaspekte von Belastung und Entlastung	165
	6.3.5 Erziehungsalltag und Belastung	174
	6.3.6 Kritische Situationen	181
6.4	Eltern und Elternarbeit	188
	Herbert Müller	
	6.4.1 Methodisches Vorgehen und Stichprobe	188
	6.4.2 Akzeptanz, Bewältigung und Kooperation	191
	6.4.3 Elternarbeit	199
6.5	Supervision	203
	Andreas Düchting-Röth, Gundolf Dörnfeld und Herbert Müller	
	6.5.1 Methodisches Vorgehen und Stichprobe	203
	6.5.2 Organisatorischer Rahmen	203
	6.5.3 Erwartungen an die Supervision	204
	6.5.4 Durchführung und Bewertung der Supervision	210
	6.5.5 Ergebnisse aus dem Fragebogen zur Supervision (F-SV)	215
	6.5.6 Verbesserungsvorschläge	220
6.6	Einordnung der Ergebnisse	222
	Herbert Müller	
	6.6.1 Zentrale Annahmen	223
	6.6.2 Zentrale Begriffe	227

7	Optimierung des Familiengruppen-Konzeptes *Franz Petermann, Herbert Müller, Peter Ach,* *Gundolf Dörnfeld, Eckhart Knab, Ulrike Peter-* *mann und Theresia Schlaegel*	229
7.1	Voraussetzungen beim Aufbau von Familiengruppen	229
7.2	Klassifikation möglicher Betreuungsformen einer familienorientierten, stationären Jugendhilfe	230
7.3	Chancen und Risiken der Betreuungsform "Familiengruppe"	233
7.4	Elternarbeit	237
7.5	Supervision	238
7.6	Perspektiven für die Entwicklung von Familiengruppen	239

LITERATUR 241

ANHANG 247

ABC-Inventar und ABC-Filter	248
Interviewleitfaden zum Elterngespräch	251
Beobachtungsbogen Mittagessen	260
Fragebogen für Familiengruppen-Erzieher (F-FG-E)	262
Fragebogen zur Supervision (F-SV)	266
Untersuchungsbewertungsbogen (UBB)	267

Vorwort

Die Forschungsgruppe Jugendhilfe Klein-Zimmern wurde im Frühjahr 1989 von der Heim- und Erziehungsleitung des St. Josephshauses Klein-Zimmern ins Leben gerufen. Die Gründung dieser Forschungsgruppe entspricht der Forderung nach systematischer Praxisforschung in der Jugendhilfe. Das wesentliche Ziel dieser Bemühungen besteht darin, die Angebote der Jugendhilfe schrittweise fortzuentwickeln und zu optimieren. Vor allem neuere Betreuungsformen der Jugendhilfe sollten durch Praxisforschung in ihrer Leistungsfähigkeit untersucht werden. Da Jugendhilfeforschung in der Bundesrepublik Deutschland bislang eher vernachlässigt wurde, konnten wir auf nur wenige Arbeiten zurückgreifen. Besonders möchten wir deshalb die Unterstützung und Kooperationsbereitschaft der Planungsgruppe PETRA e.V. (Leitung: Dr. Peter Büttner) hervorheben, die es uns gestattet hat, einige Erhebungsverfahren zu übernehmen, die sich in der Jugendhilfeforschung bereits gut bewährt haben. Eine Vielzahl von Erhebungsverfahren mußten wir jedoch selbst entwickeln und erproben. Diese Entwicklungsschritte sind sicherlich noch nicht abgeschlossen, und wir freuen uns ganz besonders darüber, daß uns die Stiftung Jugendmarke e.V., Bonn, eine Projektförderung genehmigte, die es uns ab dem Frühjahr 1992 bis Frühjahr 1995 erlaubt, unsere Arbeit fortzuführen. Auf diesem Hintergrund ist der vorliegende Bericht eine wichtige Zwischenbilanz, die als erster Baustein einer längerfristigen Forschungsbemühung gesehen wird. Die Verlaufsforschung und Optimierung des Jugendhilfeangebotes **Familiengruppen** wird dadurch erst möglich. Die Weiterentwicklung und Überprüfung unserer neuen Erhebungsverfahren wird eine wichtige Aufgabe unserer Forschungsgruppe in den nächsten Jahren sein. Hier sind wir auf die Kooperation und den Austausch mit anderen Forschungsgruppen im Bereich der Jugendhilfe dringend angewiesen. Nur Verbundstudien mit verschiedenen Einrichtungen der Jugendhilfe können ein Dilemma unserer Studie - nämlich das des eingeschränkten Zuganges zu Einrichtungen - beheben.
Zur Vorgeschichte unserer Studie:
Nach einer intensiven Vorbereitungsphase wurde im Sommer 1989 mit der Planung und Durchführung der vorliegenden Studie begonnen. Die

Forschungsgruppe führte begleitend zur Realisierung der Studie ein Fachkolloquium zum Betreuungsmodell **Familiengruppen am 19.12.**1989 und eine Fachtagung zum Thema **Familiengruppe - Trend oder Innovation im System der öffentlichen Erziehung** vom 13. bis 15.2.1990 durch.
Die Leitung und Durchführung der Studie wurde vom wissenschaftlichen Dienst des St. Josephshauses (Dipl.-Psych. Herbert Müller) unter Mitarbeit des Psychologischen Dienstes und der Heimleitung übernommen (Dipl.-Psych. Gundolf Dörnfeld, Dipl.-Psych. Theresia Schlaegel, Dipl.-Psych. Eckhart Knab und Erziehungsleiter Peter Ach). Als externe Mitglieder der Forschungsgruppe Jugendhilfe Klein-Zimmern arbeiteten mit: Prof. Dr. Ulrike Petermann (Leiterin der Kinderambulanz der Universität Bremen und Prof. Dr. Franz Petermann (Leitung der Klinischen Psychologie, Universität Bremen). Herr Prof. Petermann übernahm die Methodenberatung.
Den folgenden Kolleginnen und Kollegen sei dafür gedankt, daß sie zeitweise unsere Forschungsgruppe als externe Mitarbeiter verstärkten:
Dipl.-Psych. Andreas Düchting-Röth (Bielefeld) für die Realisierung der Teilstudie zur Supervision in Familiengruppen und für die Durchführung der Interviews mit den Erziehern und der Heimleitung;
Dipl.-Psych. Michael Macsenaere (Universität Mainz) für die Auswertung der Videoaufnahmen und die Darstellung der Ergebnisse;
Dipl.-Psych. Frank Bochmann (Universität Münster) für die aktive Unterstützung bei Fragen der EDV-Auswertung;
Dipl.-Psych. Sabine Windmann (Universität Bremen) für Literaturanalysen.
Für die schnelle und sorgfältige Erstellung der Druckvorlage danken wir Frau Inge Orth (Universität Bonn). Den Familiengruppen, Kindern und Familien, die in unserer Studie mitwirkten, danken wir für ihre Bereitschaft und Offenheit.
Wir freuen uns, daß nun bereits die dritte, durchgesehene Auflage des Buches erscheinen kann. Für die bisherigen Rückmeldungen bedanken wir uns und nehmen auch weiterhin gerne Anregungen entgegen (Dipl.-Psych. Herbert Müller, Forschungsgruppe Jugendhilfe Klein-Zimmern, Burgstraße 5, D-64846 Groß-Zimmern).
Klein-Zimmern, im Sommer 1994
Forschungsgruppe Jugendhilfe Klein-Zimmern

1 Entwicklung der Familiengruppen im Jugendhilfezentrum St. Josephshaus Klein-Zimmern

Eckhart Knab und Peter Ach

1.1 Vom Wohngruppen- zum Familiengruppenmodell: Entwicklung einer Betreuungsstruktur

Die Entwicklung von Familiengruppen bzw. von familienähnlichen Betreuungsstrukturen im St. Josephshaus Klein-Zimmern kann nur auf dem Hintergrund einer historischen Aufarbeitung pädagogischer Betreuungsformen gesehen werden, wie sie sich seit Gründung der Einrichtung entwickelt haben.

Das Jugendhilfezentrum St. Josephshaus Klein-Zimmern blickt auf eine 125-jährige Geschichte zurück. Die Einrichtung wurde im Jahre 1864 von dem Sozialbischof Wilhelm Emanuel von Ketteler als Knabenrettungsanstalt gegründet mit der Aufgabenstellung, wie sie der Stiftungsurkunde nach in drei Schwerpunkten beschrieben wird (Ach & Knab, 1990):

(1) Betreuung und Erziehung mittelloser Arbeiter-, Handwerker- und Bauernkinder;
(2) Vermittlung christlich-katholischer Wertvorstellungen im Alltagsleben;
(3) Förderung der schulischen und beruflichen Ausbildung mit dem Ziel einer selbständigen Lebensführung.

Nach Pfülf (1899) erarbeitete Ketteler eine Art "Statut" über den "Zweck" der Anstalt:

(a) Die sittlich-religiöse Erziehung der ihr anvertrauten Zöglinge;
(b) Erlernung aller notwendigen Elementarkenntnisse;
(c) Ausbildung der Kinder für ihren späteren Lebensberuf als Handwerker.

Beide Quellen belegen, daß Ketteler einerseits schulische und berufliche Kenntnisse, andererseits sittlich-religiöse Wertvorstellungen vermittelt wissen wollte. Um dies sicherzustellen, entwarf er 1859 in einem Fastenhirtenbrief eine Art soziales Gesamtprogramm für die Diözese, das für Kinder aus unvollständigen und gestörten Familien sicherstellen sollte, daß sie in einer Umgebung aufwachsen könnten, in der die "gar nicht zu berechnende Bildungskraft eines christlichen Familienlebens" gegeben war (Ketteler, 1859).

In der Gründung einer eigenen Bruderschaft, der "Brüder vom heiligen Joseph", die Ketteler wie eine Genossenschaft mit Ordensregel betrachtete, sah er offensichtlich, gewiß auch nach damaligem weltlichen und kirchlichen Zeitverständnis, die Möglichkeit, persönliche Nähe, Dauerhaftigkeit und Stabilität der Beziehungen zwischen Kindern und Jugendlichen einerseits und Erziehenden andererseits zu entwickeln.

Über 100 Jahre haben Ordensbrüder und verschiedene Schwesternorden in Klein-Zimmern pädagogisch prägend gewirkt (Jürgensmeier, 1991), und sie haben immer wieder versucht, auf dem Hintergrund ihrer Ordensregeln Bestimmungsmerkmale ihrer Gemeinschaft zu vermitteln, die denen von Primärgruppen wie Familien verwandt sind bzw. ähneln.

Entgegen oft geäußerten Pauschalurteilen hatte die Heimpädagogik bereits in der Weimarer Republik nachweislich heilpädagogische Vorstellungen und Richtlinien, die umzusetzen man engagiert bemüht war (Lehnhart, 1930). In den Nachkriegsjahren mußte sich die Heimpädagogik in der Jugendhilfe mit der Flüchtlingsproblematik befassen. Kinder, Jugendliche und junge Erwachsene aus den osteuropäischen Ländern bildeten den Hauptteil der zu betreuenden Klientel. Die Versorgung unter Überlebensaspekten stand damals im Vordergrund, bis eine geordnete schulische und berufliche Ausbildung Ende der vierziger bzw. Anfang der fünfziger Jahre entstand.

Die inhaltliche pädagogische Arbeit der damaligen Zeit knüpfte da an, wo sie 1939 bei Schließung der Einrichtung durch die SS aufgehört hatte. In der weiteren Entwicklung, besonders nach 1968 durch die sogenannte **Heimkampagne** zeigte sich das St. Josephshaus offen für den pädagogischen Aufbruch. Der Abbau autoritärer Großgruppenstrukturen, z.B. in Wohngruppen mit 30 Kindern und einem Mitarbeiter, war das Ergebnis intensiver fachlicher Auseinandersetzung. Die gesellschaftlichen Forderungen nach qualifizierteren demokratischen Strukturen hielten auch in nicht voraussehbarer Schnelligkeit Einzug in die Heimerziehung. Die Konzeption von Summerhill wirkte sich u.a. so aus, daß Mitbestimmungs-

modelle im St. Josephshaus entwickelt wurden (Gruppenrat, Heimrat).
In der politischen Folge der Heimkampagne entstanden aber auch arbeitsrechtliche Strukturen, z.B. Arbeitsvertrag, Arbeitszeitregelung, in deren Folge sich wie in den meisten bundesdeutschen Einrichtungen das Teammodell als pädagogisches Modell der Gruppe herauskristallisierte und die Notwendigkeit einer geregelten Arbeitszeit (Schichtdienst) etablierte.
Nach Weinschenk (1978) ist die Gruppenpädagogik so zu beschreiben, daß sie alle pädagogischen Maßnahmen umfaßt, die dem einzelnen bzw. der Gruppe als Lernfeld für alle Erziehungs- und Entwicklungsprozesse nach den Prinzipien der sozialen Gruppenarbeit gelten.
Die Verkleinerung der Betreuungsgruppen (12 Jugendliche) und die dadurch verbesserte Überschaubarkeit führten zu Kommunikationsstrukturen, die im Rahmen der Wohngruppe zunehmend mehr dem Individuum gerecht wurden. Parallel zu dieser Entwicklung war ein Rückgang der Mitarbeit von Ordenskräften zu verzeichnen.
Der umfassende Erziehungsansatz, der durch die Ordensleute in unserer Einrichtung seit ihrer Gründung gegeben war, trat immer mehr in den Hintergrund. Das Teammodell trat im Wohngruppenbereich seinen 'Siegeszug' an.

Neben den Stärken dieser Struktur und dem damit verbundenen Schichtdienst wurden im Sinne der heimpädagogischen Aufgabenstellung auch Schwächen und Grenzen sichtbar. Das pädagogische und persönliche Individualraster von vier Mitarbeitern in einer Betreuungsgruppe läßt nur bedingt und oftmals zeitlich begrenzt eine konsequente und kontinuierliche Erziehungsarbeit (Konzept-Hilfeplan) zu. Die gleichzeitig sich entwickelnde **Beziehungspädagogik**, die auf dem klient-zentrierten Konzept von Rogers (1951) aufbaute, stellte zudem das Individuum in den Vordergrund und machte pädagogische Prozesse weitgehend von der Qualität der Beziehung abhängig. Die Arbeitsstrukturen (Schichtdienst) und das Teammodell einerseits sowie die hochindividualisierte Beziehungspädagogik mit einem ganzheitlichen Anspruch andererseits, konnten nicht die in sie gesetzten hohen pädagogischen Erwartungen erfüllen. Nicht nur die Gegenläufigkeit von pädagogischem Ganzheitsanspruch und arbeitsrechtlicher Realität, sondern auch die Überschätzung im Rahmen monistischer Sozialisationspädagogik ließen immer mehr eine Diskrepanz zwischen pädagogischem Anspruch und Wirklichkeit sichtbar werden.
Damit war sowohl theoretisch wie auch praktisch die Frage aufgeworfen,

ob die Heimpädagogik stagniert oder, berücksichtigt man das Nachlassen des durch die Heimkampagne bewirkten Innovationsschubes, sogar Rückschritte zu verzeichnen hat.

Es entwickelte sich eine differenzierte Betreuungsstruktur, d.h. es entstanden zunächst Wohngemeinschaften für ältere Jugendliche und junge Erwachsene und das außenbetreute Wohnen.

So zeichnen sich auf dem Hintergrund parallel verlaufener Prozesse politischer, heimpolitischer und pädagogischer Natur mehrere Entwicklungslinien für das Entstehen eines Familiengruppenmodells ab:

(1) Differenzierung der Betreuungsangebote innerhalb der Einrichtung;
(2) Begrenztheit der Effektivität des Wohngruppenmodells mit Schichtdienst;
(3) Überschätzung sozialisationstheoretischer Erklärungsansätze;
(4) Dezentralisierung;
(5) Einführung der Koedukation als pädagogisches Prinzip in unserer Einrichtung.

1.2 Gründung von Familiengruppen im St. Josephshaus Klein-Zimmern

Anstoß für die konkrete Umsetzung bzw. Gründung der ersten Familiengruppe war die Einzelfallproblematik eines Kindes in einer Wohngruppe der Einrichtung, in der die Begrenztheit des Gruppenmodells besonders deutlich wurde.

1.2.1 Personal- und Klientelkonzept

Die Familiengruppe ist in dem Sinne Familie, daß ihr Zentrum aus einem Ehepaar besteht und dessen eigenen Kindern. Beide Ehepartner werden von der Einrichtung angestellt, beide müssen eine abgeschlossene Ausbildung haben, mindestens einer eine sozialpädagogische bzw. erzieherische. Mit dem Ehepaar arbeitet ein weiterer pädagogischer Mitarbeiter im Schichtdienst, hauswirtschaftliche Kräfte sind den Familiengruppen zugeordnet.

In der ersten Familiengruppe wurde zunächst ein Kind, dann wurden weitere, schließlich bis zu sechs Kinder und Jugendliche aufgenommen. Ebenfalls wurde die erste Familiengruppe als altersheterogene Gruppe gebildet, Koedukation war von Anfang an ein fester Bestandteil der Familiengruppe.

Die Zuweisung der Kinder und Jugendlichen erfolgte nicht nach expliziten Kriterien (Eingangsdiagnostik), sondern nach klassischen Kriterien der Heimeinweisung (Akteneinsicht, Vorstellungsgespräch). Die Ehepaare sind an der Entscheidung über die Aufnahme eines Kindes oder Jugendlichen in entscheidendem Maße beteiligt.

1.2.2 Organisationskonzept

Die erste Familiengruppe (Gründung Mai 1983) wohnte zunächst auf dem Heimgelände. Das erwies sich organisatorisch und inhaltlich als sinnvoll, da die Mitarbeiter so das Heim als Institution und den Heimalltag 'von innen' kennenlernen und erfahren konnten.

Erst dann erfolgte der Umzug in ein Doppelhaus in Klein-Zimmern, in dem ein ausreichendes Raumangebot für 10 bis 12 Personen, also für eine "Großfamilie" zur Verfügung stand.

Die Versorgung dieser "Großfamilie" ist im materiellen Bereich weitestgehend autonom, d.h. das Heim versetzt die Familiengruppe finanziell in die Lage, alles für den Lebensalltag Notwendige selbständig, in eigener Regie zu erledigen. Konzeptionell gewollt ist die Anbindung der Familiengruppe im Bereich der Verwaltung, soweit es die aufgenommenen Kinder und Jugendlichen betrifft, im Bereich Führung und Begleitung durch die Erziehungsleitung und den Interdisziplinären Dienst.
Der Interdisziplinäre Dienst ist eine Organisationsstruktur, in der Heimleitung, Fachbereiche (z.B. Heimschule, Berufsausbildung) und Fachdienste (z.B. Bewegungspädagogik, Musikpädagogik, Religionspädagogik, Psychologischer und Wissenschaftlicher Dienst) miteinander kooperieren.

2 Familiengruppen: Begriffsbestimmung, Ziele und Konzepte

Franz Petermann und Ulrike Petermann

Die theoretischen Ausführungen unterscheiden deutlich Formen der Familiengruppen. Es wird die Familiengruppe als weites, flexibel einsetzbares Modell von Heimerziehung definiert. Neben Familiengruppen existieren im "Verbund" Formen der Erziehung in Heimgruppen, Außenwohngruppen, Spezialeinrichtungen der Berufsausbildung etc., dabei werden Familiengruppen nicht als neuer, alleiniger Weg einer familienähnlichen Heimerziehung verstanden. Somit ist eine Annäherung von Kleinstheim (als Solo-Angebot einer Einrichtung) und Familiengruppe nicht Absicht der Ausführungen. Familiengruppen sollen das Angebot traditioneller Heimerziehung flexibilisieren und dadurch optimieren, jedoch zugleich die Möglichkeiten zentraler Dienste (z.B. Psychologische Förderung, Therapie) im Verbund nutzen.

2.1 Bestimmung des Begriffs "Familie"

Familiengruppen in der Heimerziehung machen vielfältige Begriffsklärungen erforderlich, wenn man empirische Praxisforschung in diesem Bereich durchführen will. Der zentrale Gegenstand unserer Studie bezieht sich auf die Definition der Familie als Lebensform.

Nach Schneewind (1990) weisen Familien einen hohen Grad an interpersonaler Involviertheit auf, worüber sich zentrale Bestimmungsmerkmale, wie die Abgrenzung, Privatheit und Dauerhaftigkeit der Familie, definieren. Ähnliche Vorstellungen entwickelte Wynne (1985), der über die Beziehungsmerkmale "Bindung und Fürsorge", "Kommunizieren", "Gemeinsames Problemlösen" und "Gegenseitigkeit" Familie umschreibt. Zumindest einige dieser Merkmale lassen sich auch empirisch fassen. So ist das Kommunizieren von einer "gemeinsamen Sprache", dem Benutzen bestimmter Wörter, eines spezifischen Tonfalles oder gar einer "Privatsprache" und der darüber ausgetauschten gemeinsamen Information geprägt. Gemeinsames Problemlösen und Handeln schafft einen engen Verbund, sofern effiziente und befriedigende Lösungen gefunden und umgesetzt werden.

Ein zentrales Merkmal, das Schneewind (1990) zur Begriffsbestimmung anführt, bezieht sich auf die wechselseitige Verbundenheit der Mitglieder einer Familie. Diese Verbundenheit bzw. das Gemeinschaftsgefühl umfaßt verhaltensbezogene, emotionale, kognitive und motivationale Aspekte. Im einzelnen wären dies:

- gemeinsames Wollen (Motivation jedes einzelnen);
- gemeinsames Fühlen (Emotionen, die dem Gemeinschaftsleben entspringen);
- gemeinsames Wissen (Einigkeit in wesentlichen Überzeugungen und Kenntnissen);
- gemeinsames Tun und
- gemeinsame Zielerreichung.

Von dem Begriff der Verbundenheit hebt sich der der Autonomie ab, der für die Beschreibung einer Familie ebenfalls substantiell ist. Darunter fallen Bestimmungsmerkmale, wie die Privatheit, das voneinander Profitieren und Lernen sowie die Rückzugs-, Distanzierungs- und Ablösungsmöglichkeiten von der Familie. Vermutlich ist das Spannungsfeld von Verbundenheit und Autonomie (oder Nähe und Distanz, wie dies viele Familientherapeuten nennen) ein zentrales Bestimmungsmerkmal der Familie. Beide Begriffe sind in ihrer graduellen Abstufung schwer zu definieren, da die wissenschaftliche Analyse von Familienprozessen von einem dynamischen System (=Familienentwicklungstheorie) ausgeht; die Relation von Verbundenheit und Autonomie hängt von den durch die Familienmitglieder zu bewältigenden Aufgaben ab. McCubbin & Patterson (1983) stellten in diesem Kontext ein Familien-Streßmodell vor, mit dem wir die gelungene und mißlungene Bewältigung familiärer Aufgaben bzw. Krisen beschreiben können.

McCubbin & Patterson (1983) unterscheiden in ihrem Modell vier Schritte der Aufgaben- bzw. Krisenbewältigung. Mit dem Stressor interagieren die familiäre Wahrnehmung des Stressors und die bestehenden Ressourcen in der Familie. Kommt es durch einen bedeutsamen Stressor zu einer Veränderung, die eine Krise auslösen kann, dann wird durch angemessenes Verhalten eine Akkomodation bzw. Neuanpassung der Familie an die veränderte Situation möglich. Die Anpassungsreaktionen hängen dabei wesentlich von der Bewertung der Stressoren ab, so z.B. davon, ob man annimmt, die Stressoren seien vorhersehbar. Die Bewältigungsressourcen umfassen nach McCubbin & Patterson (1983) persönliche, familiäre und außerfamiliäre Quellen. Cobb (1982) gliedert die Hilfe, die eine Familie erfährt, nach vier Gesichtspunkten:

- soziale und emotionale Unterstützung;
- Hilfe von professioneller Seite (Beratung und Therapie);
- aktive Betreuung (Nachbarschaftshilfe, Kinderbetreuung) und
- materielle Hilfe.

Die dem Streßmodell zugrunde liegenden Bewertungs- und Bewältigungsprozesse eignen sich zur Beschreibung und Analyse von Herkunftsfamilien und Familiengruppen in gleicher Weise.

Der psychologische Familienbegriff, also derjenige, der das Erleben und Verarbeiten von "Familienereignissen" in den Mittelpunkt rückt, schließt neben den biologischen oder rechtlichen auch alle familienähnlichen Formen des Zusammenlebens ein (also auch Kinderdörfer und Familiengruppen). Schneewind (1987) geht davon aus, daß beim psychologischen Familienbegriff das Prinzip des gemeinschaftlichen Lebensvollzugs zentral ist; vier Kriterien müssen dazu erfüllt sein:

(a) **Abgrenzung** gegen äußere Personen, die an internen Regelungen nicht beteiligt sind;
(b) **Privatheit**, d.h. intime Beziehungen und umgrenzter Lebensraum;
(c) **Nähe**, die geistige, emotionale und physische Intimität impliziert; und
(d) **Dauerhaftigkeit**, die sich aus wechselseitiger Bindung, Verpflichtung und Zielerreichung ergibt.

2.2 Bestimmung des Begriffs "Familiengruppe"

Die Forderung nach einer familienähnlichen Erziehung im Heimbereich wird vielfach erhoben (vgl. Arendt et al., 1982; Bieniussa, 1987; Krebs, 1984; Sauer, 1979). Im Regelfall wird dabei eine überschaubare, weitgehend konstante Gruppe verstanden. Im deutschen Sprachraum liegt eine umfassende, historisch orientierte, wenn auch ideologisch eingefärbte Analyse zur Bedeutung der Familiengruppen von Sauer (1979) vor. In dieser Arbeit wird der Begriff "Familiengruppe" durch sechs zentrale Merkmale umschrieben (S. 130ff.):
- Privatheit i.S. von Intimität;
- Übersichtlichkeit (im Wohnen, hinsichtlich sozialer Regeln und der Eindeutigkeit des Verhaltens);

- Kommunikationsdichte;
- Stabilität und Kontinuität der Beziehungen;
- Verbindlichkeit (hinsichtlich getroffener Absprachen, gemeinsamer Ziele und Werte);
- Interaktionsformen (gezeigtes Vertrauen, vorliegende Kooperation und Offenheit).

In einer Familiengruppe sollten dabei Rückzugsmöglichkeiten für Erzieher ("Ersatzeltern") und Kinder sowie die Entwicklungsmöglichkeiten des Einzelnen gegeben sein.

Die Begrifflichkeit zur Beschreibung der Familiengruppe gleicht weitgehend dem psychologischen Familienbegriff (Schneewind, 1987). Nach dieser Auffassung wären Familiengruppen Einrichtungen, in denen ein Kind sozial-emotionale Förderung erfährt und die familienähnlich organisiert sind. Eine familienähnliche Organisation bedeutet, daß eine überschaubare Gruppengröße nicht überschritten werden darf. Ein zentrales Merkmal der Familiengruppe ist zweifellos die Konstanz der Gruppe (i.S. von Dauerhaftigkeit) und die Übersichtlichkeit im Hinblick auf die soziale Einbettung. Wesentlich ist auch, daß diese Dauerhaftigkeit hinsichtlich getroffener Absprachen, gemeinsamer Ziele und Werte einerseits und spezifischer Interaktionsformen andererseits unterstrichen wird. Solche beobachtbaren Interaktionsformen sind durch das gezeigte Ausmaß interpersonellen Vertrauens gegeben (vgl. Petermann, 1985). Vertrauen zeigt sich in der Kooperation und Offenheit der Mitglieder.

Die Merkmale einer Familiengruppe stehen in enger Wechselwirkung mit den Kriterien, die man an die Auswahl der Mitarbeiter solcher Einrichtungen und die zu betreuenden Kinder stellen muß. Eine empirische Analyse dieses Praxisfeldes wird zu verschiedenen Typen von Familiengruppen kommen müssen, die für unterschiedliche Kindprobleme geeignet sind. In diesem Kontext wird z.B. die Konstanz der Gruppe (i.S. von Dauerhaftigkeit) unterschiedlich zu bewerten sein. Die geforderte Konstanz der Familiengruppen hat wiederum bestimmte Auswirkungen auf die Rollenverteilung der Erzieher (Ehepaar, Drittkraft) im Alltag, die oft als unausgesprochene Vorannahme in die Betrachtung eingeht. So fordern manche Kinderdorf-Modelle, daß lediglich die "Erzieher-Mutter" in der Einrichtung arbeitet, aber der "Erzieher-Vater" einem Beruf außerhalb der Einrichtung nachkommt. Das Klein-Zimmerner Familiengruppen-Modell geht jedoch davon aus, daß eines der "Elternteile" eine pädagogische Ausbildung besitzt und sich beide auf die Erziehungsarbeit konzentrieren. Solche Vorannahmen müssen im weiteren offengelegt werden, um einer voreiligen Verallgemeinerung der erzielten empirischen Ergebnisse vorzubeugen.

2.3 Familiengruppe - Anspruch und Heimrealität

Die Merkmale, die eine Familie einerseits und eine Organisation wie ein Heim andererseits charakterisieren, unterscheiden sich deutlich in mindestens vier Dimensionen (Niederberger & Bühler-Niederberger, 1988):

- **Dauerhaftigkeit des familiären Beziehungssystems**
  versus der Kündbarkeit in Organisationen;

- **Körperlichkeit**, d.h. Phasen in einer Familienbiographie, da sie sich personenbezogen definiert (Familie ohne Kinder, mit jungen Kindern, mit erwachsenen Kindern, Witwenstand)
  versus Schemenhaftigkeit der Organisation, die relativ unabhängig vom Ein- und Austreten bestimmter Mitglieder besteht;

- **Einmaligkeit** aufgrund von Besonderheiten der Familienmitglieder und deren je spezifischen Beziehung untereinander
  versus Austauschbarkeit von Mitgliedern in Institutionen;

- **Implizitheit der Zweckstruktur der Familie** bezüglich emotionalem Rückhalt, Erholung und Entspannung sowie Kinderaufzucht
  versus Explizitheit von Organisationen, die ihren Zweck frei bestimmen können und nicht von vornherein einem bestimmten verbunden sind.

Diese Merkmale können in Familiengruppen je nach ihrem Selbstverständnis und je nach Organisations- und Führungsstruktur des Heimes zu einem mehr oder weniger großen Spannungsfeld führen. Von zentraler Bedeutung und zugleich Anlaß möglicher Probleme sind besonders die Merkmale "Dauerhaftigkeit" gegenüber "Kündbarkeit" und, davon nicht unabhängig, die Merkmale "Einmaligkeit" gegenüber "Austauschbarkeit".

Jede personale Änderung in einer Familie bringt Probleme mit sich: bestehende Beziehungen müssen beendet, vorhandene neu ausgelotet und neue aufgebaut werden. Das gesamte Beziehungsmuster bzw. Interaktionssystem verändert sich, wird neu strukturiert. Dazu sind Familienmitglieder jedoch nicht unbegrenzt in der Lage und willens, erst recht nicht, wenn der Familiengemeinschaft psychisch auffällige und verhaltensgestörte Kinder angehören. Familienmitglieder sind also prinzipiell nicht austausch- oder ersetzbar, im Gegensatz zu Organisationsmitgliedern. Erst die Dauerhaftigkeit von Familien erlaubt konstante und verläßliche Beziehungen, die wiederum Selbstvertrauen und die Entwicklung eines positiven Selbstbildes ermöglichen. Nur so wiederum kann interpersonales Vertrauen aufgebaut werden, was die Basis jeglicher zwischenmenschlicher Interaktion darstellt (Petermann, 1985).

Das Merkmal der Dauerhaftigkeit kann jedoch sowohl dem persönlichen Interesse einzelner Mitglieder bzw. Mitarbeiter in Familiengruppen als auch dem der Organisation entgegenstehen. Mitarbeiter wollen sich beruflich nach einigen Jahren verändern; sie sind mit einem schwierigen Kind überfordert und wünschen eine Verlegung; die Heimleitung kündigt Mitarbeitern aus strukturellen oder sonstigen Gründen.

Die prinzipiell mögliche Kündbarkeit in Organisationen führt zur willkürlich erscheinenden Austauschbarkeit von Mitgliedern in Familiengruppen. Damit geht ein zentrales Merkmal von Familie verloren, nämlich ihre Einmaligkeit. Die Einmaligkeit bedeutet die Unverwechselbarkeit eines jeden Familienmitgliedes, was wiederum die Interaktion entscheidend prägt.
Darüber hinaus werden nicht nur Mitglieder ausgetauscht, sondern meistens auch die Regeln der sozialen Interaktion. Die Regeln können zumindest in ein Stadium der Unsicherheit geraten. Bei unklaren bzw. unsicheren Interaktionsregeln werden Erwartungen der Interaktionspartner leicht enttäuscht. Denn soziale Regeln gewinnen den Stellenwert eines impliziten Versprechens; und werden diese nicht eingehalten oder verändert, so kommt dies einem Wortbruch gleich (Niederberger & Bühler-Niederberger, 1988).

Soziale Regeln entscheiden somit über den Interaktionsverlauf und damit über die Qualität von Beziehungen, z.B. im Hinblick auf das Vertrauensmaß in Beziehungen (Petermann, 1985).
Werden soziale Regeln verletzt, so kann dies in dreierlei Hinsicht erfolgen:

(1) Die Organisation Heim greift in die Familiengruppe ein und trifft Entscheidungen nach anderen Regeln als den von den "Familienmitgliedern" erwarteten und üblichen; beispielsweise bei der Belegung der Familiengruppe.
(2) Ein Familiengruppenelternpaar möchte Arbeitsplatz und Einrichtung wechseln. Dies führt entweder zum Austausch der Eltern oder sogar zur Auflösung der gesamten Familiengruppe. Die Kinder und Jugendlichen werden unter Umständen auf andere Gruppen verteilt. Dies widerspricht jedoch entschieden dem Verständnis von Familie hinsichtlich Dauerhaftigkeit und Einmaligkeit.
(3) Kinder oder "Eltern" der Familiengruppe halten sich nicht an die Regeln, die vereinbart wurden. Dadurch wird die Interaktion unberechenbar, undurchschaubar und unsicher. Der Aufbau oder die Stabilisierung einer vertrauensvollen Beziehung wird erschwert, wenn nicht sogar unmöglich.

Unabhängig davon, welche Regelverletzung vorliegt, die Auswirkungen auf Kinder und Jugendliche in Familiengruppen sind ungünstig.

Bei der dritten Art, soziale Regeln nicht einzuhalten, ist in besonderem Maße die Professionalität der "Eltern" im Umgang mit ihren verhaltensgestörten Kindern angesprochen. Auch hier kann es zu Enttäuschungen von Erwartungen kommen, weil z.B. Fehleinschätzungen hinsichtlich der Belastung, der schwer zu regulierenden Nähe und Distanz, der notwendig hohen Ansprüche an das elterliche Modellverhalten, ihre Konsequenz und Kontingenzfähigkeit sowie ihre Zuverlässigkeit vorliegen. Fehleinschätzungen führen zu Überforderung und Mißerfolg.

Auf die letztgenannten Aspekte soll noch genauer eingegangen werden, da sie von praktischer Relevanz im interaktionalen Geschehen sind.

2.4 Zur Bedeutung von Familiengruppen in der Heimerziehung

Leider sind bis auf die Übersicht von Sauer (1979) alle Publikationen zum Themenbereich Familiengruppen Fallberichte, die als solche instruktiv und innovativ sein können, sie geben jedoch keine wissenschaftlich vertretbare Antwort auf die Frage nach der Bedeutung von Familiengruppen. Es handelt sich dabei um Berichte aus verschiedenen Ländern (vgl.

Arendt et al., 1982; Broska et al., 1985; Graf & Graf, 1988; Kagan et al., 1987; Krebs, 1984; Zeledon-Lizano, 1982). Vielfach sind die Berichte durch eine familientherapeutische Ideologie überformt und wenig konkret in den Schilderungen des pädagogischen Alltags (vgl. Bieniussa, 1987; Hanselmann & Weber, 1986; Pühl, 1987).

Aus der pädagogischen und psychologischen Diskussion lassen sich verschiedene Kriterien ableiten, die die Bedeutung von Familiengruppen in der Heimerziehung unterstreichen. Durch die Einrichtung von Familiengruppen ist eine individuelle und an den Bedingungen des Kindes orientierte Erziehung möglich, wobei die vorliegende Familienstruktur die Basis der Erziehungsprozesse darstellt. Der Charakter einer institutionalisierten Heimerziehung läßt sich vor allem durch organisatorische Maßnahmen reduzieren; solche Maßnahmen beziehen sich auf

- die Mitarbeiterauswahl (z.B. Ehepaare mit oder ohne eigene Kinder; bestimmte fachliche Kompetenzen und ideelle Werte);

- die Größe der Familiengruppe;

- die (bedingte) Autonomie von einer zentralen Einrichtung;

- die Arbeitszeitgestaltung (verringern oder beseitigen des Schichtdienstes);

- das gewünschte, wenn auch nicht planbare Vermischen von Privat- und Institutionsbereich sowie

- die soziale Einbindung in Nachbarschaft und Wohnumwelt (=gezielte Auswahl von Wohnobjekten für Familiengruppen).

Gelingt der Aufbau einer Familiengruppe, so entstehen verschiedene, natürlich gegebene Verhaltensregulative, die den Erziehungsprozeß positiv beeinflussen können. Solche Verhaltensregulative sind u.a. von der Außenbewertung der Einrichtung, den sozialen Regeln und den Lernanforderungen in der Familiengruppe sowie ihrer nachbarschaftlichen Einbindung abhängig. Die Außenbewertung einer Familiengruppe inner- und außerhalb der Einrichtung ermöglicht dem Kind die Identifikation mit einer Familiengruppe. Die familiären sozialen Regeln geben dem Kind die notwendige Orientierung in der persönlichen Entwicklung, die durch gezielte Lernanforderungen in einen systematischen Erziehungsplan einfließen. In dieser Individualisierung sozial-emotionaler Lernziele liegt die zentrale Bedeutung von Familiengruppen in der Heimerziehung.

Familiengruppen erfüllen damit potentiell die Forderungen nach einem gelungenen Alltag und einer zielorientierten Pädagogik (vgl. Planungsgruppe PETRA, 1988). Vermutlich ist die Akzeptanz solcher Einrichtungen durch die Betroffenen besonders hoch, wenn

- eine Rückkehr in die Herkunftsfamilie nicht mehr möglich ist oder

- die doppelte Familienmitgliedschaft (Herkunftsfamilie, Familiengruppe) für das Kind mit den damit verbundenen Perspektiven transparent gemacht wird.

Gerade die doppelte Familienmitgliedschaft kann zu Diskrepanzerlebnissen bei den Betroffenen und zu vielfältigen Rivalitäten beitragen.

Die Kontinuität der Bezugspersonen und die wechselseitige familiäre Selbstverpflichtung dürften in der Regel weitere zentrale Vorteile der Familiengruppen-Erziehung ausmachen. So wird der damit oft verbundene Anspruch auf Ganzheitlichkeit sicherlich zunächst die Arbeitsmotivation und vielfach auch die Arbeitszufriedenheit erhöhen, jedoch können Erfahrungen der Überforderung schnell zu einer persönlichen Resignation bzw. zur Aufgabe der pädagogischen Ideale beitragen. Die Qualität der Familiengruppen-Erziehung und damit ihre Bedeutung für die Heimerziehung wird besonders von der praxisnahen Qualifizierung und Supervision abhängen.

Die längerfristige Bedeutung von Familiengruppen wird entscheidend davon bestimmt, ob es gelingt, explizite und fundierte Modelle zu entwickeln, die den Praxisanforderungen der Heimerziehung entsprechen. Empirische Forschung muß die Grenzen und Erfolge von Familiengruppen belegen sowie zu einer bedarfsgerechten Differenzierung und Optimierung bestehender Angebote führen (vgl. Petermann, 1990). Familienähnliche Erziehung setzt dabei einen Minimalkonsens über die Ziele familiärer Erziehung voraus, der nicht selbstverständlich gelingen wird. Eine solche Zieldiskussion muß an den Strukturmerkmalen der Familie anknüpfen, wie sie in den vorangegangenen Kapiteln skizziert wurde. Aus dieser Diskussion leiten sich die Ziele von Familiengruppen ab.

2.5 Ziele von Familiengruppen

Die Zieldiskussion knüpft an die Übernahme bestimmter Strukturmerkmale der Familie an. Werden vornehmlich sehr junge Kinder mit dem Ziel in eine Familiengruppe aufgenommen, um dort in einem familienähnlichen Milieu bis zur Verselbständigung längerfristig zu verweilen, dann wäre die Aufnahme in eine Familiengruppe eine familienersetzende Maßnahme; davon wäre eine familienergänzende Maßnahme zu unterscheiden. In der bisherigen Diskussion um den Stellenwert von Familiengruppen wird zu diesen unterschiedlichen Zielsetzungen keine eindeutige Stellung abgegeben. In dieser Lage erscheint es auch angemessener, die Anforderungen an eine familienähnliche Erziehung zu präzisieren. Man kann hierzu die Merkmale aus Abschnitt 2.1 und 2.2 heranziehen.

Halten wir fest: Familiengruppen verstehen sich als soziale und zahlenmäßig überschaubare Gruppen, die zumindest die familienähnlichen Merkmale "Privatheit", "Übersichtlichkeit", "Kommunikationsdichte", "Stabilität und Kontinuität der Beziehungen", "Verbindlichkeit" und positive Interaktionsformen anstreben. Solche familienähnlichen Erziehungsbedingungen sind unterschiedlich gut realisierbar; sie sind auch bei strukturell vergleichbaren Familiengruppen meist unterschiedlich ausgeprägt. Auch in dieser "intimeren" Form der Jugendhilfe ist Erziehung ein plan- und optimierbarer Prozeß. Es ist nicht anzunehmen, daß naturgemäße "Elternschaften", wie man sie bei Pflegefamilien unterstellt, ausreichende Vorbedingungen für eine erfolgreiche Familiengruppen-Erziehung bilden. In der Zielstellung der Familiengruppen-Erziehung wäre Professionalität u.a. durch folgende Rahmenbedingungen erforderlich:

- Praxisreflexion, Supervision und fachliche Qualifizierung der Mitarbeiter von Familiengruppen;
- gezielte und längerfristige Förderung des Kindes;
- strukturierte Elternarbeit;
- Nutzung von Expertenwissen bei der Optimierung der Erziehungsplanung;
- Differenzierung des Angebotes von Familiengruppen gemäß der Problemlage der betreuten Kinder und deren familiären Hintergrund;

- Einbettung des Angebotes von Familiengruppen in den Gesamtkontext ambulanter und stationärer Jugendhilfe.

Ein übergeordneter Punkt wäre die systematische Analyse von Leistungsfeldern der Erziehung in Familiengruppen, wie wir dies mit der vorliegenden Studie anstreben. Entscheidend ist dabei, daß Ziele, Modelle und empirisch abbildbare Leistungsfelder der Familiengruppen-Erziehung im Vergleich zu alternativen Angeboten der Jugendhilfe gesehen und zugleich die vorliegenden Angebote durch die Befunde optimiert werden. Unsere Studie legt - als ersten Schritt auf diesem Wege - lediglich eine Analyse der Leistungsfelder und Optimierungsvorschläge vor.

2.6 Organisatorische Voraussetzungen von Familiengruppen

Einige organisatorische Voraussetzungen, wie das Vermeiden der Schichtdienstregelung, wurden bereits angesprochen. Bedenkt man jedoch die Minimaldefinition von Familie, die besagt, daß sich Familie über gemeinsames Handeln begreift, dann sind eine Vielzahl organisatorischer Voraussetzungen von Belang. Man kann zumindest aus der Sicht der Mitarbeiter und der Organisationsstruktur eine solche Diskussion führen.

Wie sieht das ideale Mitarbeiterprofil für eine Familiengruppe aus? Da hier keine eindeutigen Kriterien vorliegen und lediglich der unvergleichbar höhere berufliche Idealismus angesprochen wird (vgl. Sauer, 1979), bleibt im Rahmen der Konzeptualisierung der Studie nur die Möglichkeit, normative Vorgaben hinsichtlich des Mitarbeiterprofils zu erstellen und diese kritisch zu überprüfen.

So sind für das Mitarbeiterprofil zumindest
- formale Berufsausbildungen (Erzieher, Sozialpädagogen, handwerkliche Ausbildung);
- fachliche Kompetenz;
- menschliche Reife;
- berufliche Motivation;
- pädagogische Ideale und
- private Lebensziele (Wunsch oder Vorhandensein eigener Kinder u.ä.) bedeutsam.

Die Mitarbeiteranforderungen können nur in einer Organisation zur Geltung kommen, wenn diese in ihrer Struktur Teilautonomie für die Realisierung einer Familiengruppe einräumt. Diese Autonomie fördert im Regelfall die Identifikation mit der Einrichtung und die Eigenverantwortlichkeit im alltäglichen Handeln. Teilautonomie kann dabei bedeuten, in einem Jugendhilfezentrum (oder einem differenzierten Angebot der Heimerziehung) eingebunden zu sein, das vor allem im Entscheidungsprozeß für eine Familiengruppe und die Beendigung einer solchen Maßnahme Kriterien entwickelt. Auch kann die Konzeptentwicklung nur in diesem Kontext erfolgen, da sich nur durch den systematischen Vergleich der Angebote (auch innerhalb einer Einrichtung) die Grenzen und Gefahren abschätzen und vermeiden lassen.

Die letzten Bemerkungen zielten vor allem auf Fragen der Entwicklung einer Organisationsstruktur in der Heimerziehung ab, in der Familiengruppen realistisch in ihren Möglichkeiten bewertet und nicht emotional überhöht werden. In diesem Kontext ist es sicherlich nicht angezeigt, von einem einheitlichen Modell für die Erziehung in Familiengruppen auszugehen. Die mit den Familiengruppen gegebene individualisierte Heimerziehung setzt eine Binnendifferenzierung des Angebotes voraus, wobei die Differenzierungsmerkmale zumindest die Mitarbeiterprofile, Entwicklungsgeschichte einer Familiengruppe, Ressourcen des betreuten Kindes und Alternativen der Förderungsmöglichkeiten umfassen müssen.

Unter organisatorische Voraussetzungen fallen auch alle Aspekte des Wohnens, soweit sie die physikalischen Vorbedingungen betreffen. Diese Aspekte beziehen sich sowohl auf die Räumlichkeiten insgesamt als auch auf das Ausmaß, in dem es einer "Erzieherfamilie" überhaupt gelingen kann, zwischen Privatbereich und Beruf zu trennen. Eine entsprechend großzügige Planung einer Familiengruppe sollte der "Erzieherfamilie" von vornherein Rückzugsmöglichkeiten aus dem beruflichen Erziehungsalltag ermöglichen. Ein solcher geplanter Freiraum in der Familiengruppe eröffnet die Chance zur persönlichen Distanzfindung als Basis der notwendigen Selbstreflexion praktischen Handelns im Erziehungsalltag, der nur sehr schwer durch ein Arbeitsrecht regelbar ist.

3 Untersuchungsentwurf und zentrale Annahmen

Herbert Müller

Die theoretische Annäherung an das Betreuungsmodell **Familiengruppe** im vorigen Kapitel hat die wichtigsten Bestimmungsstücke des Familienbegriffs sowie zentrale Strukturmerkmale von Familie offengelegt. Aus der Analyse der Fachliteratur wurden Ziele und Organisationsformen klassifizierbar, denen die empirische Grundlage indessen noch fehlt. Immerhin erscheint das Familiengruppenmodell auf den ersten Blick global geeignet, im Rahmen von Jugendhilfemaßnahmen die Einflüsse der "broken family" durch eine intakte Familienstruktur zu kompensieren.

3.1 Widersprüche im Betreuungsmodell

Die Plausibilität des Familiengruppenansatzes hat denn auch zu seiner überaus raschen und weiten Verbreitung in allen möglichen Formen geführt. Die Frage nach den in diesem Modell wirkenden Einflüssen ist darüber in den Hintergrund getreten. Dabei ist in der Familiengruppenerziehung längst der Alltag von Heimerziehung auch in dem Sinne eingetreten, daß es Maßnahmen-Abbrüche, Umsetzungen, Entweichungen, Mitarbeiter-Fluktuationen etc. gibt. Bei näherer Betrachtung zeigt sich, daß den konzeptuellen Stärken des Modells nicht minder bedeutsame **strukturelle Schwächen** beigegeben sind. Wir verstehen sie als **Bruchlinien**, die geeignet erscheinen, Reibungsverluste und Widersprüche im Betreuungsmodell aufzudecken.

Die Abbildung 3.1 verdeutlicht, wie auf den Ebenen (I) Person/Organisation, (II) Kernfamilie/Familiengruppe und (III) Familiengruppe/Herkunftsfamilie Widersprüche im Betreuungsmodell **Familiengruppe** strukturell bereits angelegt sind.

(I) Widersprüche zwischen Person (= Erzieher/Ehepaar) und Organisation resultieren aus dem Spannungsverhältnis zwischen persönlich angestrebter Autonomie und institutionell vorgegebener Unterordnung/Weisungsgebundenheit. Damit ist ein Konflikt im Dienstverhältnis angelegt, der permanent in Richtung auf Kompromisse ausbalanciert werden muß. Dieser Zwang zum Interessenausgleich, bei dem der Mitarbeiter seine Autonomie weder völlig aufgeben noch vollständig durchsetzen kann und will, bedeutet eine von vornherein eingegangene Belastung, die sich zu chronischem Streß entwickeln kann. Die doppelte Ambiguität zwischen dem Anpassungsdruck und der relativen Sicherheit des abhängigen Beschäftigungsverhältnisses einerseits, der Autonomieperspektive und den Unwägbarkeiten der Kleinstheimgründung andererseits, birgt eine Dynamik in Richtung auf "doppeltes Aussteigertum" in sich: dem "Aussteigen" in die Familiengruppe folgt möglicherweise das "Aussteigen" aus der Familiengruppe, weil die Einschränkung der Autonomie nur bedingt kompromißfähig erscheint.

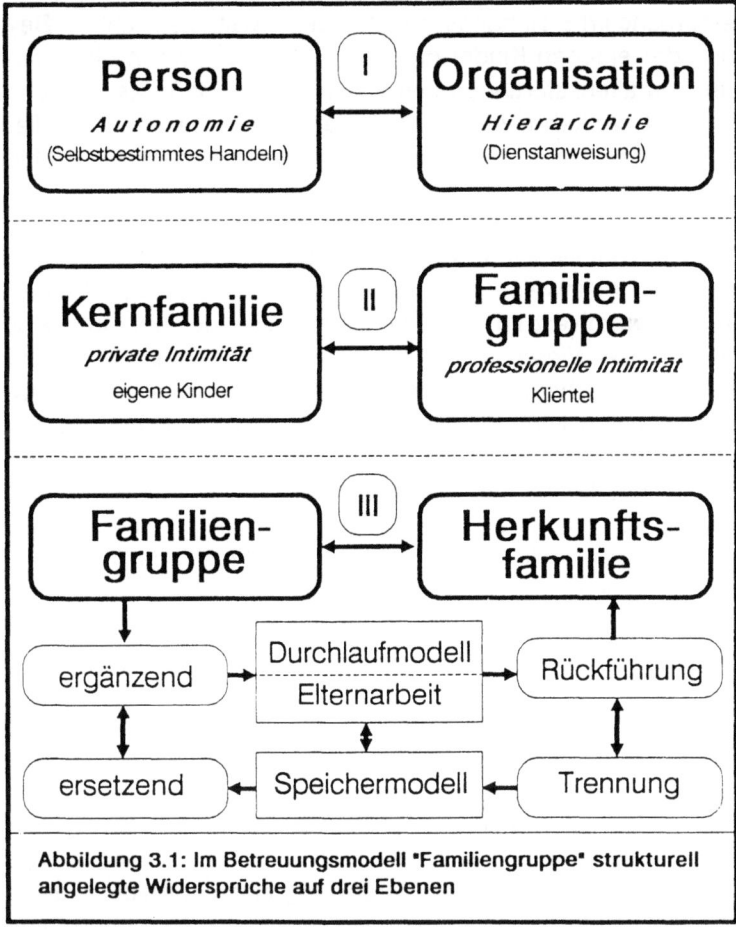

Abbildung 3.1: Im Betreuungsmodell "Familiengruppe" strukturell angelegte Widersprüche auf drei Ebenen

(II) Das Spannungsverhältnis zwischen der sogenannten Kernfamilie (Erzieher-Ehepaar plus eigene Kinder) und der Familiengruppe stellt sich u.a. dar als Widerspruch zwischen den Bedürfnissen nach Intimität und Identität innerhalb der Kernfamilie und den interaktionell und situativ konkurrierenden Bedürfnissen der Klientel, denen professionell entsprochen werden muß. Daraus resultierende Konflikte können zu nachhaltigen Belastungen der Beziehungen in der Familiengruppe und/oder in der Kernfamilie werden. Entscheidend ist wohl, wie folgende Probleme im Familiengruppenalltag angegangen werden: "Werden alle Kinder, ob eigene oder zu Erziehungszwecken mit bestimmten Vorgaben aufgenommene, gleich erzogen? Wie werden Widersprüche im Erziehungsverhalten behandelt, die leicht als Bevorzugung der eigenen Kinder dastehen? Was tun, wenn die eigenen Kinder Verhaltensstörungen entwickeln, sei es, daß das 'Lernen am Modell' sich verkehrt, sei es, daß sie mit den Belastungen dieser künstlich hergestellten 'Großfamilie' nicht fertigwerden? etc." (Müller, 1990, S. 45).

(III) Zur Herkunftsfamilie steht die Familiengruppe schon durch den Vorgang der Heimeinweisung im Widerspruch: sie verkörpert eine Erziehungsalternative zum beeinträchtigten Milieu der Herkunftsfamilie. Wie sich dieser Widerspruch entwickelt - ob in Richtung Kooperation oder Rivalität -, hängt nicht zuletzt vom konzeptuellen Selbstverständnis der Familiengruppe ab: Akzeptiert sie die 'Durchlauf'-Funktion, so wird sie an Kooperation mit dem Ziel der Rückführung interessiert sein; vertritt sie eine 'Speicher'-Funktion von Familiengruppen-Erziehung, so wird sie im Sinne einer Ersatzfamilie handeln und die Rivalität mit den leiblichen Eltern der Maßnahmekinder aufnehmen: "Es könnte dies im Einzelfall dem Kind mehr Probleme bringen, als es in seinen schlechten vorigen Verhältnissen (aber mit klareren Beziehungen) hatte." (Müller, 1990, S. 45).

Weitere Gegensätze, die auf Risiken des Betreuungsansatzes verweisen, sind: Auf der Erzieherebene treffen Schichtdienst (der Drittkraft) und permanente Anwesenheit (des Ehepaares) aufeinander, eine Tatsache, die Komplikationen in organisatorischer (Arbeitszeitregelungen) wie persönlicher (Konkurrenz) Hinsicht denkbar werden läßt. Dem Familiengruppen-Ehepaar, das mit der idealisierten Vorstellung einer Aufhebung der gesellschaftlichen Trennung von Arbeit und Freizeit, von Beruf und Familie angetreten ist, drängt der Alltag die Frage nach Erholzeiten und Separation auf.

3.2 Prozeßmodell von Belastung und Bewältigung

Es erscheint naheliegend, die dargestellten Widersprüche als einschneidende **Belastungen** für die Erzieherfamilie zu definieren. Gleichermaßen lassen sich Vorannahmen über die Beanspruchungen formulieren, denen sich Drittkräfte, Klientel und Herkunftseltern gegenübersehen sowie Vermutungen darüber, wie Familiengruppen Belastungen in krisenhaften Episoden der Erziehung regulieren.

Bewältigungskompetenzen sind zunächst nur normativ festzumachen: Wir formulieren Annahmen, die auf plausiblen Setzungen gründen, und beziehen uns dabei auf ein einfaches **Regulationsmodell** von Belastung und Bewältigung, das wir aus der Streßforschung entlehnen. Wir fassen die theoretischen Ansätze von Hill's ABCX-Modell und seiner Weiterentwicklung durch McCubbin & Patterson (1983) sowie Lazarus' transaktionalem Ansatz in den Darstellungen von Mitransky (1990) bzw. Schneewind (1990) in einem integrativen Prozeßmodell zusammen (siehe Abbildung 3.2).

Das Modell nimmt seinen Ausgang von einer Integration der subjektiven und objektiven Faktoren von Belastung/Entlastung im System der Person bzw. der Familie: Den Anforderungen der Umwelt, die als äußere Stressoren (in der Abbildung Hill's ˝a˝ zugeordnet) auftreten, stehen die individuellen bzw. familiären Ressourcen (˝b˝) gegenüber; von der Frage, wieviele (und welche) Kompetenzen als Ressourcen vorhanden sind und welcher Art die Kontrollüberzeugungen sind, auf deren Grundlage Verursachungen attribuiert werden, hängt das Ausmaß der Verletzbarkeit durch die Streßauslöser ab. Entscheidende Bewertungsbedingung ist jedoch auch, durch welchen Filter von Aufmerksamkeit und Erwartung die Stressoren im situativen Kontext wahrgenommen werden (˝c˝). Es kommt zu einer ersten Bewertung (bei Lazarus: primary appraisal) der Situation im Hinblick auf ihre Bedrohlichkeit und die vorhandenen eigenen Bewältigungsmöglichkeiten, gefolgt von einem Bewältigungsversuch. Erweist sich das eingesetzte Problemlöseverhalten im Sinne einer Anpassung an die Anforderungen als erfolgreich, so resultiert Bewältigung, die als kognitive Rückkopplung eine Verbesserung der eigenen Ressourcen,

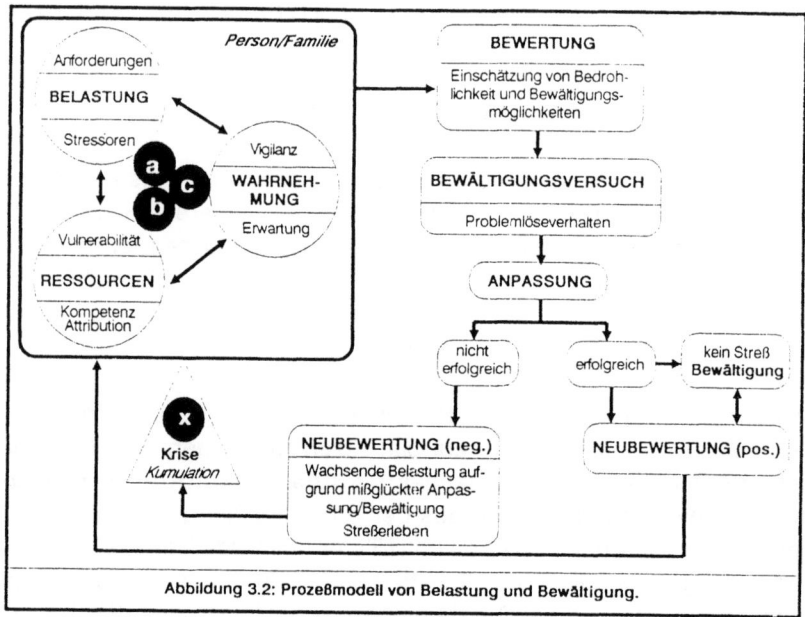

Abbildung 3.2: Prozeßmodell von Belastung und Bewältigung.

eine Reduktion des Belastungsaspekts sowie eine im Sinne von Erfolgserwartung veränderte zukünftige Wahrnehmung des Stressors impliziert. Mißlingt hingegen die Anpassung, so verstärkt die kognitive Neubewertung (secondary appraisal) den Vulnerabilitätsfaktor; dies resultiert aus einer subjektiven Ressourcen-Belastungs-Bilanzierung, bei der die Wahrnehmung des Stressors als bedrohlich erlebt wird und die Situation sich zur belastenden Episode auswächst. Können weder Belastungen abgebaut noch Kompetenzen mobilisiert werden, so kumulieren die Stressoren zu einer krisenhaften Entwicklung (bei Hill bzw. McCubbin & Patterson das "x", das wir in unserer Darstellung übernommen haben).

Dieses Streßmodell sollte geeignet sein, die im Zusammenhang mit Abbildung 3.1 skizzierten Widersprüche im Betreuungsmodell als Belastungsfaktoren für den Einzelnen (Kind/Erzieher/Elternteil) ebenso wie für die Systeme Familie/Familiengruppe abzubilden: Sie erscheinen darin als organisations- bzw. konzeptuell bedingte Stressoren, die auf eine je spezifische Ausprägung von individuellen bzw. kollektiv-familiären Ressourcen und auf eine bestimmte Form der Wahrnehmung treffen und über **kritische Situationen** vermittelt werden. Wie stabil oder vulnerabel der Einzelne oder die Familie/Familiengruppe gegenüber solchen Belastungen ist, erweist sich beim Einsatz der jeweiligen persönlichen und sozia-

len Kompetenzen, mit denen Problemlösungen versucht werden.
Unser Untersuchungsansatz sieht demnach vor, die erhaltenen Daten auch unter dem Blickwinkel eines Familienstreßmodells zu betrachten. Mit der Einrichtung von Familiengruppen werden **normative Familienstressoren** (Schneewind, 1990, S. 996) gesetzt: Die auf Erzieher wie Kinder zukommenden Belastungen stellen sich als erwartbare Ereignisse dar. Dafür sorgen nicht nur die im Modell quasi mitgelieferten strukturellen Unsicherheitsfaktoren, sondern auch jene Anforderungen des Erziehungsalltags, die mit neuen und wechselnden Rollenerwartungen einhergehen, wie sie durch Aufnahmen und Entlassungen von Maßnahmekindern und durch die Entwicklung der Kinder selbst repräsentiert werden. "Insbesondere Familien mit Kindern, die sich im Übergang zum Jugendlichenstatus befinden, scheinen einem erhöhten Familienstreß ausgesetzt zu sein (...)" (Schneewind, 1990, S. 998). Die Frage ist: In welcher Weise sind die in dieses Setting eingebundenen Personen und Systeme darauf vorbereitet, mit diesen Anforderungen umzugehen und möglichst mit ihnen fertigzuwerden? Welche Unterstützungssysteme stehen ihnen zur Verfügung, wie helfen sie, sind sie hinreichend?

3.3 Untersuchungsbereiche

Diese Fragen richten den Blick auf die in diese Untersuchung einbezogenen Bereiche. Welche Sektoren das 'Leistungsfeld Familiengruppe' ausmachen, veranschaulicht Abbildung 3.3.
Das gesamte Umfeld des Betreuungsmodells setzt sich aus vier großen Bereichen zusammen: Da ist zunächst der Bereich der **Organisation**, welcher die Heim- und Erziehungsleitung, den Kostenträger und das jeweils ausführende Jugendamt (beide können, müssen aber nicht identisch sein) umfaßt; sodann der **Herkunftsfamilien**-Bereich, der die (u.U. separierten) Elternteile sowie das Maßnahmekind einschließt; des weiteren der **Betreuungsbereich**, welchem die sogenannte Kernfamilie (Erzieher-Ehepaar mit eigenen Kindern), die pädagogische Drittkraft und der zur Betreuung eingerichtete Gruppenrahmen subsumiert wird (dazu gehört die Haushaltshilfe ebenso wie die technische und räumliche Ausstattung); schließlich der Bereich der **gruppenübergreifenden Dienste**, zu dem im Jugendhilfezentrum St. Josephshaus Klein-Zimmern der religionspädagogische, der sportpädagogische, der musikpädagogische, der psychologische und der wissenschaftliche Dienst zählen.

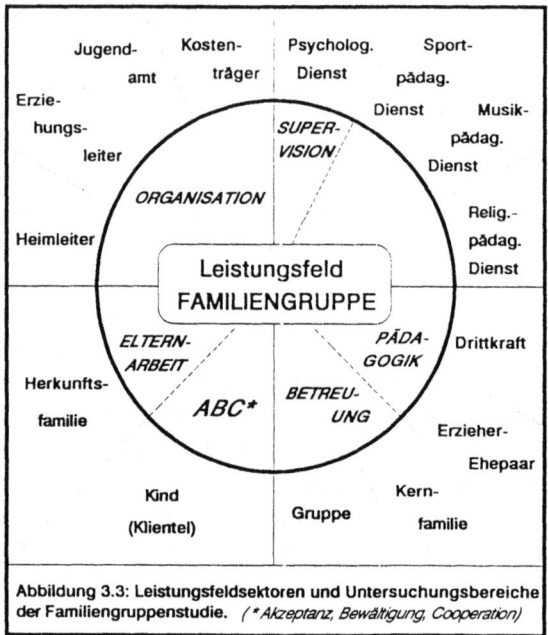

Abbildung 3.3: Leistungsfeldsektoren und Untersuchungsbereiche der Familiengruppenstudie. (*Akzeptanz, Bewältigung, Cooperation)

Als zu untersuchende Variablen ergeben sich in den sektoralen Feldern: Organisation (wobei wir in der Ersterhebung die Kostenträger ausgenommen haben), Supervision (sie wurde als einzige aus dem Angebot der gruppenübergreifenden Dienste ausgewählt), Betreuung, Pädagogik, Elternarbeit und das 'ABC der Heimerziehung', nämlich Akzeptanz, Bewältigung und Kooperation auf der Seite des Maßnahmekindes.

3.4 Klassifikationsschema

Diese Sektorvariablen waren für unsere Intention weiter aufzubereiten. Zum einen legten wir drei Untersuchungsebenen fest, die quasi-systemische Einheiten darstellen: **Organisation/Person/Familie**. Die Person-Ebene wurde weiter untergliedert in Erzieher (Drittkraft/Ehepaar), Kind (Kind des Familiengruppen-Ehepaares/Maßnahmekind) und Herkunftseltern(teil). Die Ebene **Familie** ist aufgefächert nach Kernfamilie/Familiengruppe/Herkunftsfamilie (wobei letztere mit den Herkunftseltern auch in gebrochener Form identisch ist; der Akzent liegt hier aber nicht auf den Personen, sondern auf den Elternrollen). Quer zu diesen Ebenen der Untersuchung wurden als Untersuchungseinheit **zentrale Begriffe** definiert, die unseres Erachtens die wichtigsten Fragestellungen im Zusammenhang mit dem Betreuungsmodell ausloten: Wir fragen nach Form und Inhalt der (Binnen-)Differenzierung, nach den Ausprägungen von Identifikation, Autonomie und Kompetenzen, nach dem Ausmaß von Akzeptanz, Bewältigung und Kooperation im Betreuungsmodell, nach Belastung und Erziehung - und diese Fragen stellen wir auf allen drei Untersuchungsebenen. Aus diesem Entwurf resultiert eine Untersuchungsmatrix, die in Abbildung 3.4 als Klassifikationsschema veranschaulicht ist.

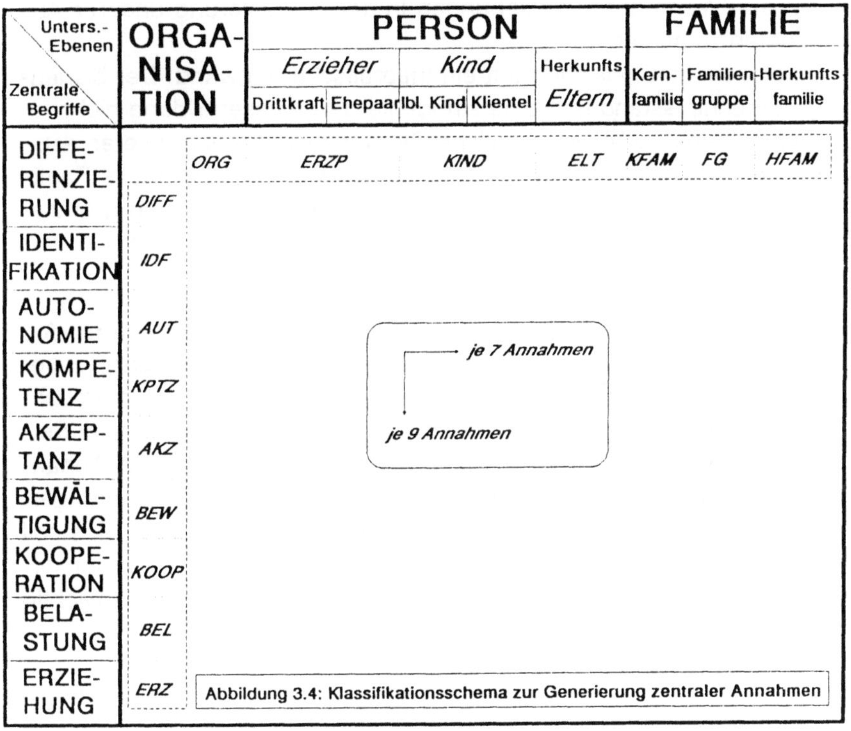

Unters.-Ebenen / Zentrale Begriffe	ORGA-NISA-TION		PERSON			FAMILIE		
			Erzieher	*Kind*	Herkunfts *Eltern*	Kern-familie	Familien-gruppe	Herkunfts familie
		Drittkraft	Ehepaar	lbl. Kind	Klientel			
DIFFE-RENZIE-RUNG	*DIFF*	*ORG*	*ERZP*	*KIND*		*ELT*	*KFAM*	*FG*	*HFAM*
IDENTI-FIKATION	*IDF*							
AUTO-NOMIE	*AUT*			je 7 Annahmen				
KOMPE-TENZ	*KPTZ*							
AKZEP-TANZ	*AKZ*		je 9 Annahmen					
BEWÄL-TIGUNG	*BEW*							
KOOPE-RATION	*KOOP*							
BELA-STUNG	*BEL*							
ERZIE-HUNG	*ERZ*							

Abbildung 3.4: Klassifikationsschema zur Generierung zentraler Annahmen

Aus dieser 9x7-Matrix ergeben sich 63 zentrale Annahmen.
Ehe an die Formulierung dieser Aussagen gegangen wird, erscheinen folgende Spezifizierungen über ihre Funktion und den Anspruchsrahmen ihrer Gültigkeit angebracht:

- Wir nennen die Sätze, mit denen wir unsere Aussagen zu den Wirkfaktoren des Familiengruppenmodells formulieren, **'Annahmen'** oder Thesen, aber nicht Hypothesen.
  Diese methodische Einschränkung hindert uns nicht, wo immer möglich auf 'Wenn-dann'-Beziehungen in der Formulierung unserer Annahmen zu achten.
  Zu diesem methodischen tritt ein theoretischer Einwand: Der bisherige Erkenntnisstand läßt eine stringente Hypothesenbildung nicht zu. Dies schränkt nicht die inhaltliche Relevanz ein, die wir unseren Aussagen über die wirksamen Faktoren des Betreuungsmodells Familiengruppe beimessen: sie sind nicht beliebig, sondern von grundlegender und zwingender Bedeutung für die Planung, Durchführung und Auswertung der empirischen Untersuchung.

- Wir nennen diese Sätze deswegen auch **zentrale Annahmen**: Sie stellen die Leitgedanken unserer theoretischen Orientierung, unseren Lösungsentwurf zur Beschreibung und Erklärung der untersuchten Problematik dar. Wir sind um eine Ordnung der Aussagen im Sinne einer Hierarchisierung bemüht, indem wir den zentralen Annahmen mitunter abgeleitete Annahmen und alternative Formulierungen (im Sinne von Alternativhypothesen) zu- bzw. nachordnen. Dies soll die Operationalisierung und Spezifizierung einzelner Aussagen erleichtern, was insbesondere für die Instrumentenentwicklung wichtig ist.

- Die **empirische Überprüfbarkeit** ist das eine Kriterium, dem unsere zentralen Annahmen genügen müssen; ihm wird unter anderem durch die bereits angesprochene **Operationalisierung** der Aussagen gefolgt. Ein zweites Kriterium für die Thesenbildung ist die **Plausibilität** der Annahmen, die wir an der **Praxisrelevanz** der behaupteten Zusammenhänge festmachen. Da wir aus methodischen Gründen keine statistische Repräsentativität anstreben, sind wir umso mehr auf die thematische Prägnanz der zentralen Aussagen im Sinne ihrer inhaltlichen **Repräsentanz** im Geltungsbereich unseres Forschungsfeldes verwiesen.

- Unser Ansatz ist **verhaltenstheoretisch** ausgerichtet, d.h. wir orientieren uns wo immer möglich an beobachtbarem Verhalten in sozialen Situationen bzw. an der Einschätzung von verhaltensnahen Merkmalen im Hinblick auf die vermuteten Beziehungen zwischen Individuen und Organisationen.

Die zentralen Annahmen zum Betreuungsmodell werden im folgenden zunächst entlang der drei Untersuchungsebenen und anschließend mit Bezug auf die zentralen Begriffe entwickelt. Zu einigen Annahmen werden alternative Thesen und/oder Zusatzannahmen formuliert; dabei wird auf die Abkürzungen in Abbildung 3.4 zurückgegriffen, die auch in den Tabellen benutzt werden. Aus Platzgründen wird nun auch des öfteren das Kürzel FG für Familiengruppe verwendet.

3.5 Organisationsbezogene zentrale Annahmen

Die zentralen Thesen, die wir auf der Organisationsebene aufstellen, sind in Tabelle 3.1 zusammengefaßt:

Tabelle 3.1 Organisationsbezogene Annahmen

DIFF	Die Einrichtung von Familiengruppen ist ein äußeres Differenzierungsmerkmal, dem ein Konzept der Binnendifferenzierung entsprechen/folgen muß. (ORG-1)
IDF	Bei der Einrichtung von Familiengruppen geht die Heimleitung davon aus, daß die berufliche Identifikation mit diesem Betreuungsmodell bei den Erziehern ausgeprägt hoch sein wird. (ORG-2)
AUT	Die Einrichtung von Familiengruppen bedeutet für die Heim- und Erziehungsleitung, daß sie dem FG-Ehepaar eine weitgehende organisatorische Selbständigkeit zugestehen muß. (ORG-3)
KPTZ	Familiengruppenerziehung erfordert ein hohes Maß an Professionalität, das die Organisation durch praktikable, alltagsnahe Hilfsangebote absichern muß. (ORG-4)
AKZ	Die Einrichtung von Familiengruppen ist auf seiten der Organisation mit der Annahme verbunden, daß dieses Betreuungsmodell von allen Beteiligten eine hohe Akzeptanz erfährt. (ORG-5)

BEW Mit der Einrichtung von Familiengruppen ist auf institutioneller Ebene die Annahme verbunden, dieses Betreuungsmodell ermögliche den Kindern ein hohes Maß an Trennungsbewältigung. (ORG-6)

KOOP Das Heim unterstellt bei der Einrichtung von Familiengruppen, daß dieses Betreuungsmodell für die Zusammenarbeit aller Beteiligten gut geeignet ist. (ORG-7)

BEL Die Heim- und Erziehungsleitung geht davon aus, daß Familiengruppenerzieher aufgrund der Besonderheiten des Betreuungsmodells hoch belastbar sind. (ORG-8)

ERZ Bei der Einrichtung von Familiengruppen gibt die Organisation bewußt keine inhaltliche Konzeption von Erziehung vor, um die Besonderheiten der jeweiligen Familienstruktur wirken zu lassen. (ORG-9)

Zur Annahme ORG-1 wurden zwei Zusatzthesen formuliert, die sich auf äußere Differenzierungsmerkmale beziehen, wobei einmal das Stammheim, das andere Mal die Familiengruppe als dezentrale Einrichtung akzentuiert wird:

ORG-1a: Wenn ein Heim noch andere (als die FG-) Betreuungsformen anzubieten hat, dann entlastet und stärkt dies die Funktionsfähigkeit der Familiengruppen (Kompensationsthese).
ORG-1b: Wenn eine FG über die Zeit Bestand haben und funktionieren soll, dann muß sie sich strukturell und konzeptuell in Richtung einer Einbindung in Gemeinde/Nachbarschaft/Vereine etc. öffnen (Soziale Netzwerkthese I). Diese Besonderheit der Familiengruppen, die sie von der verbreiteten Tendenz zur Ghettoisierung in der Heimerziehung absetzt, unterstreicht die ergänzende Annahme, **ORG-1b':** Die soziale (im Sinne von Gemeinde-) Einbettung der Familiengruppen ist ein entscheidendes Leistungsmerkmal dieser Betreuungsform (Soziale Netzwerkthese II).
Zur ORG-3 lautet die einschränkende Annahme, welche den strukturellen Widerspruch aus Abbildung 3.1 aufgreift:
ORG-3a: Wenn eine Organisation hierarchisch strukturiert ist, dann ist Mitbestimmung/Autonomie auf untergeordneter Ebene immer problematisch (Autonomie-Gegenthese).
Die Thesen ORG-5 bis ORG-7 implizieren eine auf Organisationsebene (Kostenträger, Jugendamt, Heimleitung) ungeprüft vorausgesetzte "heilende" Funktion von Familienähnlichkeit bei diesem Betreuungsmodell. Dem mit ORG-8 angesprochenen Belastungsaspekt stehen auf der Orga-

nisationsebene entlastende Stützsysteme gegenüber: Gemeint sind die pädagogische Drittkraft, die Haushaltshilfe sowie die Supervision.
Zur ORG-9 lautet die Gegenthese:

ORG-9a: Weil (bzw. Wenn) den FG-Erziehern von professioneller und institutioneller Seite keine praktikablen, alltagsnahen Hilfsangebote gemacht werden, entwickeln sie naive, intuitive Konzepte bzw. bleiben in Laienvorstellungen befangen (Intuitionsthese). Im Sinne unseres Familienstreßmodells wäre zu ergänzen:

ORG-9b: Je weniger Konzeption und je mehr Intuition die Einrichtung im Erziehungsbereich zuläßt, desto geringer die Kompetenz und desto höher die Vulnerabilität der Erzieher gegenüber den Anforderungen von Pädagogik und Alltag.

3.6 Personbezogene zentrale Annahmen

Diese Untersuchungsebene umfaßt die drei Bereiche Erzieher/Kind/Herkunftseltern (vgl. Abbildung 3.4). Die Darstellung der Annahmen folgt dieser Unterteilung.
Tabelle 3.2 faßt die Annahmen über die **Erzieher** zusammen. Dabei werden Drittkräfte und FG-Ehepaare weitgehend als Einheit behandelt.

Tabelle 3.2   Personbezogene Annahmen, I. Erzieher

DIFF	Aus dem Aufeinandertreffen von Schichtdienst (Drittkraft) und "Familiendienst" ergeben sich neue Probleme der Binnendifferenzierung. (ERZP-1)
IDF	Das Familiengruppen-Ehepaar realisiert im Familiengruppen-Modell grundlegende ideologische Positionen. Aus diesem Grund resultiert eine besonders hohe berufliche Identifikation mit der Betreuungsform. (ERZP-2)
AUT	Bei der Entscheidung, eine Familiengruppe zu gründen, spielt die Überlegung eine zentrale Rolle, daß Erzieher sich organisatorisch als eigenständige Einheit abgrenzen und ihr Arbeitsfeld weitgehend nach eigenen Vorstellungen gestalten können. (ERZP-3)
KPTZ	Der Familiengruppen-Alltag stellt besondere und besonder hohe Anforderungen an die Erzieher-Kompetenzen. (ERZP-4)
AKZ	Die Familiengruppen-Erzieher verstehen ihr Betreuungsmodell als Konzeption optimaler Heimerziehung. (ERZP-5)
BEW	Bei der Bewältigung des Familiengruppen-Alltags sind die Erzieher auf professionelle Unterstützung von außen angewiesen. (ERZP-6)

KOOP Die Zusammenarbeit im Familiengruppen-Team steht und fällt mit der "Passung" der Drittkraft. (ERZP-7)

BEL Die Intensität der psychophysischen Belastung in diesem Betreuungsmodell führt die Familiengruppen-Ehepaare an die Grenzen ihrer Leistungsfähigkeit. (ERZP-8)

ERZ Die Professionalität der erzieherischen Interventionen wird durch die natürliche Vater-/Mutter-Rolle nicht nur gefördert, sondern auch eingeschränkt. (ERZP-9)

Die Annahme ERZP-2 greift Aspekte des "Bruchlinien"-Modells (Abb. 3.1) wieder auf. Sie wird ergänzt durch den Zusatz

ERZP-2a: Wenn Erzieherpaare eine FG gründen, dann spielt die Überlegung eine entscheidende Rolle, mit dieser Organisationsform die gesellschaftliche Trennung der Lebensbereiche Beruf-Familie-Freizeit im privaten Rahmen rückgängig zu machen (Ideologiethese).

Konsequent weitergedacht führt diese Intention zur Zusatzthese

ERZP-2b: Das FG-Ehepaar begreift sich nicht als Familiengruppe, sondern als Familie.

Die dadurch verstärkte Identifikation mit dem Betreuungsmodell hat Implikationen für den Umgang mit beruflichen Anforderungen:

ERZP-2c: Je größer die Identifikation mit dem Betreuungsmodell, umso höher die Belastbarkeit der Erzieher.

Wir nehmen in diesem Zusammenhang zusätzlich an:

ERZP-2d: Die Identifikation der Drittkräfte mit dem Betreuungsmodell ist geringer als die der Erzieher-Ehepaare.

Aus ERZP-3 resultiert sofort die "Struktur-Konflikt-These":

ERZP-3a: Das Autonomiekonzept der Erzieher steht in Widerspruch zur institutionell-hierarchischen Abhängigkeit und Unterordnung.

Dieser Widerspruch birgt Elemente von Familienstreß; seine Bewältigung erfordert eine kompetente Anpassungsleistung.

Die mit ERZP-4 gemeinten Erzieher-Kompetenzen sind bereits bei der alltäglichen Regulierung von Nähe und Distanz innerhalb der FG und ihrer Subsysteme (Kernfamilie, Kindergruppierungen) involviert. Sie beziehen sich aber auch auf institutionelle Zuständigkeiten:

ERZP-4a: Wenn es um Neuaufnahmen in die FG geht, weiß das Erzieher-Ehepaar am besten, welches Kind in die FG paßt und welches nicht.

Eine Einschränkung der Kompetenz haben wir nicht zuletzt aufgrund der konzeptuellen Vorstellungen, welche die Familiengruppen über ihre Arbeit anläßlich der Fachtagung vom Februar 1990 (Arbeitsgruppe St. Josephshaus Klein-Zimmern, 1990, S. 16-27) gegeben haben, als Zusatzannahme formuliert:

ERZP-4b: Wenn die FG-Erzieher sich zu dem, was sie leisten, äußern, dann überwiegt ein intuitives gegenüber dem professionell-expliziten Konzept.

Zu den Anforderungsstrukturen, welche die in ERZP-8 angesprochene Belastungsintensität hoch halten, gehören die Alltagsverhältnisse, die mit folgender Zusatzannahme thematisiert werden:

ERZP-8a: Betrachtet man den Alltag in einer Familiengruppe, so sind die privaten Lebensbedingungen des Ehepaares bzw. der Kernfamilie nicht von den FG-Arbeitsbedingungen zu unterscheiden (Verschmelzungsthese).

Die zentralen Annahmen zu den **Kindern** sind in Tabelle 3.3 zusammengetragen. Wie bei den Erziehern, so haben wir auch hier die beiden Gruppen (Maßnahmekinder/eigene Kinder des FG-Ehepaares) auf einer Untersuchungsebene zusammengefaßt.

Tabelle 3.3   Personbezogene Annahmen, II. Kinder

DIFF	Das Zusammenleben der eigenen Kinder des Familiengruppen-Ehepaares mit den Maßnahmekindern erfordert ein Konzept der Binnendifferenzierung auch auf dieser Ebene. (KIND-1)
IDF	Die Kinder identifizieren sich nicht mit der Familiengruppe, sondern mit ihren jeweiligen (Herkunfts-)Familien. (KIND-2)
AUT	Die bestehende Gruppengröße schränkt die Entfaltungsmöglichkeiten jedes der beteiligten Kinder ein. (KIND-3)
KPTZ	Das Zusammenleben in der Familiengruppe verlangt von den Kindern in erster Linie eine Anpassung im Sozialverhalten. (KIND-4)
AKZ	In dem Maße, wie die Klientel die Familiengruppe als neues Zuhause begreift, müssen die leiblichen Kinder des Erzieher-Ehepaares mit der Öffnung ihrer Familie klarkommen. (KIND-5)
BEW	In dem Maße, wie die Trennungsbewältigung für die Klientel gelingt, müssen die leiblichen Kinder des Erzieher-Ehepaares mit der geteilten Zuwendung fertig werden. (KIND-6)

KOOP Für das Zusammenleben in der Familiengruppe ist entscheidend, ob und wie es gelingt, Konkurrenz und Rivalität zwischen den beiden Kindergruppen zu reduzieren. (KIND-7)

BEL Für die Kinder stellt die Familiengruppe Lebens- und Entwicklungsbedingungen bereit, die sich auch belastungs- und syptomverstärkend auswirken können. (KIND-8)

ERZ Die Erziehungsplanung für die Maßnahmekinder muß die (Entwicklung der) eigenen Kinder des Familiengruppen-Ehepaares miteinbeziehen. (KIND-9)

Mit dem Differenzierungsaspekt, den die Annahme **Kind-1** anspricht, sind sowohl Ausstattungs- und Einrichtungsstandards der Kinderzimmer unter pädagogischem Blickwinkel gemeint, als auch Kommunikationsstrukturen und Verhaltensregeln.

Tabelle 3.4 faßt die zentralen Annahmen zu den **Herkunftseltern** auf der Personebene zusammen.

Tabelle 3.4   Personbezogene Annahmen, III. Eltern

DIFF Wenn ein Heim Familiengruppen einrichtet, so muß es die Herkunftseltern der Maßnahmekinder in das Betreuungskonzept einbeziehen. (ELT-1)

IDF Wenn Kinder aus sozial schwierigen Verhältnissen ins Heim kommen, müssen professionelle Angebote bereitgestellt werden, die den Herkunftseltern helfen, ihre Eltern-Identität zu bewahren. (ELT-2)

AUT Die Erfolgsaussichten einer Familiengruppen-Unterbringung steigen dann, wenn die Herkunftseltern die Maßnahme als freiwillige eigene Entscheidung begreifen. (ELT-3)

KPTZ Wenn der Sorgerechtsentzug zum Kriterium für die Aufnahme in eine Familiengruppe wird, dann verschärft diese Kompetenzminderung die Konkurrenz zwischen Herkunfts- und Familiengruppen-Eltern. (ELT-4)

AKZ Die Herkunftseltern werden eine Familien-Unterbringung ihres Kindes umso eher akzeptieren, je weniger sie den Eindruck haben, daß die Familiengruppen-Eltern sich als Konkurrenz zu ihnen verstehen. (ELT-5)

BEW Die Herkunftseltern werden die Trennung von ihren Kindern durch die Unterbringung umso besser bewältigen, je mehr sie in die Problemlösung einbezogen werden. (ELT-6)

KOOP Die Herkunftseltern werden mit den Familiengruppen-Erziehern umso eher (und besser) kooperieren, je mehr sie sich als Gesprächs- und Handlungspartner akzeptiert sehen. (ELT-7)

BEL Die Familiengruppen-Unterbringung wird den Herkunftseltern umso weniger als Belastung erscheinen, je mehr sie durch professionelle Hilfsangebote in die Lage versetzt werden, ihre familiären und/oder privaten Verhältnisse zu ordnen. (ELT-8)

ERZ Das Erziehungsverhalten der Herkunftseltern wird sich nur dann normalisieren, wenn sie alltagsnahe professionelle Hilfsangebote erhalten und annehmen. (ELT-9)

Die Annahmen **ELT-3** und **ELT-4** verweisen auf Ergänzungen, die beinhalten, daß die FG-Unterbringung als temporäre Maßnahme mit Durchlaufcharakter konzipiert wird, wobei das Sorgerecht bei den Herkunftseltern verbleibt. Alle Annahmen auf dieser Ebene setzen eine Konzeption von **Elternarbeit** im Zusammenhang mit der Heimunterbringung voraus.

3.7 Familienbezogene zentrale Annahmen

Tabelle 3.5 beinhaltet den Satz zentraler Annahmen, welcher sich auf die **Kernfamilie** bezieht.

Tabelle 3.5   Familienbezogene Annahmen, I. Kernfamilie

DIFF Im Alltag der Familiengruppe löst sich die Struktur der Kernfamilie umso eher auf, je ausgeprägter sich das Familiengruppen-Ehepaar dem Konzept der "Ganzheitlichkeit" verpflichtet fühlt. (KFAM-1)

IDF Die Identifikation mit dem Betreuungsmodell untergräbt die Identifikation mit der eigenen Familie umso mehr, je ausgeprägter die ideologische Orientierung ist. (KFAM-2)

AUT Die materielle Verfilzung, die das Familiengruppen-Betreuungsmodell im Hinblick auf Haushaltsgegenstände und Lebensstandard fördert, schränkt die Entscheidungsfreiheit der Kernfamilie über den Verbleib bzw. die Trennung von der Einrichtung erheblich ein. (KFAM-3)

KPTZ Die natürliche Vater-/Mutter-Rolle innerhalb der Kernfamilie stützt nur dann die Professionalität als Familiengruppen-Erzieher, wenn sie bewußt in die Erziehungskonzeption eingebracht wird. (KFAM-4)

AKZ Die Akzeptanz der Betreuungsform Familiengruppe erfährt eine Grenze, wenn negative Auswirkungen für die Kernfamilie auftreten. (KFAM-5)
BEW Die Kernfamilie kann nur dann als "Modellfamilie" einen für Jugendhilfemaßnahmen wirksamen Effekt entwickeln, wenn es ihr selbst gelingt, ihre internen Probleme angemessen zu behandeln und zu bewältigen. (KFAM-6)
KOOP Wenn die Kernfamilie sich in die Familiengruppe auflöst, dann belastet dies die Zusammenarbeit mit den Herkunftseltern der Maßnahmekinder. (KFAM-7)
BEL Wenn die Belastungen durch die Familiengruppe sich dauerhaft als Problem für die eigene Familie entwickeln, so ist das für das Erzieher-Ehepaar ein Grund, die Familiengruppen-Arbeit aufzugeben. (KFAM-8)
ERZ Die tatsächliche Vater-/Mutter-Rolle des Familiengruppen-Ehepaares bildet die Grundlage für eine familienorientierte Erziehungsmaßnahme; sie setzt voraus, daß eine Kernfamilie mit eigenen (leiblichen oder adoptierten) Kindern existiert. (KFAM-9)

Der in **KFAM-1** angedeutete Aspekt der Verhinderung oder zumindest Erschwerung von Binnendifferenzierung im System Kernfamilie verweist zurück auf die von uns als streßinduzierend verstandene Verschmelzungsthese ERZP-8a (zu Tabelle 3.2). Hierher gehört ebenso die wenn auch nur gebrochen in Erscheinung tretende Tendenz in Familiengruppen, altershomogene Gruppen zu bilden:
KFAM-1a: FG-Ehepaare favorisieren die Aufnahme von Kindern in einem Alter, das von dem ihrer eigenen Kinder nicht allzu verschieden ist. (Gemeint ist ein Spielraum von ca. zwei Jahren nach oben wie nach unten).

Für den erweiterten Rahmen des Systems **Familiengruppe** sind die zentralen Annahmen in Tabelle 3.6 zusammengetragen.

Tabelle 3.6 Familienbezogene Annahmen,
II. Familiengruppe

DIFF Im Gegensatz zum offiziellen Durchlauf-Modell verstehen sich Familiengruppen mehrheitlich eher in der Speicherfunktion als Ersatzfamilie. (FG-1)
IDF Das Familiengruppen-Ehepaar begreift sich nicht als Familiengruppe, sondern als Familie. (FG-2)

AUT	Wird die Selbstbestimmung im Tätigkeitsfeld dauerhaft oder entscheidend eingeschränkt, dann stärkt dies die Überlegung, sich organisatorisch völlig von der Einrichtung zu trennen. (FG-3)
KPTZ	Betrachtet man das Familienleben unter dem Maßnahmenaspekt, so überwiegt sein Öffentlichkeitscharakter gegenüber dem der Privatheit, die professionelle Erzieherrolle gegenüber der Vater-/Mutter-Rolle. (FG-4)
AKZ	Da Familiengruppen mehr Alltag realisieren, haben sie eine größere Akzeptanz durch die Klientel und die Herkunftsfamilie als andere Erziehungsmaßnahmen. (FG-5)
BEW	Weil Familiengruppen den Herkunftsfamilien strukturell ähnlicher sind als jede andere Form von Heimerziehung, gelingt eher eine Trennungsbewältigung. (FG-6)
KOOP	Die Erziehungsmitarbeit der Klientel wird umso besser sein, je weniger die Maßnahmekinder die Personen und Verhältnisse in der Familiengruppe in Konkurrenz und Rivalität zu ihren Herkunftsfamilien erleben. (FG-7)
BEL	Je besser eine Familiengruppe in Gemeindestrukturen sozial eingebunden ist, desto erfolgreicher wirken diese im Sinne einer Netzwerkunterstützung entlastend. (FG-8)
ERZ	In den Familiengruppen findet sich mehrheitlich ein intuitives, kein explizites Erziehungskonzept. (FG-9)

Die für die Kernfamilie wie Familiengruppe gleichermaßen angezeigte professionelle Hilfsmaßnahme der Wahl ist die **Supervision**. Auf der Eltern- bzw. Herkunftsfamilienebene entspricht ihr die **Elternarbeit**. Was für alle Annahmen in Tabelle 3.4 befunden wurde, gilt ebenso für die zentralen Thesen zum System **Herkunftsfamilie** in Tabelle 3.7.

**Tabelle 3.7   Familienbezogene Annahmen,
III. Herkunftsfamilie**

DIFF	Wenngleich die Existenz von Familiengruppen eine herkunftsbezogene Elternarbeit zwingend erforderlich macht, so gibt es doch bisher kein explizites Konzept dafür. (HFAM-1)
IDF	Obwohl zerstörte familiäre Strukturen die Identifikation mit der Herkunftsfamilie erschweren, erscheint dennoch Elternarbeit möglich. (HFAM-2)
AUT	Wenn die Herkunftsfamilie bei der Heimeinweisung ihres Kindes mehr in das Aufnahmeverfahren einbezogen wird, so fühlt sie sich damit in ihrer Elternautonomie respektiert. (HFAM-3)

KPTZ Wenn die Herkunftseltern durch professionelle Hilfsangebote in ihrer Elternrolle unterstützt werden, dann erleichtert dies die familiäre Rückführung des Kindes. (HFAM-4)

AKZ Die Herkunftsfamilie wird die Familiengruppe umso eher akzeptieren, je geringer die soziale und kulturelle Diskrepanz zwischen beiden Systemen ist. (HFAM-5)

BEW Die Herkunftsfamilie wird sich umso eher in Bewältigungsprozesse einbeziehen lassen, je mehr sie mit einer Rückführung des Kindes rechnen kann. (HFAM-6)

KOOP Die Herkunftsfamilie wird nur dann mit der Familiengruppe kooperieren, wenn sie selbst die Rückführung beabsichtigt. (HFAM-7)

BEL Elternarbeit mit der Herkunftsfamilie wird nur dann spürbar entlasten, wenn sie die verbliebenen familiären Ressourcen stärkt. (HFAM-8)

ERZ Elternarbeit mit der Herkunftsfamilie wird die Erziehungssituation im Interesse einer Rückführung nur dann verbessern, wenn sie die unterschiedliche Akzentuierung der Erziehungsziele zwischen Herkunftsfamilie und Familiengruppe berücksichtigt. (HFAM-9)

3.8 Zentrale Begriffe

Im folgenden werden die Aussagen in den Zeilen der Klassifikationsmatrix (siehe Abbildung 3.4) beschreibend zusammengefaßt. Sie definieren Themenschwerpunkte, die mit unseren zentralen Begriffen gesetzt werden.

Differenzierung

Die Einrichtung von Familiengruppen ist zunächst als reine Angebotserweiterung des Jugendhilfezentrums eine neue (Betreuungs-)**Form** und sonst nichts. Ob sie gleichermaßen eine inhaltliche **pädagogische Innovation** bedeutet, muß sich in der Arbeit der Familiengruppen selbst zeigen, zu der die Umsetzung organisatorischer Vorgaben ebenso gehört wie die Nutzung institutioneller Ressourcen. Der Differenzierungsaspekt unseres Forschungsansatzes fragt daher nach **binnendifferenzierenden** Merkmalen des Betreuungsrahmens - zunächst nach der globalen Konzeption (ORG-1), sodann nach den konzeptuellen Vorgaben zur Regelung von Einzelfragen (Schichtdienstproblem der Drittkraft: ERZP-1; Zusammenleben von Maßnahme- und eigenen Kindern: KIND-1; Elternarbeit: ELT-1 und HFAM-1), schließlich auch im Sinne unseres Streßmodells nach Belastungen, die sich aus der Aufhebung von Differenzierung (KFAM-1) bzw. aus einem inadäquaten Funktionsverständnis (FG-1) ergeben können.

Identifikation

Es mag als Selbstverständlichkeit angesehen werden, daß sich Heimerzieher mit ihrem Handeln identifizieren. Nicht selbstverständlich ist das Ausmaß dieser Identifikation - und im Falle des Familiengruppenmodells auch ihre Richtung, denn die eigene familiale Existenz ist unmittelbar involviert. Die Vorstellung, die hinter der in ORG-2 formulierten Annahme steht, dürfte jedenfalls bei Kostenträgern und Heimleitungen verbreitet sein. Ihr kommt zunächst auch eine vermutete ideologische Position auf der Seite der Erzieher (ERZP-2) entgegen, die das Familiengruppenmodell als neue Chance einer "ganzheitlichen" Lebens- und Berufsauffassung begreift. Wir nehmen an, wieder unter Bezug auf unser Regulationsmodell, daß sich aus dieser Einstellung aber auch Familienstressoren ergeben können, nicht zuletzt deshalb, weil konkurrierende Systeme (FG, KFAM, HFAM) als Identifikationsangebote mit widerstreitendem Aufforderungscharakter existieren. Probleme und Konflikte, die aus unterschiedlichen Identifikationen erwachsen, sind zentrale Themen von Erzieherfortbildung, Supervision und Elternarbeit.

Autonomie

Die zentralen Annahmen des Klassifikationsschemas variieren den Autonomiebegriff in drei Akzentuierungen: einmal als Forderung, sodann als Einschränkung und Zugeständnis, schließlich als vertrauensbildende Maßnahme. - Für die Einforderung von Autonomie stehen die Erzieher als Einzelpersonen (ERZP-3) wie in ihrer Berufsrolle (FG-3). Vom Standpunkt der Organisation erscheint der Autonomieanspruch der Erzieher als mehr oder weniger unumgängliches Zugeständnis (ORG-3), das teilweise wieder rückgängig gemacht werden kann, wenn die Kernfamilie sich in entsprechender Ausprägung auf organisatorische Abhängigkeiten einläßt (KFAM-3). - Daß die Autonomie des einen zugleich eine Einschränkung der Autonomie des andern bedeutet, wird mit der These zum Sozialverhalten der Kinder angesprochen (KIND-3). - Auf die soziale Rolle der Herkunftseltern bezogen, wird Autonomiegewährung als Bestandteil von Elternarbeit konzipiert: Sie erscheint als vertrauensbildende Haltung auf organisatorischer wie auf persönlicher Ebene geeignet, sowohl Heimeinweisung wie Rückführung der Klientel unter Beachtung der Elternrechte zu optimieren.

Kompetenz
Auch dieser zentrale Begriff wird von uns mehrdimensional verstanden: Es geht um die durchaus unterschiedlichen Kompetenzen von Erziehern, Eltern und Kindern. Gemeinsam ist den verschiedenen Kompetenzen, daß sie sich im **Alltag** äußern und sich dort als **Bewältigungskompetenzen** im Sinne unseres Regulationsmodells bewähren müssen.
Auf der Erzieherebene erscheint Kompetenz als Problem der **Professionalität**. Der Untersuchungsansatz geht davon aus, daß sich der Familiengruppenalltag ohne Professionalität nicht bewältigen läßt (ERZP-4). In den quasi standardisierten Gruppensituationen des Alltags, wie zum Beispiel dem Mittagessen, tritt die Privatheit der Kernfamilie notwendigerweise hinter den Auftrag der öffentlichen Erziehung zurück (FG-4), wodurch sich Komplikationen bei der Rollenübernahme ergeben. Dabei ist unter dem Bewältigungsaspekt entscheidend, daß die natürliche Vater/Mutter-Rolle der professionellen Elternrolle nicht entgegengesetzt wird (KFAM). Zwischen beiden vermitteln Alltagsnähe und Praxisrelevanz der angebotenen professionellen Hilfen (ORG-4).
Für die Klientel ist Heimerziehung immer eine Einzelmaßnahme im Gruppenkontext. In der Familiengruppe besteht für das einzelne Kind ein spezieller Anpassungsdruck einmal durch die Gruppengröße, noch mehr aber durch die familiär vermittelte Gruppenkohäsion. Dieser "Familiengruppendruck" hat die Besonderheit, für ausnahmslos alle Kinder zu gelten, gleich ob Maßnahmekinder oder eigene Kinder des Familiengruppen-Ehepaares. Von daher erscheint Kompetenz auf der Kindebene in erster Linie als gelungene Anpassung im Sozialverhalten (KIND-4).
Für die Herkunftseltern stellt sich das Kompetenzproblem in aller Regel zunächst einmal als **Kompetenzverlust** dar (ELT-4), der schlimmstenfalls mit dem Sorgerechtsentzug gekoppelt ist. Zwar liegt die entsprechende Maßnahme immer außerhalb der Zuständigkeit und meist auch zeitlich vor der Heimerziehung; dennoch sind ihre belastungsinduzierenden Konsequenzen für die Eltern ein teils heimliches, teils offenes Thema während des Heimaufenthaltes ihrer Kinder. Das Aufgreifen dieser Thematik im Rahmen von Elternarbeit kann nicht nur helfen, Elternkompetenzen (wieder) herzustellen, sondern sollte zugleich für die Rückführung der Kinder funktional sein (HFAM-4).
Identifikation, Autonomie und Kompetenz sind im Hinblick auf die personalen Implikationen des Betreuungsmodells auf Erzieherebene Merkmale von **Qualifikation**. Ihre jeweilige Ausprägung erscheint als Maß für das Gelingen von Professionalität im Sinne der Verbindung von Theo-

rie und Praxis, von Alltag und Reflexion.
Sie sind nach unserem Untersuchungsansatz zentrale Parameter von
Heimerziehung im Leistungsbereich des Familiengruppen-Konzeptes.

Akzeptanz

Jugendhilfemaßnahmen, die mit Heimerziehung einhergehen, haben es
traditionellerweise schwer, von der Klientel und den Herkunftseltern angenommen zu werden. Das Familiengruppenmodell scheint für eine angestrebte Akzeptanz von Heimunterbringung viel bessere Ausgangsbedingungen mitzubringen; sie sind gleichsam nach allen Seiten offen
(ORG-5): Die Kostenträger favorisieren das Familiengruppenmodell, weil
es Familienähnlichkeit bedeutet; die Herkunftseltern und die Klientel akzeptieren diese Unterbringungsform vermutlich eher, weil sie eine sanftere Umstellung verspricht; die Erzieher schließlich nehmen dieses Betreuungsmodell an, weil es keine übliche Erziehertätigkeit bedeutet und ihrer
ideologischen (Neu-)Orientierung entgegenkommt. Für die Erzieher haben wir formuliert (ERZP-5), daß die Familiengruppe als optimale Form
von Heimerziehung begriffen wird; dies könnte auch von Kostenträgern,
Heimleitungen und Eltern unterstützt werden, vor allem unter dem Aspekt
der Alltagsnähe (FG-5).
Im Alltag zeigen sich indessen auch die Widersprüche und Grenzen des
Modells. Sie nehmen zunächst die Form umgekehrt proportionaler Akzeptanz-Beziehungen an: Je größer die Akzeptanz der Familiengruppen-Unterbringung durch die Klientel, umso geringer die vermutete Akzeptanz
im Hinblick auf die Erweiterung der eigenen Familie durch die Kinder des
Erzieher-Ehepaares (KIND-5) - und dies umso eher, je mehr die Kernfamilie in der Familiengruppe aufgeht. Je mehr "Ganzheitlichkeit" also
praktiziert wird, umso eher dürften sich auch negative Auswirkungen für
die Kernfamilie ergeben (KFAM-5). Die Grenzen des Modells könnten
dort sichtbar werden, wo es nicht gelingt, die Konkurrenz zwischen dem
Familiengruppen-Ehepaar und den Herkunftseltern soweit zu reduzieren,
daß eine angemessene Akzeptanz der Heimerziehungsmaßnahme resultiert (ELT-5).

Bewältigung

Heimeinweisung bedeutet auch im Familiengruppen-Betreuungsmodell
Trennung von Kindern und Eltern, Herauslösung der Maßnahmekinder
aus den Verhältnissen der Herkunftsfamilien. Insofern geht es uns zunächst um die **Trennungsbewältigung** der betroffenen Kinder, aber

auch um die Frage, wie deren Eltern mit dieser Trennung fertig werden. Im Sinne unseres Streß-Regulationsmodells gehen wir davon aus, daß das Familiengruppen-Betreuungsmodell entlastende Momente bereitstellt, die eine problem- und situationsangemessene Bewältigung erleichtern können (ORG-6); zu diesen Entlastungsfaktoren mag man bereits die Familienähnlichkeit der Familiengruppe zählen (FG-6). Die Dialektik von Belastung und Entlastung bringt es mit sich, daß sich im systemischen Kontext für die eigenen Kinder des Familiengruppen-Ehepaares als belastend entwickeln kann, was für die Maßnahmekinder Entlastungsfunktion bedeutet, also z.B. Zuwendung und Intimität (KIND-6). Für die Kernfamilie verstärkt sich damit der Druck, Modellfamilie auch in dem Sinne zu sein, daß die eigenen familiären Probleme für die Klientel erkennbar anders angegangen und gelöst werden, als sie es von ihren Herkunftsverhältnissen kennt (KFAM-6). Der Modellcharakter als Familie impliziert für die Familiengruppe die Funktion des **Bewältigungsmodells**, wodurch sich für das Erzieher-Ehepaar die Frage nach der **Professionalität in eigener Sache**, also auf die Kernfamilie bezogen stellt. Nicht zuletzt in dieser Problemkonstellation ist die Annahme begründet, die Familiengruppen-Erzieher bedürften zu einer angemessenen Alltagsbewältigung der professionellen Unterstützung von außen (ERZP-6), womit im wesentlichen institutionell bereitgestellte Fortbildungs- und Supervisionsangebote gemeint sind und wodurch sich Familiengruppen im Rahmen von Heimerziehung einmal mehr von Pflegefamilien unterscheiden lassen.

Was die Trennungsbewältigung der Herkunftseltern betrifft, so ist sie ohne **Elternarbeit** nicht denkbar. Die Herkunftseltern in die Problemlösung miteinzubeziehen (ELT-6) heißt nicht nur, intensive pädagogische Gespräche mit ihnen zu führen, bei denen das Kind (seine Entwicklung, der Umgang mit ihm) im Mittelpunkt steht, sondern auch, die (Neu-)Ordnung der familiären Verhältnisse im Hinblick auf eine Rückführung des Kindes zu thematisieren. - Es ist dies ein Problempunkt, der über die Familiengruppe, ja über die Heimerziehung als Institution hinaus auf ein innovatives Modell von Elternarbeit in interdisziplinärer Zusammenarbeit verweist.

Trennungsbewältigung mit Bezug auf die Herkunftsfamilie - und dies gilt auch für gebrochene Verhältnisse und einzelne Elternteile - kann nämlich im Einzelfall in letzter Konsequenz identisch sein mit der Rückführung des Kindes zu seinen leiblichen Eltern (HFAM-6). Wo diese Perspektive nicht (mehr) existiert, wird sich nicht nur Elternarbeit schwertun, sondern sich auch die Funktionalität der Familiengruppe in Richtung Ersatz-System verändern.

Kooperation
Kooperation umfaßt drei konzeptuelle Aspekte von Heimerziehung: Zusammenarbeit, Erziehungsmitarbeit, Zusammenleben.
Mit Kooperation ist zunächst ganz allgemein die **Zusammenarbeit** aller gemeint, die im Rahmen des Betreuungsmodells Familiengruppe miteinander zu tun haben (siehe Abbildung 3.3); als implizierter Differenzierungseffekt wird von institutioneller Seite unterstellt, eine gute Zusammenarbeit gelinge in dieser Form von Heimerziehung besonders leicht (ORG-7). Dieser Entlastungsfunktion von Kooperation stehen interaktive Vorgaben gegenüber, die zumindest potentiell auch als Stressoren fungieren können. Dazu gehört das Problem der Drittkraft-"Passung" (ERZP-7) ebenso wie das der Rollenambiguität (Erzieher- vs. Elternrolle) und das der Eltern- bzw. Familienkonkurrenz. Gegenseitige Akzeptanz als Gesprächs- und Handlungspartner erscheint uns als Voraussetzung für Kooperation (ELT-7); nicht minder wichtig sollte eine realistische Perspektive im Hinblick auf Zweck und Dauer des Heimaufenthaltes sein (HFAM-7). Die im Familiengruppen-Ansatz zweifellos enthaltene Option zur Kooperation auf Eltern- bzw. Familienebene ist dann gefährdet, wenn beim Erzieher-Ehepaar die Ersatzeltern-Funktion konzeptuell vorherrscht, wodurch sich unweigerlich die strukturell angelegte Konkurrenz der Rollen und Systeme zur Rivalität steigert. Dieser Vorgang wird sich umso mehr als Belastung ausnehmen, je konsequenter unter dem Mythos der Ganzheitlichkeit die Differenzierung zwischen Kernfamilie und Familiengruppe im Erziehungsalltag aufgehoben wird (KFAM-7).
Die **Erziehungsmitarbeit** der Klientel (FG-7) setzt voraus, daß die Rivalität zwischen den Elternrollen und Familiensystemen reduziert wird; nur so kann das Maßnahmeziel erreicht werden.
Aus der Perspektive des Kindes geht es dabei allerdings nicht nur um die "Elternfrage", sondern auch um die "Geschwisterfrage", also um das Verhältnis der Maßnahmekinder zu den eigenen Kindern des Erzieher-Ehepaares im täglichen **Zusammenleben** (KIND-7). Auch hierfür ist nach unseren zentralen Annahmen Binnendifferenzierung im Sinne von Strukturgebung erforderlich und nicht etwa die Auflösung von Strukturen in einer der Realität von Heimerziehung widersprechenden Ganzheitlichkeit.

Auf die Klientel bezogen, fassen wir die zentralen Begriffe Akzeptanz, Bewältigung und Kooperation in einem funktionalen Modell zum "ABC der Heimerziehung" zusammen. Dabei bedingen sich diese drei Erlebens- und Verhaltensmodalitäten (A=Akzeptanz, B=Bewältigung, C=Kooperation) gegenseitig. Die aus dem kombinierten Verhältnis der jeweiligen Ausprägung von Akzeptanz, Bewältigung und Kooperation im Einzelfall resultierende maßnahmebezogene Orientierung betrachten wir, einer Anregung von P. Ach folgend, als Maß für die Integration des Kindes im Rahmen der Familiengruppen-Unterbringung.

Das funktionale ABC-Modell der Heimerziehung läßt sich in ein ereignis- und planungsbezogenes Verlaufsschema von Jugendhilfemaßnahmen integrieren (siehe Abbildung 3.5).

Der institutionell vermittelten Ereigniskette: Trennung-Heimunterbringung-Intervention korrespondiert auf der Erziehungsplanungsebene die Abfolge: Anbahnung-Aufnahme-Durchführung. Akzeptanz, Bewältigung und Kooperation (Erziehungsmitarbeit) des Kindes/Jugendlichen werden auf jeder dieser Stufen teils vorausgesetzt, teils von den Ereignissen bzw. Maßnahmen selbst direkt oder indirekt beeinflußt. Das Gelingen der Integration steht für den Erfolg der Maßnahme auf der Klientelseite; korrespondiert ihm auf der Eltern-/Familienseite eine angemessene (Neu-) Ordnung der Verhältnisse, so kann auf der pädagogischen Planungsebene die Heimentlassung, auf der Institutionsebene die Rückführung veranlaßt werden.

Belastung
Wir verstehen unter Belastung die Summe der Anforderungen, die der jeweiligen Bezugsgruppe (Erzieher, Eltern, Kinder) im Rahmen der Familiengruppen-Betreuung abverlangt werden. Mit Bezug auf unser Regulationsmodell (siehe Abbildung 3.2) fallen darunter nicht nur die äußeren, umweltbedingten Vorgaben; belastend oder belastungsverstärkend können vielmehr auch eingeschränkte individuelle bzw. systemische Ressourcen wirken, also geringe Bewältigungskompetenzen, eine erhöhte psychische, physische oder psychosoziale Anfälligkeit (Vulnerabilität), irrationale Bewertungsmuster, Einstellungen und Überzeugungen etc. Ebenso gehören verzerrte Wahrnehmungen und ungünstige Erwartungen zu dem komplexen Bedingungsgefüge, das die Ausgangslage für die erforderliche Belastungs-Bewältigungs-Regulation im Einzelfall bestimmt.

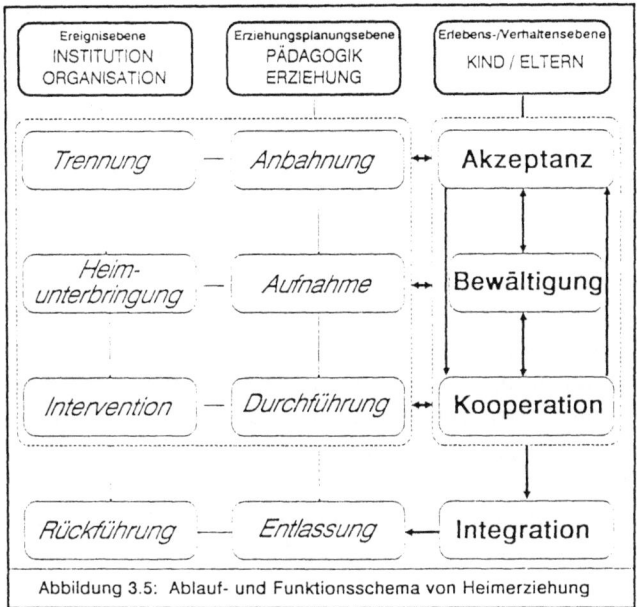

Abbildung 3.5: Ablauf- und Funktionsschema von Heimerziehung

Wenn nun die Belastbarkeit der Familiengruppen-Erzieher als hoch angesetzt wird (ORG-7), dann geht diese Einschätzung vor allem auf das hohe Maß an Identifikation, Autonomie und Kompetenz zurück, das den Erzieher-Ehepaaren unterstellt wird. Diese Qualifikationsmerkmale sowie die speziellen Entlastungen auf der Ebene der institutionellen Anbindung (Verwaltungsaspekte, Behördenkontakte, Supervision etc.) stellen die Besonderheiten des Betreuungsmodells auf der Ressourcenseite dar; sie werden ergänzt durch die soziale Netzwerkunterstützung, die eine Familiengruppe erhalten kann, wenn sie ihre Möglichkeiten zur Integration in Gemeindestrukturen nutzt (FG-9).

Dem Ressourcenpotential steht in unseren zentralen Annahmen eine hohe Intensität der alltäglichen Belastung gegenüber, so daß im Anforderungs-Bewältigungs-Vergleich der Erzieher eine Belastung im Grenzbereich der Leistungsfähigkeit resultiert (ERZP-8); im Einzelfall entscheidet, da die äußeren Entlastungsangebote für alle gleich sind, die persönliche Kompetenz bzw. Vulnerabilität des Erziehers darüber, in welcher Weise er die Hilfsangebote nutzen und seine individuelle Ressourcenbilanz positiv gestalten kann.

Auf der Ebene der involvierten Kinder sehen wir neben entlastenden Faktoren, die insbesondere im Hinblick auf soziale Lernprozesse kompetenzfördernd und ressourcenverstärkend wirken sollten, auch deutliche streßinduzierende und symptomverstärkende Lern- und Lebensbedingungen im Arrangement der Familiengruppe (KIND-8; es sei auf die Ausführungen zu den strukturellen Widersprüchen im Zusammenhang mit Abbildung 3.1 zurückverwiesen). Erschöpfen sich die Bewältigungsmöglichkeiten im System der Kernfamilie unter kontinuierlicher Belastung, so resultiert durch die Kumulation mißglückter Anpassungs- und Lösungsversuche eine **krisenhafte** Familienentwicklung - siehe hierzu das Familienstreßmodell in Abbildung 3.2 -, die in letzter Konsequenz zur Sprengung des Familiengruppen-Betreuungsmodells führen kann (KFAM-8).

Der Heimunterbringung von Kindern aus problematischen Sozial- und / oder Erziehungsverhältnissen wird in der Regel eine Entlastungsfunktion nicht nur für die Kinder, sondern auch für die Eltern bzw. Herkunftsfamilien unterstellt. Wie bei den Kindern, so richtet sich unser Blick auch bei den Eltern(teilen) und (Rest-)Familien eher auf die verbliebenen Ressourcen als auf das Ausmaß der Schädigung: Elternarbeit hat nach unserem Ansatz ganz vordringlich die Aufgabe, die verbliebenen Ressourcen zunächst zu bestimmen und sodann in der Weise zu fördern, daß Neubewertungen und erfolgreiche Anpassungen möglich werden (HFAM-8). Nur wenn solche professionellen Hilfen bereitgestellt werden, die praktikable und alltagsnahe Problemlösungen ermöglichen, wird es den Herkunftseltern auch gelingen können, ihre privaten/familiären Verhältnisse so zu ordnen, daß an eine Rückführung der Kinder zu denken ist (ELT-8). Nach dem Familienstreßmodell hat eine verhaltensorientierte pädagogische Arbeit mit der Herkunftsfamilie nur eine Chance, wenn sie über den Aufbau von Kompetenzen und Ressourcen eine dauerhafte Streßregulation ermöglicht. Diese professionelle Unterstützung als familienbezogene Jugendhilfemaßnahme zu konzipieren, ist einer herkömmlichen Auffassung von Heimerziehung möglicherweise fremd.

Erziehung

Es kennzeichnet den bisherigen Ansatz bei der Einrichtung von Familiengruppen, daß von institutioneller Seite so gut wie keine inhaltlich detaillierten Konzeptionsvorgaben gemacht werden, was die in diesem Betreuungsmodell angewandte Erziehungspraxis betrifft. Begründet wird dieses Vorgehen damit, daß pädagogische Entwicklungen ermöglicht werden sollen, die den Besonderheiten der jeweiligen Familienstruktur gerecht werden (ORG-9). Dabei bleibt unklar, worin diese Besonderheiten bestehen - eine der Familiengruppen-Gründung vorgeschaltete Dia-

gnostik der Kernfamilie gibt es nicht - und inwiefern sie pädagogisch relevant sind. Eine Folge davon ist, daß die Familiengruppen hernach auch kein explizites Erziehungskonzept ausarbeiten, sondern eben ihre "Besonderheit" intuitiv wirken lassen (FG-9).
Aber nicht nur die Konzeption von Erziehung ist weitgehend offen, sondern auch die **Familienorientierung** selbst. Der Pragmatismus von Heimerziehung macht es möglich, daß auch kinderlose Ehepaare Familiengruppen leiten. Angesichts der Belastungen, der die Kernfamilien gerade mit Bezug auf ihre eigenen Kinder durch die Familiengruppen-Konstellation ausgesetzt sind, wäre das kinderlose (Ehe-)Paar möglicherweise sogar eine denkbare Alternative, die zumindest von diesen Belastungen frei wäre. Voraussetzung und Grundlage für eine familienorientierte Heimerziehung ist in unserer Studie allerdings die tatsächliche Vater-/Mutter-Rolle des Erzieher-Ehepaares, zu der mindestens ein eigenes Kind (leiblich oder adoptiert) gehört (KFAM-9). Der natürliche oder juristische Elternstatus hat unverkennbare Auswirkungen auf die Familiengruppen-Erzieher: Die unkündbare und nicht über Entlohnung künstlich hergestellte Beziehung zum eigenen Kind wird im Familiengruppen-Setting ebenso zum Merkmal der Professionalität von Erziehung, wie sie zu deren Problem wird (ERZP-9). In der Entwicklung einer Familiengruppe wird früher oder später der Punkt erreicht, wo die Kinder der Kernfamilie zum Thema der Erziehungsplanung für die Maßnahmekinder werden (KIND-9). Damit kehrt sich nur um, was als Verhältnis für die Familiengruppe konstitutiv ist: daß nämlich die Maßnahmekinder - ihre Anzahl, Art und Ausmaß ihrer Problematik - für die Kernfamilie Thema der Familienentwicklung bis in die Familienplanung hinein sind.
Die **Erziehungsziele** wirken sich in den Interaktionen zwischen Familiengruppe und Herkunftsfamilie aus. Ähnlich wie bei der Auswahl von Familiengruppen auf Fragen der sozialen/soziologischen "Passung" mit Herkunftsfamilien geachtet werden sollte, stellt sich im Hinblick auf die angestrebten Erziehungsmaßnahmen das Problem von Nähe und Distanz in den Erziehungseinstellungen der beiden Elterninstanzen (HFAM-9). Wir nehmen an, daß das Erziehungsverhalten der Herkunftseltern, das mit dem Störungsbild der Klientel in einem ursächlichen Zusammenhang steht, sich nur dann normalisiert, wenn alltagsnahe professionelle Hilfsangebote entwickelt werden (ELT-9), die u.a. die unterschiedlichen Akzentuierungen in den Erziehungszielen zum Bestandteil von Elternarbeit machen.

3.9 Einordnung des Forschungsprojektes

Heimerziehung bedarf gemeinhin keiner Theorie um stattzufinden. Sie vollzieht sich dennoch keinesfalls ohne Vorannahmen. In das Handeln der beteiligten Instanzen und Individuen gehen Annahmen über 'richtig' und 'falsch', über 'gut' und 'schlecht' im Hinblick auf Erziehungsplanung, pädagogische Intervention, Alltagsbewältigung etc. ein. Wenige dieser Annahmen sind explizit formuliert. Zumeist werden Intuition und Erfahrung bemüht, um pädagogische Maßnahmen und Betreuungsformen als fachlich auszuweisen. Wo aber Entscheidungen und Handlungen im Leistungsfeld öffentlicher Erziehung nicht explizit formuliert, d.h. begründet werden, entziehen sie sich auch einer vergleichenden Überprüfung und objektivierenden Bewertung. Fortentwicklung erscheint dann nicht als planbare Optimierung möglich, sondern bleibt der subjektiven Einsichtsfähigkeit und mitunter einem spontanen Aktionismus überantwortet.

Was die Vielfalt der Betreuungsansätze im Bereich familienähnlicher Fremderziehung betrifft, die sich in ihrer Entwicklung dem Prinzip der spontanen Anpassung an die Nachfrage und einer impliziten Konzeptualisierung verdankt, so halten wir mittlerweile die Zeit für reif, einen Vorschlag für die Strukturierung des Feldes zu entwickeln. Wir haben nicht den Anspruch, eine 'Theorie der Familiengruppe' zu entwerfen und hielten ein solches Unterfangen auch für abwegig. Es geht vielmehr darum, eine Verständigung über zentrale Begriffe zu erreichen, die als Handlungsanleitungen für die Praxis diesen Bereich der Heimerziehung beschreiben, erklären und im Sinne einer Optimierung kontrolliert verändern können.

Mit dem Klassifikationsschema aus Abbildung 3.4, das Untersuchungsebenen und zentrale Begriffe miteinander kombiniert und verschränkt, liegt ein Forschungsentwurf vor, der über die vorliegende Studie hinausweist. Im Rahmen des hier vorgestellten Ansatzes können wir die Möglichkeiten, die unsere Forschungsmatrix bietet, nur zum Teil ausschöpfen. Sie macht weitere - und andere - Annahmen als die von uns gebildeten möglich; so sind neue Kombinationen denkbar, wenn man zusätzliche zentrale Begriffe einführt und durch Kreuzung über die Ebenen hinweg (Hypo-)Thesen generiert; eine andere Möglichkeit, den Thesenraum zu erweitern und auszudifferenzieren, bestünde z.B. darin, die von uns zusammengezogenen Kind- bzw. Erzieher-Ebenen im einzelnen zu betrachten, wodurch etwa eine gesonderte Bewertung der Drittkräfte-Problematik möglich würde, die wir weitgehend ausklammern. Uns ging es bei der Annäherung an das Forschungsthema nicht um Vollständigkeit, sondern um eine sinnvolle Beschränkung auf der Grundlage von praxisnaher Plausibilität und heuristischer Relevanz, unter zusätzlicher Berücksichtigung unserer methodischen Einschränkungen (siehe Kapitel 5). Die Möglichkeiten, die der Ansatz bietet, sollten also nicht mit dem Anspruch des Projektes verwechselt werden.

Diese Relativierung erscheint auch im Hinblick auf die Vertiefung von Aspekten angebracht, die sich verschiedentlich anbietet. So könnte es sich z.b. als durchaus sinnvoll erweisen, die Bewältigungsprozesse in unserem Streßmodell analog zu den Vulnerabilitäts- bzw. Ressourcenvariablen auszudifferenzieren, die von Petermann, Noeker, Bochmann & Bode (1990, S.33-45) zur Beschreibung und Erklärung des Umgangs mit chronischen Erkrankungen herangezogen wurden.

Die Praxis der Heimerziehung könnte von solchem Brückenschlag zur klinischen Forschung nur profitieren: Das von den Autoren aus der empirischen Untersuchung von Familien mit krebskranken Kindern abgeleitete Beratungsmodell hat im Hinblick auf **Bewältigungsberatung** einige Affinität zu den Notwendigkeiten von Elternarbeit, wie sie in unseren Thesen aufscheinen. Dazu gehört z.b. die Aktivierung bestehender familiärer Ressourcen und ihre Erweiterung durch professionelle Hilfen zur Umstrukturierung des Erziehungs- bzw. Bewältigungsverhaltens.

Unser Augenmerk ist bei der Untersuchung dieses Betreuungsmodells, die notwendigerweise zu einer Kritik der Familiengruppe führen wird, auf **Optimierung** gerichtet. Wir halten das Familiengruppen-Modell für ein verbesserungswürdiges Konzept unter den Maßnahmen der Heimerziehung. Dabei geben wir uns nicht der Illusion hin, die Familiengruppe bedeute eine Aufhebung des Wesensmerkmals von Heimerziehung: daß die in ihr gestifteten Beziehungen auf der Basis von Lohnarbeit und Kündbarkeit beruhen. Die Tatsache, daß die Erzieher-Klientel-Beziehung kündbar ist, schränkt zwar auch die Möglichkeiten des Familiengruppen-Ansatzes ein; doch ist dies kein Grund, ein humanes Modell von Heimerziehung nicht im Interesse der Kinder und der Erzieher zu optimieren.

4 Instrumentenentwicklung

Herbert Müller

Der Mangel an empirischen Untersuchungen im Bereich der Heimerziehung stellt sich nicht zuletzt auch als Mangel an geeigneten Erhebungsinstrumenten dar. So unbefriedigend dieser Sachverhalt auf den ersten Blick erscheinen mag, hat er doch auch zumindest diesen positiven Aspekt: Er verweist auf die Notwendigkeit der Zusammenarbeit der wenigen schon bestehenden Forschungsteams. Mit der Fragestellung konfrontiert, welche Untersuchungsverfahren als geeignet erschienen, die in unseren zentralen Annahmen formulierten Beziehungen im Betreuungsmodell **Familiengruppe** zu erfassen, standen uns drei Wege offen, zu zufriedenstellenden Problemlösungen zu gelangen: Wir konnten (a) selbständig neue Verfahren entwickeln, (b) bereits vorhandene externe Verfahren in ihrer jeweiligen Originalversion übernehmen und/oder (c) Mischversionen kreieren, indem wir externe Vorlagen an unsere Fragestellungen anpaßten.

Wir haben alle drei Möglichkeiten genutzt. Dabei ergaben sich Kontakte zu zwei Forschungsteams, die in den letzten Jahren in der Heimerziehung mit empirischen Veröffentlichungen hervorgetreten sind, nämlich zur **Planungsgruppe PETRA** und zur Forschungsabteilung der Einrichtung **Die gute Hand** in Kürten-Biesfeld. Ferner gab es punktuelle Zusammenarbeit mit einzelnen Autoren, die im Bereich der Heimerziehung spezifische Verfahren entwickelt haben, so etwa Thomas Schauder (Heilpädagogisches Kinderheim Vincenzhaus, Hofheim/Ts.), dessen **Aussagenliste zum Selbstwertgefühl** (ALS) soeben als Diagnoseinstrument auf den Markt gekommen ist sowie Uwe Mitransky, der mit der Erfassung und Auswertung von **Kritischen Situationen** einen Ansatz zur Erhellung der **Belastung von Erziehern** (1990) geliefert hat. Kontakt gab es auch über den Bereich der Heimerziehung hinaus, nämlich zum Verfasser des **Fragebogen(s) zum elterlichen Erziehungsverhalten** (FEV), W. Stangl an der Universität Linz/Österreich.

Bei all diesen Kontakten haben wir eine bemerkenswerte Offenheit und Kooperationsbereitschaft vorgefunden. Dies gilt in besonderem Maße für die Planungsgruppe PETRA, von der wir praktisch alle in der Studie **Analyse von Leistungsfeldern in der Heimerziehung** (1987) eingesetzten Erhebungsinstrumente zur Verfügung gestellt bekamen, und zwar ohne jede Einschränkung hinsichtlich einer Verwendung im Rahmen unserer Untersuchung.

So wichtig die externe Unterstützung auch war, sie konnte eine an den spezifischen Fragestellungen unseres Ansatzes ausgerichtete eigene Instrumentenentwicklung nicht ersetzen. Grundlage für diese Entwicklungsarbeit waren die Expertengespräche bei den ca. zehn (ein- bis zweitägigen) Arbeitskonferenzen der eigenen Forschungsgruppe, Literaturstudien sowie die 'Materialsammlung' von Fragestellungen aus Vorgesprächen mit den Familiengruppen-Erziehern. Diese verschiedenen Blickwinkel auf das mit den **zentralen Annahmen** abgesteckte Untersuchungsfeld wurden bei der Definition von Kategorien und Variablen der Erhebungsinstrumente berücksichtigt.

Es resultierte ein komplexes Instrumentarium, das sich nach dem oben angedeuteten Drei-Wege-Prinzip wie folgt zusammensetzt:

(a) von uns selbst wurden insgesamt 18 Erhebungsinstrumente neu entwickelt;
(b) von anderen Autoren wurden sieben Verfahren übernommen;
(c) weitere drei Instrumente wurden in Anlehnung an die Vorlagen anderer Autoren nach unseren Erfordernissen modifiziert.

Das Verhältnis (a : b : c) stellt sich also etwa als 2,5 : 1 : 0,5 dar. Die eigene Entwicklungsarbeit überwiegt deutlich. Dies war bei dieser ersten Annäherung an die empirische Erschließung der Leistungsmerkmale des Betreuungsmodells **Familiengruppe** auch nicht anders zu erwarten. Folgende Einschränkungen und Mängel der Instrumentenentwicklung sind mitzuteilen: Es gab zu den selbstentwickelten und zu den modifizierten Instrumenten keine hinreichende Vorlaufphase zur Prüfung von Konstruktvalidität und Testökonomie. Ausschlaggebend waren hierfür in erster Linie Zeitgründe. So konnte nur eine zweiwöchige Erprobung (insbesondere der Beobachtungsverfahren) in einer Familiengruppe vorgenommen werden. Für die Instrumentenentwicklung ergab sich daraus immerhin die wichtige Konsequenz, die Videografierung der **Standardsituationen** auszudehnen (siehe hierzu Müller, 1990, S. 68 sowie Abschnitt 5.4 in diesem Bericht).

Eine zeitlich und stichprobenmäßig ausgedehnte Pilotphase erschien aber aus Gründen der Untersuchungsökonomie auch gar nicht sinnvoll: Diese empirische Studie stellt sich selbst als Pilotprojekt dar. Wir nehmen daher eine ganze Reihe methodischer Restriktionen gleichsam als Begleiterscheinungen von Praxisforschung in Kauf. Dies können wir umso eher, als eine Replikation der Erhebung, also eine Längsschnittuntersuchung geplant ist, welche die Überprüfung der Instrumente impliziert.
Die Instrumentenentwicklung folgte dem methodischen Ansatz der Planungsgruppe PETRA, die Empirie auf drei Ebenen abzubilden: Aktenanalyse, Befragung, Beobachtung.
Der Aktenanalyse lag ein Kategorienschema zugrunde; die Befragung erfolgte mit den Instrumenten Interview und Fragebogen; zur Erfassung und Auswertung von Beobachtungen setzten wir die Instrumente Videoaufnahme, Beobachtungsbogen und Protokoll ein.

4.1 Kategorien der Aktenanalyse

Eine Orientierungshilfe für die Durchsicht der in der Verwaltung des St. Josephshauses geführten Akten über die einzelnen in den Familiengruppen untergebrachten Kinder bildete das **Biesfelder Dokumentationssystem**, das uns von den Kolleginnen der Forschungsabteilung des therapeutischen Kinderdorfs **Die gute Hand** in Kürten-Biesfeld für den internen Gebrauch überlassen worden war. Dieses Dokumentationssystem war indessen aufgrund seiner spezifischen Orientierung auf unsere Fragestellung nicht übertragbar. Die Modifikationen, die von unserem Forschungsinteresse her vorzunehmen waren, führten zu einer der drei 'Mischformen' unter den Erhebungsinstrumenten. Unser Interesse bei der Aktendurchsicht galt vor allem möglichst eindeutigen soziologischen bzw. soziographischen Daten zu den Kategorien Person, Familie, Umwelt, Schul- und Heimkarriere.
Damit ergab sich das in Abbildung 4.1 zusammengefaßte Raster von fünf Kategorien der Aktenanalyse mit insgesamt 25 Variablen (die z.T. weiter untergliedert waren).
Das **Störungsbild** der Klientel taucht in unserer Aktenanalyse als eigenständige Kategorie nicht auf, sondern nur indirekt bei einzelnen Variablen (z.B. 2.08, 4.21, 5.25). Wir ziehen es vor, die Daten zu den Verhaltensauffälligkeiten der Maßnahmekinder von ihren leiblichen Eltern, von den Erziehern sowie von den Kindern selbst (soweit dies altersmäßig möglich ist) zu erfragen bzw. per Fragebogen zu erheben.

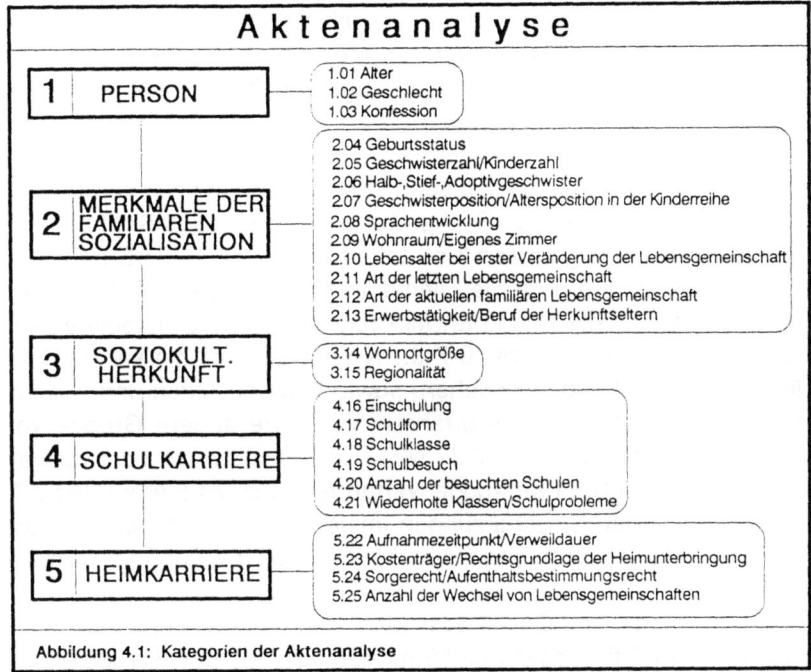

Abbildung 4.1: Kategorien der Aktenanalyse

An dieser Haltung ist unschwer eine andere Gewichtung der Akten bzw. eine andere Einstellung gegenüber der Schriftlichkeit als Leistungsmerkmal einer Einrichtung zu erkennen, als sie etwa von der Planungsgruppe PETRA vorgeschlagen wurde (vgl. 1987, S.155ff. et passim). Anders als im Fall der Leistungsanalyse, die die Planungsgruppe PETRA durchgeführt hat, ist die Aktenführung bzw. Schriftlichkeit als Organisationsmerkmal kein wesentlicher Bezugspunkt unserer zentralen Annahmen. Für eine unvoreingenommene Betrachtung des Entwicklungsverlaufs von Störungsbild und Heimkarriere erscheinen uns Dokumente wie z.B. Entwicklungsberichte ungeeignet.

4.2 Merkmale der Klientel

Jugendhilfemaßnahmen werden durchgeführt, um Kindern und Jugendlichen zu helfen. Im Mittelpunkt unserer Betrachtung stehen die Kinder, die zur Durchführung solcher Maßnahmen in den untersuchten Familiengruppen untergebracht wurden. Wir fragen: In welcher Verfassung werden sie aufgenommen, wie entwickeln sie sich in den Familiengruppen, wie verkraften sie die Trennung von den leiblichen Eltern, inwieweit gelingt ihre Integration in die Familiengruppe, mit welchen Auffälligkeiten und Störungen in Persönlichkeit und Alltagsverhalten muß sich die Planung und Umsetzung von erzieherischen (und u.U. therapeutischen) Interventionen beschäftigen etc.

Eine Unterscheidung in Einzelfälle und übrige Maßnahmekinder machen wir nicht: bei unserer kleinen Stichprobe (N=26) ist jedes Kind ein Einzelfall. Was den Zugang zu den Kind-Informationen über die Erhebungsinstrumente betrifft, läßt sich die Klientel in zwei Gruppen teilen: diejenigen Kinder, die aus Alters- und Entwicklungsgründen noch keine eigene Auskunft geben können (Alter 0-7 J.; N=9) und über die wir von den (leiblichen) Eltern, von den Erziehern sowie aus den Akten und aus der Verhaltensbeobachtung etwas erfahren; und jene andere Gruppe von Kindern und Jugendlichen (8-17 J.; N=17), die selbständig oder mit vertretbarer Anleitung über Fragebogenverfahren zu strukturierten und z.T. auch standardisierten Einschätzungen imstande sind und insofern über die bereits genannten Datenquellen hinaus weitere Zugänge ermöglichen.

Von unseren insgesamt 28 eingesetzten Instrumenten erfassen nicht weniger als die Hälfte bestimmte Merkmale oder Merkmalsgruppen, die zur Beschreibung der Klientel herangezogen werden können. Dabei wurde, wo immer möglich, die Verschränkung der Instrumente angestrebt, so daß sich Informationen auf gleicher oder ähnlicher Merkmalsgrundlage aufeinander beziehen lassen. Am besten scheint dies bei der **ABC-Merkmalsgruppe** gelungen, wo die Selbsteinschätzungen der Kinder und Jugendlichen, die das ABC-Inventar ausgefüllt haben, durch die Fremdeinschätzungen ihrer Eltern/Elternteile (sofern diese befragt werden konnten) sowie der jeweils zuständigen Erzieher mit dem **ABC-Filter** verglichen und dann ergänzt oder korrigiert werden können.

4.2.1 Das ABC-Inventar

Ein spezifisches empirisches Instrument, das geeignet wäre, die Besonderheiten der Funktion und Entwicklung des Heimaufenthaltes eines Kindes/Jugendlichen inhaltlich hinreichend gültig abzubilden und meßtechnisch zuverlässig zu erfassen, gibt es bisher nicht. Wir sind im Rahmen dieser Studie darangegangen, ein solches Erhebungsinstrument zu entwickeln. Es soll über den engeren Geltungsbereich der Familiengruppenunterbringung, wie sie im St. Josephshaus Klein-Zimmern praktiziert wird, hinaus in den verschiedensten familienbezogenen Betreuungsformen im Rahmen von Öffentlicher Erziehung einsetzbar und auch im Bereich der Wohngruppen-Betreuung verwendbar sein.

Im Anschluß an die Überlegungen zu den zentralen Begriffen **Akzeptanz**, **Bewältigung** und **Kooperation** und den damit verbundenen Hypothesen war im Hinblick auf die Operationalisierung von der in Abbildung 4.2 dargestellten Variablenstruktur auszugehen.

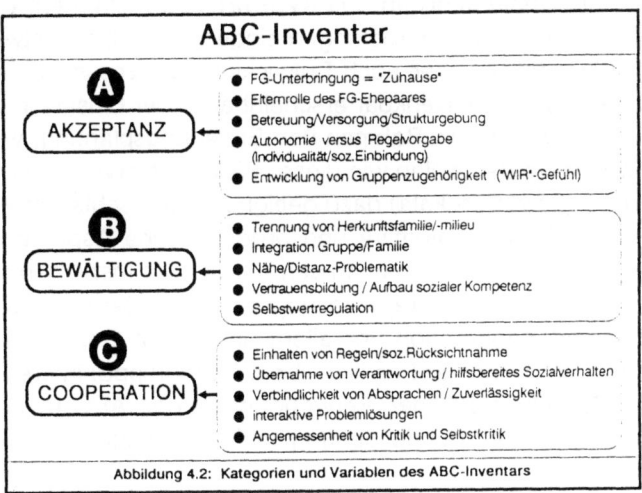

Abbildung 4.2: Kategorien und Variablen des ABC-Inventars

Zu diesen Variablengruppen wurden jeweils positive und negative Einzelaussagen operational formuliert. Die so erhaltenen Einzelaussagen wurden um eine Aussagengruppe zur Erfassung der Antworttendenz im Sinne **sozialer Erwünschtheit** ergänzt. Die **Lügenskala** entnahmen wir fast unverändert dem **Angstfragebogen für Schüler** (AFS) von Wieczerkowski et al. (1976), um hier auf eine bereits vorliegende Normierung zurückgreifen zu können (zur Begründung verweisen wir auf die Argumentation bei Petermann und Petermann (1989, S. 37).

Das ABC-Inventar ist bisher nicht mit statistischen Gütekriterien abgesichert. Wir haben seinen Einsatz im Rahmen dieser Pilotstudie auch nicht von einem Vorlauf abhängig gemacht, der zu einer Testvalidierung hätte führen können. Wir stellen das Instrument im Rahmen dieser Untersuchung noch quasi im Entwurf vor; erste erweiterte Anwendungen im Klinikbereich sind auf den Weg gebracht. Wir rechnen damit, daß wir bereits bei der Folgeerhebung zum Familiengruppenprojekt eine nach testmethodischen Kriterien überarbeitete Version werden einsetzen können. Es ist auch daran gedacht, eine Parallelform zu entwickeln, um künftig über ein spezifisches Instrument in der Heimerziehung zu verfügen, das es gestattet, sowohl diagnostische als auch evaluativ-prozeßorientierte Daten zum aktuellen Stand und zum Verlauf von Akzeptanz, Bewältigung und Kooperation bei Heimerziehungsmaßnahmen zu erhalten: Als **diagnostisches** Instrument sollte das Inventar die im Einzelfall vorfindbare Ausprägung dieser Merkmale abbilden. Als **evaluatives** Instrument (in seinen Parallelformen) mit Meßwiederholungen eingesetzt, sollten Entwicklungsverläufe in Einzelfällen, aber auch Entwicklungsprozesse in (Familien-) Gruppen darstellbar sein. Denkbar erscheint auch der Einsatz in **prognostischer** Hinsicht, etwa im Rahmen von Erziehungsplanung, wenn Fragen beantwortet werden sollen wie diese: Welche Interventionen sind auf welcher Ebene (bzw. Subskala) dazu geeignet, erwünschte Entwicklungsprozesse zu fördern? Evaluative und prognostische Aspekte kommen schließlich zusammen, wenn man an den Einsatz des Instruments im Rahmen von katamnestischen Fragestellungen denkt: Hier sind Fragen der Bewältigung und Kooperation vor allem unter dem Gesichtspunkt der Ablösung (nun auch von der Familien- bzw. Heimgruppe) interessant. Damit sei das Feld möglicher Verwendungen des ABC-Inventars bei stationärer langfristiger Fremderziehung im Groben abgesteckt.

4.2.2 Der ABC-Filter

Akzeptanz, Bewältigung und Kooperation zählen zu den zentralen Untersuchungsvariablen. Wir haben von daher angestrebt, von möglichst jedem in die Erhebung einbezogenen Kind/Jugendlichen eine Einschätzung hinsichtlich dieser Grundbegriffe vornehmen zu können. Da für die Selbsteinschätzung nur etwa zwei Drittel der Klientel aus Alters- und Entwicklungsgründen in Frage kamen, waren Instrumente zu schaffen, die geeignet erschienen, die Ausprägungen dieser zentralen Merkmale auch beim Rest der Klientel abschätzen zu können. Als vom Alter des Kindes/Jugendlichen unabhängig konzipierte Instrumente sollten sie darüber hinaus die Funktion haben, die Selbsteinschätzungen derjenigen Kinder und Jugendlichen, die ein eigenes ABC-Inventar erstellt hatten, von Erwachsenenseite zu ergänzen, ggfls. auch zu korrigieren.

Die Adressaten für dieses Instrumentarium waren die Erzieher in den Familiengruppen (einschließlich der sog. Drittkräfte) einerseits, die leiblichen Eltern bzw. Herkunftseltern der Kinder andererseits.

Die Erziehergruppe stellt sicher, daß wir zu jedem Kind/Jugendlichen eine Einschätzung hinsichtlich der Ausprägung von Akzeptanz, Bewältigung und Kooperation erhalten, und zwar vom Standpunkt der Familiengruppe, d.h. aus der Sicht der Heimerziehung.

Die Gruppe der Eltern stellt eine reduzierte Stichprobe dar: Sie ist identisch mit den Eltern, die für ein Interview Zeit und Bereitschaft hatten. Wir haben davon abgesehen, eine Befragung zu unserem **ABC der Heimerziehung** über den Postweg abzuwickeln.

Die Instrumentenentwicklung wurde so vorgenommen: Aus dem Kind-ABC-Inventar wurde eine Anzahl von ca. 15 möglichst relevanten (im Sinne von Merkmalsrepräsentanz) Aussagen herausgegriffen und für die jeweilige Adressatengruppe (Erzieher, Eltern) umformuliert.

Wir erhalten mit diesen beiden ABC-**Filtern** - die Bezeichnung Filter verweist auf das Erhebungsmerkmal **Fremdeinschätzung** - folgende Datenverschränkung:

- Für 12 Kinder und Jugendliche liegt sowohl die Selbsteinschätzung (ABC-Inventar) als auch die komplette Fremdeinschätzung (Erzieher- und Eltern-ABC-Filter) vor;
- Für 5 Kinder und Jugendliche wird die Selbsteinschätzung (ABC-Inventar) durch die Erzieher-Einschätzung (Erzieher-ABC-Filter) ergänzt;
- Für 6 Kinder und Jugendliche liegen nur die beiden Fremdeinschätzungen (Erzieher- und Eltern-ABC-Filter) vor;
- In drei Fällen gibt es nur die Erzieher-Einschätzung mit dem Erzieher-ABC-Filter.

4.2.3 Klientelmerkmale aus Interviews

Über die Möglichkeiten des Fragebogenverfahrens hinaus wurden auch die Interviews mit den Familiengruppen-Erziehern, den Eltern und der

Heimleitung dazu genutzt, Informationen zu den Merkmalen der Klientel zusammenzutragen und wo immer möglich zu verschränken.
Es handelt sich um folgende Erhebungsinstrumente:
- Einzelfall-Interview für Erzieher
- Erzieher-Interview
- Heim- und Erziehungsleiter-Interview
- Eltern-Interview.

Das Einzelfall-Interview für Erzieher

Wie eingangs dieses Kapitels erwähnt, waren die Erzieher für uns die wichtigste Datenquelle im Hinblick auf die Einschätzung des einzelnen Maßnahmekindes. Ebenfalls bereits aufgezeigt wurde, daß für uns alle in die Untersuchung einbezogenen Kinder **Einzelfälle** darstellten. Beide Aspekte führten dazu, daß wir den Erziehern abverlangten, einen ausführlichen Fragebogen zu jedem einzelnen Kind auszufüllen.

Den **Fragebogen für Erzieher (Einzelfall)** übernahmen wir komplett von der Planungsgruppe PETRA. Er umfaßt insgesamt 116 Punkte, die Interviewdauer wird auf ca. 2 Std. veranschlagt.

Es folgt eine Darstellung der Fragengruppen, der darin zusammengefaßten Einzelvariablen sowie der Querverbindungen zu anderen Erhebungsinstrumenten. (Die Zahlen in Klammern geben die Anzahl der Fragen an.)

(1) Gestaltungsmöglichkeiten der Privatsphäre (12)
Es wird danach gefragt, ob das Kind ein Einzelzimmer hat; falls nicht, soll die Wahl des Zimmerpartners begründet werden; weitere Fragen beziehen sich auf die Einrichtung/Ausstattung, auf die Gestaltungsmöglichkeiten, die das Kind/der Jugendliche dabei hat sowie auf Verhaltensregeln im Privatbereich (z.B. Besuch auf dem Zimmer).

(2) Alltagskontakte des Kindes/Jugendlichen (6)
Hier geht es in erster Linie um die Freizeitbeschäftigungen des Kindes bzw. Jugendlichen; sodann sollen Probleme genannt werden, die das Kind im Umgang mit anderen (ohne Erzieherbeaufsichtigung) hat. Die Einzelaussagen dieser Fragengruppe lassen sich vergleichen mit der Frage nach den **Schwierigkeiten mit dem Kind** im Erzieher- und Elterninterview.

(3) Exploration der Fallgeschichte (50)
Dieser größte Fragenkomplex des Interviews befaßt sich mit der Entwicklung des 'Störungsbildes' seit der Aufnahme des Kindes. Es werden die verschiedenen Ausprägungen der (vermuteten, beobachteten, diagnostizierten) Verhaltensstörungen, die dazu entwickelten Interventionspläne sowie die durchgeführten Maßnahmen und ihre Effekte chronologisch und inhaltlich durchgesprochen; dabei werden auch psychotherapeutische Behandlungen einbezogen. Es wird nach der Zusammenarbeit sowohl im Erzieherteam als auch mit einem evtl. hinzugezogenen Therapeuten gefragt.
Die Angaben hierzu lassen sich zusammenführen mit den Äußerungen der Eltern im Elterninterview sowie mit anderen (globaleren) Angaben der Erzieher im Erzieherinterview.

(4)   Zielerreichungsbogen
Der 'Zielerreichungsbogen' faßt die Aussagen zur Genese der Störungen in systematischer und standardisierter Form zusammen. Es wird nach den (maximal fünf) wichtigsten Problemen des Einzelfalls gefragt; jedes Problem wird mit einer Skala von 1=wichtig über 2=sehr wichtig bis 3=enorm wichtig eingeschätzt; anhand von fünf Stufen soll dann bewertet werden, welche Ziele für die Behebung des Problems aufgestellt wurden und inwieweit diese Ziele im Vergleich früher/heute als erreicht betrachtet werden können.

(5)   Kontakte zur Familie (48)
Hier wird nach allen Kontakten (in Art und Ausmaß) gefragt, die das Kind/der Jugendliche zu seiner Herkunftsfamilie noch hat: Telefonate und Briefwechsel kommen dafür ebenso in Betracht, wie Beurlaubungen und Besuche (mit den entsprechenden Regelungen). Es werden Fragen nach interner/externer Elternarbeit gestellt, die mit den Angaben im Erzieher-Interview zur Elternarbeit zusammenzuführen sind.

4.2.4   Die Aussagenliste zum Selbstwertgefühl (ALS)

Thomas Schauder (1991) hat sich eingehend mit dem Selbstkonzept von Kindern und Jugendlichen beschäftigt und legt in diesem Jahr als diagnostisches und evaluatives Instrument die **Aussagen-Liste zum Selbstwertgefühl für Kinder und Jugendliche (ALS)** vor.

Wir haben dieses Instrument in unsere Erhebungsliste aus zwei Gründen aufgenommen:

- zum einen erscheint uns das psychologische Merkmal 'Selbstwertgefühl' gut geeignet, unseren ABC-Ansatz zu ergänzen: das Selbstkonzept eines Kindes/Jugendlichen sollte insbesondere bei der Art und Weise (sowie beim Ausmaß) der Trennungsbewältigung eine nicht unerhebliche Rolle spielen;

- zum anderen liegt mit der ALS ein Erhebungsinstrument vor, dessen Anwendungsbereich sich auf die Familie wie auf das Heim gleichermaßen erstreckt; dadurch wird ermöglicht, die 'Heimkinder' (d.h. die Familiengruppen-Maßnahmekinder) in zwei Richtungen zu vergleichen: einmal mit sich selbst (pro Heimkind die Einschätzung zum Heim im Vergleich mit der zur eigenen Familie), das andere Mal mit den Kindern des FG-Ehepaares hinsichtlich des Heim- bzw. Familienaspektes.

Die ALS deckt etwa den gleichen Altersbereich wie unser ABC-Inventar ab: 8;00 bis 15;11Jahre (wir haben sie, ebenso wie das ABC-Interview, auch den schon 17jährigen vorgelegt). Sie hat alters- und geschlechtsspezifische Normen und verfügt über zwei Formen: H für Heim-, F für Familienkinder. Wir haben unseren Maßnahmenkindern eine um den **Familienaspekt** erweiterte Version vorgelegt.

4 2.5 Das Soziogramm

Der Rückgriff auf das Soziogramm als Erhebungsinstrument sollte einen bescheidenen Einblick in die Gruppendynamik der Familiengruppe aus der Sicht der Kinder und Jugendlichen ermöglichen.

Es wurde eine Version entwickelt, die eine harte Trennung in 'Bevorzugung' und 'Ablehnung' vermeidet und stattdessen eine 7-Stufen-Skala für die Einschätzung **jedes** der anderen Gruppenmitglieder sowie der Erwachsenen vorgibt. Die Skala reicht von **sehr ungern** bis **sehr gerne**. Es werden Situationen skizziert, die von dem Kind/Jugendlichen jeweils eine Entscheidung hinsichtlich der Beteiligung der anderen an/in diesen Situationen verlangt. Die Abbildung 4.3 gibt einen Überblick über die Themen und den Aufbau der Soziogramm-Erhebung.

Die Auswertung sollte, wie bei diesem Ansatz üblich, über eine 'Soziomatrix' zur Bestimmung des individuellen Rangplatzes eines Gruppenmitgliedes in der Gruppe führen; innerhalb der jeweiligen Familiengruppe sollten die Beziehungsstrukturen im Hinblick auf Attraktion/Distanz sichtbar werden, und für jede Familiengruppe sollte schließlich ein Kohärenzwert zu errechnen sein.

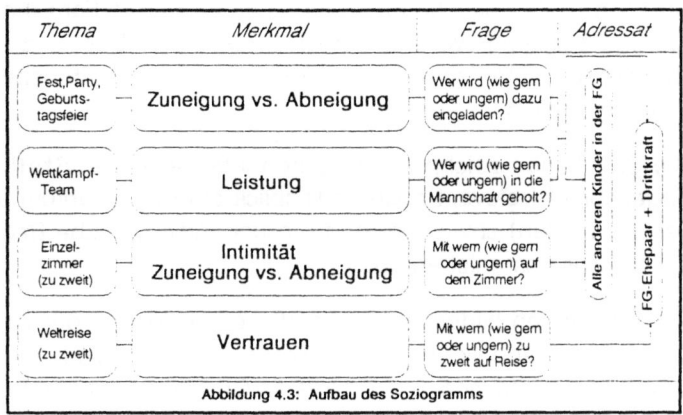

Abbildung 4.3: Aufbau des Soziogramms

Die so erhaltene Positionsbestimmung eines Kindes/Jugendlichen innerhalb der Familiengruppe sollte in Beziehung gesetzt werden zur jeweiligen Ausprägung von Akzeptanz, Bewältigung und Kooperation.

4.3 Erfassung und Beurteilung von Standardsituationen

Unser empirischer Forschungsansatz ist verhaltensnah orientiert. Uns interessieren die in sozialen Interaktionen beobachtbaren Handlungsmuster und Verhaltensmerkmale der in den Familiengruppen zusammenlebenden Kinder, Jugendlichen und Erwachsenen.

Soziale Interaktion wird vermittelt über und vollzieht sich in **Situationen**. Wir übernehmen die Betonung und die Begründung der methodischen, theoretischen und pragmatischen Relevanz des Situationskonzeptes von der Planungsgruppe PETRA (1987, S. 216ff, 225ff) und von dort auch die Festlegung von **Standardsituationen** zur Erfassung und Beurteilung von zentralen Verhaltensaspekten in sozialen Interaktionen. Mit ausdrücklichem Rekurs auf die Argumentation der Planungsgruppe PETRA (1987, S. 256-260) sei die Begründung für die Wahl solcher 'Standardsituationen' zusammengefaßt:

- Es handelt sich um handlungsleitende Rahmenbedingungen, die im Alltag bzw. im Tagesablauf der **Normalfamilie** unausweichlich sind, weil biologische und soziale Grundbedürfnisse und kulturelle Normerwartungen involviert sind.

- Diese Tatsache macht die verschiedenen Familiengruppen **vergleichbar**: Die Situationen treten in jeder Familie/Familiengruppe auf und müssen jeweils bewältigt werden. Die dabei auftretenden Handlungsmuster sind der vergleichenden Verhaltensbeobachtung zugänglich.

- Die Situationen zeichnen sich durch ihre **zentrale Stellung** im Tagesablauf (relevant auch im Hinblick auf das Quantum an Zeit, das sie binden) sowie durch ihre gruppendynamische Bedeutung für das Zusammenleben aus.

- Die Situationen bilden das Ausmaß des Gelingens der **Integration** von Pädagogik und Alltag ab; sie stellen die Verbindung zwischen organisatorischen und sozialen Gruppenstrukturen her, letztlich bis hinunter auf die individuelle Verhaltensebene.

- Die Situationen repräsentieren mit unvermeidlicher Regelmäßigkeit wiederkehrende soziale Orientierungs- und Handlungsmuster, ein Umstand, der in zweierlei Richtung wirkt: Für die Kinder und Jugendlichen sind diese Situationen geeignet, **Konstanz- und Kontinuitätserfahrungen** im Hinblick auf Verläßlichkeit, Versorgtsein und Vertrautheit zu machen. Für die Erzieher haben diese Situationen **Aufforderungscharakter** als Aufgabe und Anforderung: "Gelingt es ihnen, auf der Grundlage organisatorischer Voraussetzungen (und 'Vorleistungen') Situationen zu **schaffen**, eingespielte Situationen in ihrer Typik und Thematik zu **erhalten**, sie aber auch für weitergehende Ziele (z.B. pädagogisch-therapeutische Zwecke) **auszunutzen**?" (1987, S. 259).

Bei der Auswahl der Standardsituationen konnten wir bereits die Erfahrungen der Planungsgruppe PETRA berücksichtigen: Wir verzichteten von vornherein auf die Beobachtung des **Zubettgehens**: Diese Situation, "die auf Geborgenheit und Intimität angelegt ist, verträgt (...) keine Dritte". (1987, S. 258) - Es kam hinzu, daß in unserer Untersuchung auch

Jugendliche einbezogen waren, die nicht mehr zu Bett gebracht werden, wo sich also eine Interaktion mit Erziehern situativ nicht mehr ergibt.

Wir wählten als Standardsituationen:
- **Mittagessen**
- **Hausaufgabenbetreuung**
- **Spiel.**

Von diesen Situationen vereinigt das Mittagessen als einzige **alle** Gruppenmitglieder in einem interaktiven Setting. Die Hausaufgabensituation gilt nur für die schulpflichtigen Kinder und Jugendlichen, die Spielsituation nur für die Kleinkinder.

Die Verhaltensbeobachtung erfolgte in allen drei Situationen durch eine **Videoaufzeichnung.**
Diese Erhebungsmethode unterscheidet unser Vorgehen von dem der Planungsgruppe PETRA, insofern diese sich für die teilnehmende Beobachtung entschied, also einen bis zwei Beobachter als anwesende Gäste in die Situationen einbrachte. Wir haben dieses Vorgehen in einem Vorlauf erprobt - und für die Untersuchung verworfen (siehe Abschnitt 5.4). Die Videoaufzeichnung erschien uns nicht nur im Hinblick auf ihre methodischen Vorteile (beliebige Reproduktion der Situation) als die Methode der Wahl, sondern auch bezüglich der 'Sanftheit' des Eingriffs in die Situation: Die Anwesenheit von beobachtenden Menschen irritiert eine Gruppe deutlich mehr, als es ein in der Ecke stehendes kleines Gerät vermag. Die Kamera erwidert keinen Blickkontakt, sie reagiert nicht (weder auf gezielte Witzigkeit noch auf bewußte Zurücknahme) - sie wird viel schneller 'ausgeblendet' und läßt mehr Normalität zu. Diese Vorannahmen haben sich beim Einsatz des Instruments im Rahmen der Untersuchung bestätigt.
Erfolgte die Protokollierung der Situationen per Videoaufzeichnung, so ihre Auswertung mit eigens entwickelten **Beobachtungsbogen.**
Bei der Wahl der Beobachtungskategorien spielten zunächst unsere zentralen Begriffe eine Rolle: Mit welchen Verhaltenskategorien lassen sich relevante Aspekte von Akzeptanz, Bewältigung und Kooperation in den täglich wiederkehrenden 'Standardsituationen' erfassen? Wir entschieden uns für Beobachtungskategorien, die sich in der pädagogisch-therapeutischen Diskussion über Verhaltensauffälligkeiten als brauchbar erwiesen haben:

Aggression, soziale Unsicherheit, soziale Kompetenz.
Diese psychologischen Variablen erscheinen zum einen inhaltlich kompatibel mit unserem ABC der Heimerziehung: sie geben Verhaltensaspekte von Akzeptanz, Bewältigung und Kooperation in der Familiengruppe/Erziehungsmaßnahme wieder. Zum anderen sind sie als Beobachtungskategorien brauchbar im Sinne von Operationalisierbarkeit. Sie lassen sich gut in einzelne Variablen und Unterkategorien gliedern. Vorbilder hierfür waren uns die Beobachtungsbogen, die von Petermann und Petermann (1988, 1991) in ihren verschiedenen Trainingsmaterialien entwickelt wurden (Beobachtungsbogen für aggressives Verhalten: BAV; Beobachtungsbogen für soziale Unsicherheit: BSU).
Je nach dem spezifisch-instrumentellen Charakter der Situation traten einzelne spezielle Kategorien hinzu: So die Kategorie **Eßverhalten** beim Mittagessen; die Kategorie **direkte erzieherische Intervention** bei Mittagessen und Spiel; **Arbeitsverhalten** bei den Hausaufgaben.

4.4 Erhebungsinstrumente zur Erzieher-Untersuchung

Die Gruppe der Erzieher, also der Familiengruppen-Ehepaare und der sogenannten Drittkräfte, durfte unseres besonderen Untersuchungsinteresses sicher sein: Ist sie doch nicht nur Repräsentant dieser speziellen Art von Heimerziehung, sondern auch einer der Adressaten für die aus der Untersuchung abgeleiteten Optimierungsvorschläge. Von daher ist es nur zu erklärlich, daß sie von allen Untersuchungsgruppen die meisten Erhebungsverfahren auf sich zog.

Einen Überblick über diese Erhebungsinstrumente gibt Abbildung 4.4. Die Variablenpläne sind jeweils in der Darstellung der Einzelverfahren enthalten (siehe die einzelnen Abschnitte des Kapitels).

4.4.1 Das Erzieher-Interview

Das Erzieher-Interview ist der zentrale Erhebungsteil im Hinblick auf die Untersuchungsgruppe **Familiengruppen-Erzieher.**
Bei der Instrumentenentwicklung durften wir auf die Vorlage der Planungsgruppe PETRA zurückgreifen, die bei der **Analyse von Leistungsfeldern der Heimerziehung** (1987) eingesetzt worden war. Einen Teil der Variablen (insbesondere zum Untersuchungsteil 'Organisation') konnten wir übernehmen, einen anderen Teil paßten wir unserer Fragestel-

lung an, einen dritten Teil entwickelten wir neu auf der Grundlage unserer 'zentralen Annahmen'.

Familiengruppen sind zum einen organisatorische Einheiten im institutionellen Rahmen: Es gelten arbeits- und tarifvertragliche Regelungen (Arbeitszeit, Urlaubsregelung, Entlohnung, Mehrarbeitsabgleich etc.), es sind Aspekte von Autonomie/Abhängigkeit, Belastung/Entlastung sowie Kompetenz und Identifikation auf der Organisationsebene involviert.

Zum anderen werden Familiengruppen verwirklicht und getragen von Personen (bzw. Paaren von Personen), die bestimmte Einstellungen, Ziele und Motivationen mit diesem beruflichen (und privaten) Ansatz verbinden, eine bestimmte Konzeption realisieren wollen und ein je besonderes eigenes 'Programm' (im Sinne eines Lebensplanes) verfolgen. Auch auf dieser Person- (bzw. Persönlichkeits-) Ebene sind Aspekte von Autonomie, Kompetenz, Identifikation und Belastung (resp. Belastbarkeit/ Streßbewältigung) wirksam.

Zum dritten sind Familiengruppen als organisatorische Einheiten ebenso wie die sie tragenden Erzieher auf ihre Klientel bezogen; das Erzieher-Interview sollte auch im Hinblick auf Akzeptanz, Bewältigung, Kooperation sowie Störungsbild einen ersten Aufschluß ergeben.

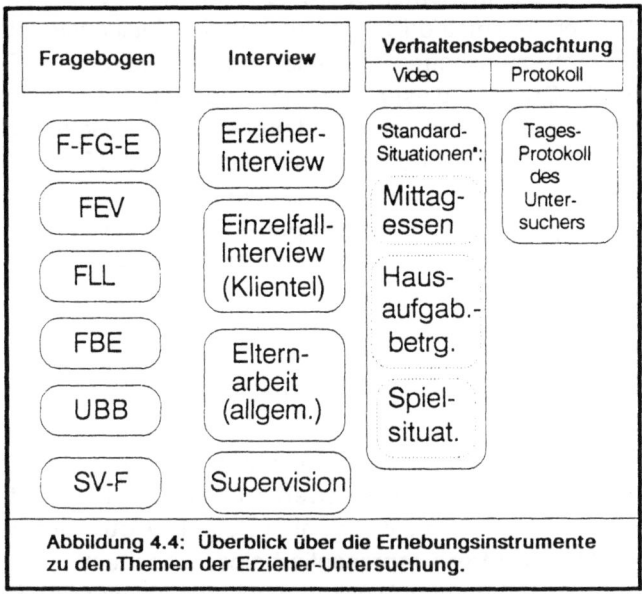

Abbildung 4.4: Überblick über die Erhebungsinstrumente zu den Themen der Erzieher-Untersuchung.

Unter Berücksichtigung dieser Vorüberlegungen ergab sich das in Abbildung 4.5 dargestellte Kategorienschema.

Abbildung 4.5: Kategorien des Erzieher-Interviews

4.4.2 Der Fragebogen für Familiengruppen-Erzieher (F-FG-E)

Ein erklärtes Ziel der Instrumentenentwicklung war, wo immer möglich und sinnvoll, nach den methodischen Kriterien der Testkonstruktion empirische Instrumente zu schaffen, die eine Vergleichbarkeit und Replizierbarkeit über die Grenzen dieser Untersuchung hinaus ermöglichen sollen. Die Orientierung auf evaluative und prozeßdiagnostische Meßmethoden wurde bei der Darstellung der Konstruktion des ABC-Inventars bereits angesprochen. Wie für die Untersuchungseinheit 'Klientel', so sollte auch für die Gruppe der Familiengruppen-Erzieher ein möglichst standardisierbares Instrument entwickelt werden. Es sollte auch in Einrichtungen eingesetzt werden können, die andere Formen von familienorientierter Heimerziehung praktizieren.

Auch hier war es nicht möglich, das konzipierte Instrument erst einmal an einer hinreichend großen Stichprobe zu überprüfen. Das schränkt indessen für den Moment nur unsere Interpretationsmöglichkeiten ein; es tut der Plausibilität und Funktionalität des Instruments keinen Abbruch.

Der **Fragebogen für Familiengruppen-Erzieher** (F-FG-E) ist so konzipiert, daß in ihm wiederum die zentralen Begriffe **Autonomie**, **Identifikation** und **Kompetenz** repräsentiert sind, wobei einmal Organisations-, das andere Mal Person-Aspekte angesprochen werden. Der Kategorie **Organisation** ist darüber hinaus ein eigener Aussagenblock gewidmet, der auch Aspekte von **Belastung/Entlastung** sowie der **Elternarbeit** einbezieht. Je zehn Aussagen (davon fünf positiv, fünf negativ formuliert) operationalisieren die Variablen Autonomie, Identifikation und Kompetenz; auf Aspekte der Organisation (einschließlich Belastung und Elternarbeit) beziehen sich 25 Aussagen. Eine abschließende Aussage hebt auf die Akzeptanz des Instruments selbst ab. Der gesamte Fragebogen umfaßt demnach 56 Einzelaussagen.

4.4.3 Fragebogen zur Belastung von Erziehern (Mitransky)

Mitransky (1990) hat im Rahmen seiner Dissertation über die **Belastung von Erziehern** einen Ansatz entwickelt, der unsere Erhebung unter dem Aspekt der Streßbewältigung sinnvoll ergänzen und unterstützen konnte: Es werden u.a. 'Kritische Situationen' erfaßt, die von den Erziehern als **besonders belastende Situationen aus der erzieherischen Praxis** (1990, S.367) geschildert werden. Das komplette Verfahren ist im Anhang der Publikation (Mitransky, 1990) als **Fragebogen über die 'Belastung von Heimerziehern'** abgedruckt - die Abkürzung FBE stammt von uns - und umfaßt drei Teile: Im ersten Teil werden 35 Fragen zur Person und zum Arbeitsplatz gestellt; der zweite Teil bezieht sich auf die 'Aktivitäten' von Erziehern und ist in vier Bereiche gegliedert:

(A) Gestaltung der Erziehungspraxis (42 Items);
(B) Zusammenarbeit mit anderen Personengruppen/Institutionen (16 Items);
(C) Planung und Reflexion der Erziehungsarbeit (22 Items) und
(D) Reaktionen auf Belastungssituationen im psychischen, physischen und verhaltensmäßigen Bereich.

Der letzte Bereich (D) des zweiten Fragebogenteils ist weiter untergliedert in
(I) Reaktionen bei der eigenen Person (8 Items);
(II) Reaktionen in der Einrichtung/beruflichen Situation (10 Items) sowie
(III) Reaktionen gegenüber vertrauten Personen zu Hause oder/und in der Freizeit (14 Items).

Alle Einzelaussagen dieser beiden Fragebogenteile sind einmal hinsichtlich der Häufigkeit ihres Auftretens im Berufsalltag, zum anderen hinsichtlich des erlebten Belastungsgrades auf jeweils einer Fünferskala einzuschätzen (von 1=sehr häufig bis 5=nie, von 1=stark belastend bis 5=angenehm).
Der dritte Fragebogenteil besteht im **Antwortbogen zu den 'Kritischen Situationen'**. Die Erzieher werden gebeten, besonders belastende Situationen ihres Berufsalltags zu beschreiben. (Es sollen möglichst mehrere - wir baten um fünf - 'Kritische Situationen' geschildert werden). Dabei wird ihnen eine Gliederungshilfe gegeben: Die Schilderung soll unterscheiden zwischen
(1) Ausgangslage (Ereignis vorher/Auslösesituation/Bedingungen),
(2) der belastenden Situation selbst (Ablauf des Geschehens, ggfl. wörtliche Rede, Mimik, Gestik) und
(3) den bei sich selbst erlebten Reaktionen hinsichtlich psychischer, physischer und handlungsrelevanter Aspekte (z.B. Ärger, Wut, Herzklopfen; Maßnahmen, Folgerungen, Erkenntnisse etc.).

Es ist unschwer zu erkennen, daß gerade dieser dritte Teil des Fragebogens sich mit den verhaltenstheoretischen Ansätzen in der Streßforschung gut vereinbaren läßt. (So ist etwa das Schema zur Problemdefinition, die zur Verhaltensanalyse führen soll, bei Kessler und Gallen, 1985, 7ff ganz ähnlich: antezedente Bedingungen, konkrete Situationsschilderungen, differenzierte Erfassung der Reaktionen auf den vier Verhaltensebenen: kognitiv, emotional, vegetativ, muskulär; ebenso bei Wagner-Link, 1989).
Diese Vereinbarkeit mit der Verhaltenstheorie fördert zugleich die 'Kompatibilität' mit unserem Ansatz. Die Belastungsfaktoren in den Schilderungen der Erzieher lassen sich inhaltsanalytisch auf unsere verhaltenstheoretischen Kategorien beziehen.
Eine tiefenpsychologische Deutung nach dem Rosenzweig-Picture-Frustration-Test, wie sie von Mitransky in seiner Publikation zusätzlich vorgenommen wurde, war nicht erforderlich.
Instrumentenentwicklung bedeutete hier: Prüfung des extern entwickelten Instruments auf Kompatibilität und Übernahme des Instruments in Absprache mit dem Autor. Ein Beleg für die gute Zusammenarbeit ist, daß der Autor selbst die Auswertung unseres Materials vornahm.

4.4.4 Lebensziele und Lebenszufriedenheit (FLL)

Mit dem **Fragebogen zu Lebenszielen und zur Lebenszufriedenheit** (FLL) von Kraak und Nord-Rüdiger (1989) liegt ein Instrument vor, das uns geeignet erscheint, unter dem Aspekt von Belastung/Entlastung im Rahmen des Familienstreßmodells die mehr oder weniger langfristigen persönlichen und sozialen Orientierungen der Familiengruppen-Erzieher zu erhellen. Die Erhebung zielt darauf ab, die subjektiven Aussagen der Erzieher zu Fragen ihres Lebenskonzeptes, ihrer Lebensplanung und zu ihren längerfristigen persönlichen Entwürfen anhand operationalisierter und standardisierter Zielformulierungen vergleichbar zu machen.

Die fünf Skalen des FLL sind: Wichtigkeit, Gegebensein, Handlungsmacht, Zukunftserwartungen, Zufriedenheit. Die behandelten Themen sind in 15 Blöcke gegliedert: Gesundheit, Sicherheit, Lebensstandard, soziales und politisches Handeln, Arbeitsbedingungen, berufliche Situation, Freizeit, Beziehungen zu anderen Menschen, Familie, Wirkung auf andere, persönliche Entwicklung, Selbstachtung, Lebensorientierung, Politik und Wirtschaft, Soziale Ordnung. Daraus lassen sich fünf Kategorien von **Wertorientierungen** ableiten bzw. berechnen:

Orientierung an

- **sozialen Beziehungen**
- **materiellen/hedonistischen Zielen**
- **alternativen Zielen**
- **Zielen sozialen Aufstiegs**
- **traditionellen Zielen.**

Diese Orientierungen lassen sich hinsichtlich ihrer subjektiven Bedeutsamkeit in den Interpretationsrahmen unserer zentralen Annahmen insofern integrieren, als in ihnen Aspekte der persönlichen Autonomie, der Identifikation und Kompetenz ebenso eine Rolle spielen, wie belastende bzw. entlastende Funktionen im Begründungszusammenhang des Streßmodells.

Zwei für die Auswertung und Interpretation kennzeichnende Merkmale des FLL verdienen u.E. besondere Beachtung:

(1) Die Möglichkeit der **Mehrebenenanalyse**, d.h. einer selektiven und in Stufen angeordneten Auswertung: Es ist eine auf die Bestimmung einer **Zielformel** reduzierte Auswertung ebenso möglich, wie die Darstellung von **Wertorientierungen** (siehe oben), aber auch eine detaillierte Analyse bestimmter Fragestellungen anhand der je hierzu spezifischen Gruppierung von Einzelaussagen; und schließlich ist es möglich, interessierende Diskrepanzen zwischen den einzelnen Modalitäten (z.B. hohe subjektive Bedeutsamkeit vs. niedrige erlebte Handlungsmacht im Hinblick auf die Arbeitsbedingungen, mithin Probleme der Autonomie, Kompetenz etc.) als **Spannungsbeziehungen** zu fassen.

(2) Die Tatsache, daß der FLL **keine Normwerte** liefert, also die jeweilige individuelle Ausprägung von Lebenszielen, Wertorientierungen und Grundauffassungen nicht einer vermeintlichen gesellschaftlichen 'Normalitäts'vorgabe (weder quantitativ noch qualitativ) unterwirft, kommt unserem Untersuchungsinteresse entgegen: Uns interessieren typische Merkmale der Familiengruppenerzieher nur in dem durch unsere zentralen Annahmen abgesteckten Bezugsrahmen.

4.4.5 Erziehungsverhalten (FEV)

Stangl (1987) hat einen **Fragebogen zum elterlichen Erziehungsverhalten** (FEV) entwickelt, der geeignet erscheint, die von den Erziehern beim Mitransky-Verfahren (s. Pkt. 4.4.3) als belastend geschilderten **Kritischen Situationen** der Erziehungspraxis unter dem Aspekt des Erziehungsverhaltens in **kritischen Erziehungssituationen** zu ergänzen bzw. im Hinblick auf situationsübergreifende Verhaltenspräferenzen zu spezifizieren.

Das Verfahren entspricht in der Bereitstellung von Situationen unserem situations- und verhaltensbezogenen Ansatz. Es bindet darüber hinaus auch eine projektive Komponente ein, indem es Bildmaterial vorgibt, das durch seinen thematischen Bezug auch jene kritischen Merkmale des elterlichen Verhaltens aktivieren soll, "die stark mit sozialen Bewertungen und Tabuisierungen behaftet sind (und die) nur unter Berücksichtigung (projektiver) Komponenten" (1987, S. 6) erfaßbar erscheinen.

Es werden insgesamt 20 **kritische Erziehungssituationen** vorgestellt, die von dem Probanden nach jeweils acht vorgegebenen Reaktionsmöglichkeiten zu beurteilen sind, wobei Mehrfachnennungen möglich sind.

4.4.6 Der Untersuchungsbewertungsbogen (UBB)

Um die Untersuchung so durchführen zu können, wie sie schließlich stattfand, hatte es eingehender Motivierungs- und Kooperationsfindungsbemühungen bedurft. Insbesondere die Zustimmung zur ausgedehnten Videografierung der **Standardsituationen** war bis zuletzt bei Teilen der Erzieherschaft auf Einwände und Bedenken gestoßen, die es angeraten sein ließen, die Frage der Annahme/Ablehnung der Erhebung selbst zum Untersuchungsgegenstand zu machen.

Es wurde, unter aktiver Beteiligung von Familiengruppen-Erziehern, ein **Untersuchungsbewertungsbogen** (UBB) entwickelt, der im Rahmen einer täglichen Rückmeldung durch jeden beteiligten Erzieher Maße für die **Akzeptanz** der Untersuchung liefern sollte.
Diese zusätzliche Erhebung durfte nicht zeitaufwendig sein; die tägliche Belastung mit diesem Instrument mußte so gering wie möglich gehalten werden. Das Ausfüllen des Einschätzungsbogens wurde an das Ende des täglichen Aufenthaltes des/der Untersucher(s) in der Familiengruppe gelegt. Der Bogen enthält acht Einzelaussagen, die mit einer Fünferskala (von "Die Aussage trifft gar nicht..." bis "...trifft vollständig zu") zu beurteilen sind. Die Aussagen beziehen sich auf die Frage, wie störend die Erhebung im Alltagsablauf erlebt wurde, in welchem Ausmaß das eigene und das Verhalten der Kinder als beeinflußt erschien und welches Maß an Realitätserfassung der Erhebung zugebilligt wird. Der Bogen schließt ab mit der Vorgabe von **Chernoff-Gesichtern** auf einer Siebenerskala; es sollte dasjenige Gesicht angekreuzt werden, das zum subjektiven Befinden an diesem Tag am besten paßt.

4.5 Heimleiter- / Erziehungsleiter-Interview

Die Interviews für den Heimleiter und für den Erziehungsleiter wurden identisch angelegt. Die Begründung liegt darin, daß der Erziehungsleiter auch stellvertretender Heimleiter ist.
Das Interview wurde weitgehend analog zum Erzieher-Interview gehalten, um vergleichbare Angaben zu den zentralen Annahmen zu erhalten.

(Vergleichbarkeit meint hier einen qualitativen Bezug; an quantitative statistische Vergleiche ist aufgrund der Stichprobengröße selbstredend nicht zu denken).

Die Fragebogenkonstruktion folgte auch hier teilweise einer Vorlage der Planungsgruppe PETRA; wie beim Erzieher-Interview, so veränderten und ergänzten wir auch hier die Vorlage entsprechend unserer Fragestellung und Orientierung.

Die Gliederung des Interviews läßt sich folgendermaßen darstellen (in Klammern jeweils die - gerundete - Anzahl der Einzelthemen):

I. **Fragen zur Organisation und zu den Arbeitsbedingungen (55)**
Begründung der Einrichtung von Familiengruppen (3) - Belegungs'politik'/Pflegesatz etc. (17) - Umgang mit Beschädigungen (3) - Aufnahmeverfahren (3) - Personal (Personalschlüssel, Fluktuation, Probleme etc.) (5) - Aufgabenverteilung (Dienstplan, Tagesablauf, Meldepflicht, Selbständigkeit etc.) (10) - Kontakte HL/FG (1) - Informationsfluß (Besprechungs- und Berichtswesen, Aktenführung etc.) (10) - unrealistische Erwartungen an FG-Konzept (1) - Funktionen von FG (1) - Weiterentwicklung des FG-Modells (1)

II. **Fragen zu Autonomie, Kompetenz und Identifikation (40)**
Entscheidungsprozesse (Aufnahme, Besuche, Einstellung/Entlassung von Drittkräften, Neuanschaffungen etc.) (15) - Definition von Autonomie der FG (1) - Führungsaspekte (3) - Rollenprofil (1) - Attribution 'guter Arbeit' (1) - Förderung von Leistung/Leistungsorientierung (1) - Kritik (1) - (eigene) Fortbildung (4) - (eigene) Arbeitszufriedenheit (1) - geschätzte Arbeitszufriedenheit der FG-Mitarbeiter (1) - Zufriedenheit mit der Arbeit in den FGn (1) - Problem-Profil der Einrichtung (1(23)) - Anwesenheit im Heim außerhalb der Dienstzeit (1) - persönliche Beziehung zu Mitarbeitern (2) - Semantisches Differential ("Idealer Vorgesetzter"; Selbstbild; vermutetes Realbild als Vorgesetzter; Partnerbild in der Heimleitung; idealer FG-Mitarbeiter) (5)

III. **Fragen zur Konzeption (21)**
Ziele von Familiengruppen (2) - Erziehungsziele (4(21)) - schriftliche Konzeption (1) - Entweichungen (2) - Verweildauer (1) - Strafen (5) - Unterschiede in Erziehungskonzeption: Heim/lbl. Eltern (1) - Verhält-

nis 'Kern'familie/Familiengruppe (1) - Startbedingungen einer FG (1) - 'Auslaufmodelle' für FGn (2) - Nachbetreuung (1)

IV. **Fragen zur Klientel (21)**
Einschätzung von Störungsbildern (11) - Das 'typische' FG-Kind (Wunsch- vs. Ausschlußkriterien) (10)

V. **Fragen zur Elternarbeit (49)**
Konzeption zur Elternarbeit? (5) - Beziehung Heim/Eltern (9) - Umgang mit Eltern (9) - Interne Elternarbeit (8) - Externe Elternarbeit (6) - Dokumentation/Methodik bei der Elternarbeit (5) - Heimaufnahme (7)

VI. **Fragen zur Person (6)**
Alter, Familienstand, Anzahl eigener Kinder, beruflicher Werdegang, ursprüngliches Interesse an Heimerziehung, Einschätzung der Berufsentscheidung ex post.

Es resultierte ein Interview-'Paket' von ca. 190 Fragen, die sich auf etwa 230 erhöhen, wenn man die Einzelthemen bei verschiedenen Fragengruppen hinzuzählt (sie sind in der Aufzählung als Doppelklammer aufgeführt).

Dieser Umfang mag beträchtlich erscheinen. Die Interviews waren von vornherein auf ca. 3-4 Stunden Dauer veranschlagt. Zu bedenken ist, daß mit diesem Instrument die Erhebung bei der Heimleitung aus ökonomischen Gründen so gut wie abgeschlossen werden mußte, während z.B. die Erzieher-Befragung aufgrund des häufigeren Kontaktes eher 'verteilt' bzw. mit inhaltlich unterschiedlichen Schwerpunktsetzungen akzentuiert werden konnte.

4.6 Herkunftsfamilien-Interview / Elternarbeit

Von Beginn an eine Zielgruppe für die Untersuchung, entwickelten sich die leiblichen Eltern der Maßnahmekinder als Adressat von Fragestellungen, die mit den Besonderheiten des Betreuungsmodells 'Familiengruppe' einhergehen, zu einer immer wichtigeren Größe im Verlauf der Beschäftigung mit der Thematik. Konnten wir im Hinblick auf Fragen zur **Elternarbeit** auf die Vorarbeiten der Planungsgruppe PETRA zurückgreifen, so ergab sich bezüglich der leiblichen **Eltern** selbst die Notwendigkeit, ein neues Instrument zu kreieren: denn kaum jemals zuvor (und auch nicht in der jüngsten Erhebung von Conen, 1990) zu diesem Thema) sind die Herkunftseltern im direkten Kontakt im Rahmen eines **Gesprächs befragt** worden.

Für dieses Interview galt, wie für alle anderen Erhebungsinstrumente, das Postulat der weitestgehenden Verschränkung mit den von anderen Untersuchungsgruppen gelieferten Materialien bzw. Daten. Die Variablenstruktur des Elterninterviews ist in Abbildung 4.6 im schematischen Überblick dargestellt.

Im Anschluß an das Interview wurde der **Fragebogen zum elterlichen Erziehungsverhalten** (FEV) von Stangl durchgeführt (siehe Abschnitt 4.4.5). Das Ziel war hier, die Erziehungsmuster der leiblichen Eltern denen der Familiengruppen-Erzieher gegenüberzustellen.

Zur Frage der **Elternarbeit** gibt es Einschätzungen von seiten der Heimleitung sowie der Erzieher, die in die jeweiligen Interviews eingebunden sind. Diese Aussagen werden im Elterninterview mit dem **Elternfragebogen zur Elternarbeit** (EF-EA) verschränkt.

Der EF-EA ist ein Kurzfragebogen, der 15 Einzelaussagen enthält, die sich in je 5 Items zu den Variablen **Akzeptanz, Bewältigung** und **Kooperation** gliedern lassen. Das damit umschriebene ABC stellt gleichsam eine Analogisierung zum Kind-ABC Inventar dar: Es geht hier darum, in welchem Ausmaß die leiblichen Eltern (und ihre aktuellen Lebenspartner) die Familiengruppen-Unterbringung akzeptieren, wie gut oder wie schlecht sie die Trennung von ihren Kindern bewältigen und wie sehr oder wie wenig sie zur Kooperation mit der Familiengruppe bereit sind.

Das zum Thema Elternarbeit zusätzlich durchgeführte **Erzieher-Interview** ist ein Instrument, das wir weitgehend unverändert von der Planungsgruppe PETRA übernommen haben. Es enthält 51 Einzelfragen zu den Fragengruppen: Kontakte zur Familie, Zielsetzung/Konzeption der Elternarbeit, Struktur der Beurlaubungen/Besuche, interne/externe Elternarbeit, Dokumentation/Methodik bei der Elternarbeit, Modalitäten der Aufnahme, konzeptuelle Einschätzung der praktizierten Elternarbeit.

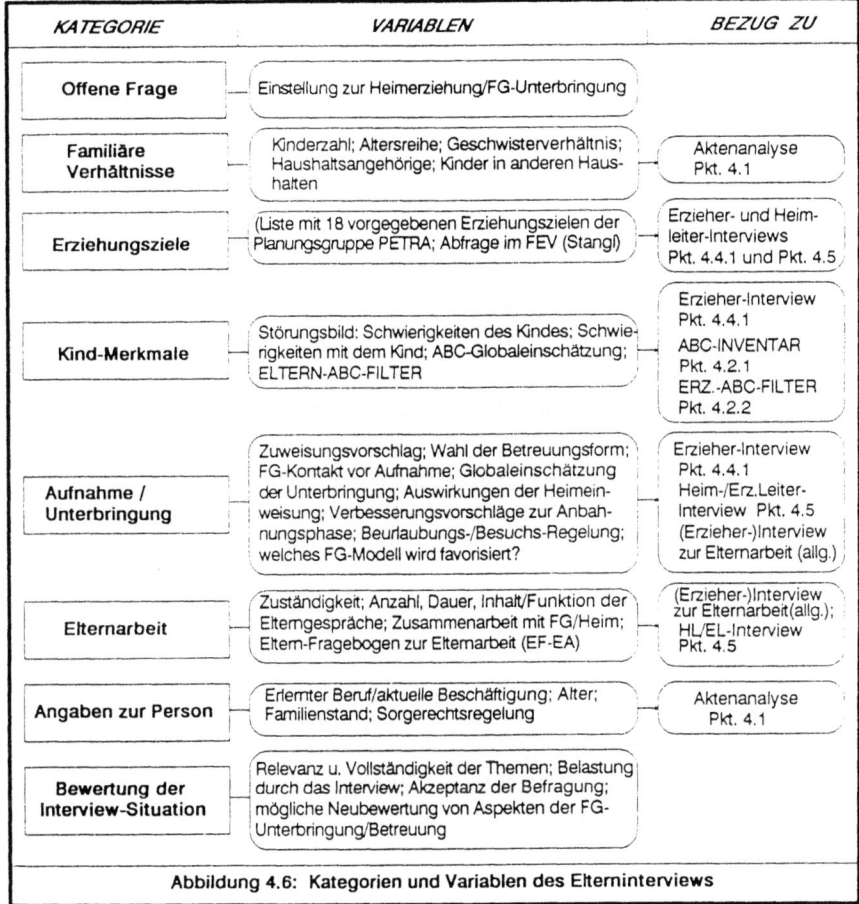

Abbildung 4.6: Kategorien und Variablen des Elterninterviews

4.7 Erhebungsinstrumente zum Thema Supervision

Von den unterstützenden Leistungen, welche die gruppenübergreifenden Dienste des St. Josephshaus Klein-Zimmern für die Erzieher bereitstellen, interessierte besonders die Supervision. Zu diesem Thema war ein eigenes Erhebungsinstrument zu entwickeln; was in bisherigen Veröffentlichungen vorliegt, konnte allenfalls als Anregung zu einzelnen Aspekten unserer Fragestellung dienen.

Es wurden zwei Instrumente in je drei Versionen konstruiert: Ein Interviewleitfaden und ein **Fragebogen zur Supervision (F-SV)**, jeweils in einer Version (A) für Heim-/Erziehungsleiter, Version (B) für Erzieher/Supervisanden und Version (C) für Supervisoren. Die drei Versionen waren in den Kategorien und Variablen, die erfaßt werden sollten, identisch; sie differierten in den jeweils adressatenspezifischen Operationalisierungen auf der Ebene der Einzelaussage. Dabei wurde angestrebt, möglichst viele identische Einzelaussagen einzusetzen.

(1) **Der Interviewleitfaden**
Das Interview gliederte sich in drei thematische Schwerpunkte: **Konzeption - Durchführung - Bewertung.** Welches persönliche Konzept von Supervision hat der/die Befragte? - Welchen dienstlichen Auftrag haben die Supervisoren? - Wie ist die Supervision organisatorisch eingebunden? - Gibt es ein schriftliches Konzept zur Supervision? - Welche Relevanz wird der Supervision beigemessen? - Welches Zeitbudget sollte für Supervision bereitgehalten werden? - Wie werden bestimmte (vorgegebene) Funktionen von Supervision bewertet? - Welche Rückmeldungen über Supervision gibt es? - Welche Einstellung zum Thema 'Schweigepflicht für Supervisoren' herrscht vor? - Welche Haltung zur Frage 'interne vs. externe' Supervision läßt sich vorfinden? Zur Praxis der Supervision, also ihrer Durchführung wird nach der Häufigkeit, dem Raum, der Tageszeit und den Umgebungsbedingungen von Supervisionsterminen gefragt; ebenso nach den Teilnehmern sowie nach den Kriterien der Zuordnung von Supervisor zur jeweiligen Familiengruppe (hier im Sinne von Erziehergruppe). Bewertungsaspekte werden erfaßt mit einer Einschätzung der persönlichen Zufriedenheit mit der praktizierten Supervision, an die sich die Frage nach Verbesserungsvorschlägen anschließt. Zur Bewertungskategorie zählt auch der Einsatz eines Semantischen Differentials, mit dessen Hilfe Polaritätsprofile des **idealen** vs. **realen** Supervisors in Selbst- und Fremdeinschätzungen zu erstellen sind.

(2) **Der Fragebogen zur Supervision (F-SV)**
Der Fragebogen enthält in jeder der drei Versionen A, B und C je sieben Einzelaussagen auf den drei Skalen Konzeption, Akzeptanz und Praxisrelevanz, die sich mit den zentralen Begriffen unserer Untersuchung im Hinblick auf Aspekte der organisatorischen Differenzierung, der Autonomie, Identifikation und Kompetenz in Verbindung bringen lassen.

4.8 Einschätzung der Instrumentenentwicklung
Franz Petermann

Die entwickelten Instrumente unterscheiden sich in ihrer Konsistenz, in der sie den angestrebten Aussagenbereich abbilden. Bei allen konstruierten Verfahren steht die Verhaltens- und Situationsorientierung im Mittelpunkt, wobei auf unterschiedlichen Niveaus, vor allem durch erfragte und beobachtete Daten, Aussagen angestrebt werden. Diese Datenverschränkung ist dann besonders notwendig, wenn wenig gesicherte Erkenntnisse und Erhebungsverfahren sowie eingeschränkte Stichproben - wie in unserer Studie - vorliegen. Gelingt eine solche Datenverschränkung, dann erhöht sich die Aussagekraft eines Einzeldatums gemäß dem Multi-Trait-Multi-Method-Vorgehen nach Campbell und Fiske (1959). So können Einschätzungen über die Klientel und die Erziehungshilfemaßnahmen durch

(a) Beobachtungsverfahren, die Standardsituationen aus dem Alltag der Familiengruppen erfassen,
(b) das Herkunftsfamilien-Interview und
(c) das ABC-Inventar und den ABC-Filter bewertet werden.

Die Vielzahl der neu konstruierten Verfahren verdeutlicht das Spezifitätsdilemma der Forschung in der Jugendhilfe. Da nur wenige standardisierte Erhebungsverfahren, wie zum Beispiel die ALS von Schauder (1991) entwickelt wurden, mußten wir sehr viele Instrumente neu erstellen. Zur Zeit kann bei diesen Verfahren nur etwas über ihre logische Stimmigkeit und inhaltliche Validität ausgesagt werden. In den nächsten Jahren werden wir versuchen, systematische Instrumentenentwicklung für die Jugendhilfeforschung zu konzipieren. Die Erreichung dieses Zieles wird entscheidend dafür sein, ob man zukünftig empirische Befunde aus der Jugendhilfeforschung miteinander vergleichen kann.

5 Planung und Durchführung der Studie

Herbert Müller und Franz Petermann

Diese Studie ist ein Beitrag zur Feldforschung in der Heimerziehung. Der Feldansatz in der Forschungsplanung hat systematische und methodische Implikationen, die beim konkreten Vorgehen zu berücksichtigen sind. Systematisch will bedacht sein, daß Feldforschung sich nur in Kooperation mit der Praxis, mit den Untersuchten also, und nur durch Anpassung der Forschung (und der Forscher) an die Bedingungen des Feldes realisieren läßt (vgl. dazu Schellhammer, 1979, S. 26). Die methodischen Auswirkungen von Feldforschung stellen sich zunächst als Einschränkungen dar: Fast erscheint es "selbstverständlich (, daß) nicht die strengsten Kriterien der Versuchsplanung in der Sozialforschung" (Thurau, 1987, S. 32) herangezogen werden können. Das Mehr an Natürlichkeit der Untersuchungssituation gegenüber dem Laborexperiment wird durch ein Weniger an methodischer Stringenz und Kontrollierbarkeit von Störeffekten erkauft. Das Forschungsinteresse zielt dennoch auf einen Zugewinn an Gültigkeit bei den aus Felduntersuchungen ableitbaren Schlußfolgerungen, die inhaltliche Repräsentanz der im Feld wirkenden Faktoren im Untersuchungsansatz vorausgesetzt. Die Problematik von 'Natürlichkeit versus Künstlichkeit' in der Feldforschung läßt sich in Anlehnung an die Ausführungen von Patry (1982, S. 18ff) wie folgt schematisch darstellen:

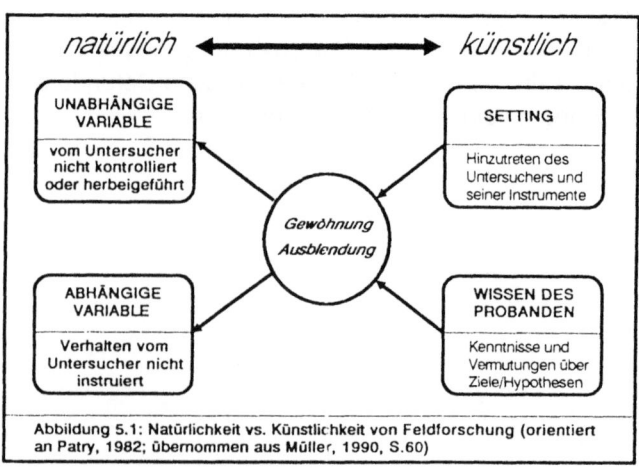

Abbildung 5.1: Natürlichkeit vs. Künstlichkeit von Feldforschung (orientiert an Patry, 1982; übernommen aus Müller, 1990, S.60)

Sind demnach die beiden wichtigsten Untersuchungsparameter, die unabhängige wie die abhängige Variable vom Untersucher planmäßig in ihrer 'Natürlichkeit' belassen, so versucht er, vor allem 'Künstlichkeit' im Hinblick auf die Störvariablen **Setting** und **Probandenwissen** zu reduzieren. Im letzteren Falle, also in der Frage, wie viele Kenntnisse und/ oder Vermutungen die Befragten bzw. Beobachteten über die Ziele und Annahmen der Untersuchung haben, hat die methodische Erfordernis, die Probanden möglichst 'natürlich' - und das heißt hier: naiv - zu belassen, ihre Grenze in der Kooperationsbereitschaft. Um Kooperation zu ermöglichen, sind nicht zuletzt Informationen und Transparenz des Vorgehens erforderlich. Beide sind geeignet, Befangenheit, also Künstlichkeit zu erzeugen; beide sind unabdingbar, um nicht Versuchs-'objekte', sondern bewußt kooperative und mündige Probanden zu erhalten. Wie sich dieser Widerspruch auflösen läßt, entscheidet sich im konkreten Verlauf der Kooperationsfindung.

Was das **Setting** betrifft, so ist zum einen der in die Feld-Realität als teilnehmender Beobachter eingebettete Forscher gehalten, die Situation nicht durch sein Verhalten über den Einfluß hinaus, den seine Anwesenheit schon ohne jedes Zutun hat, zu verändern. In der Ersetzung der Person des Untersuchers durch technische Medien, also z.B. eine Videokamera, läßt sich Beeinflussung und Störbarkeit verringern, d.h. es besteht eine Chance, daß sich die Probanden an den Untersuchungsvorgang gewöhnen und die Störung "ausblenden".

5.1 Stichprobenbeschreibung

Selektionskriterien mußten wir bei unserer Stichprobe kaum beachten. Zum Zeitpunkt des Untersuchungsbeginns existierten im St. Josephshaus Klein-Zimmern sechs Familiengruppen. Davon war die letztgegründete noch kein Jahr alt, während alle anderen im dritten bis siebten Jahr bestanden. Wir legten als Konsolidierungsphase einen Zeitraum von mindestens einem Jahr fest, wodurch die jüngste Familiengruppe aus der Erhebung herausfiel. Von den verbleibenden fünf Gruppen schied eine noch vor Erhebungsbeginn aus (siehe Abschnitt 5.2), so daß unsere Stichprobe vier Familiengruppen umfaßt.

Abbildung 5.2 zeigt die Zusammensetzung unserer Gesamtstichprobe und die Größe der einzelnen Teilstichproben.

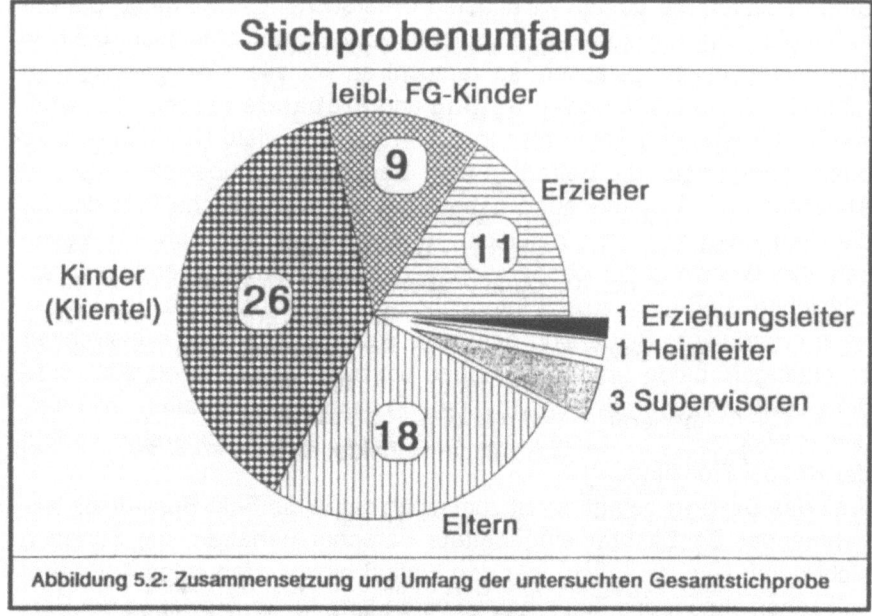

Abbildung 5.2: Zusammensetzung und Umfang der untersuchten Gesamtstichprobe

Im einzelnen ist anzumerken: Die Stichprobe der **Erzieher** setzt sich aus vier Ehepaaren und drei (weiblichen) Drittkräften zusammen. Die vierte Drittkraft nahm an der Untersuchung nicht teil. Ursprünglich war vorgesehen, in dieser Studie auch Aussagen über die Gruppe der Drittkräfte zu machen; aufgrund der kleinen Stichprobe erschien uns diese Vorgabe im weiteren Verlauf der Methodendiskussion nicht mehr sinnvoll; stattdessen ziehen wir die Drittkräfte mit den Familiengruppen-Ehepaaren zu einer Erzieherstichprobe zusammen und referieren ihre Ergebnisse nur dort getrennt, wo ihre Gegenüberstellung thematisch prägnant erscheint. Der Altersdurchschnitt der Erziehergruppe liegt bei 33 Jahren.

Die leiblichen Kinder der Erzieher-Ehepaare selbst wurden im Rahmen der Standardsituationen (Mittagessen, Hausaufgabenbetreuung, Spielsituationen) sowie (bei entsprechenden Altersvoraussetzungen) durch Befragungen (Fragebogen, Interview) in die Untersuchung miteinbezogen. Die **26 Kinder und Jugendlichen**, die unsere Klientel definieren, waren allesamt als 'Fallkinder' zu betrachten; eine Auswahl von besonderen Fällen kam schon aufgrund der Stichprobengröße nicht in Betracht.
Die folgenden Tabellen verdeutlichen die Alters- und Geschlechtszusammensetzung der beiden Kinder-Stichproben:

Tabelle 5.1: Alterszusammensetzung der beiden Kinder-Stichproben

	0 bis 6 Jahre	7 bis 12 Jahre	13 bis 18 Jahre
Klientel	8	9	9
Familiengruppen-kinder	5	4	0

Der Altersdurchschnitt der Klientel-Kinder ist 9;11 Jahre, derjenige der leiblichen Kinder der Familiengruppen-Ehepaare ist 6;3 Jahre.

Tabelle 5.2: Geschlechtszusammensetzung der beiden Kinder-Stichproben

	Mädchen	Jungen	Gesamt
Klientel	16	10	26
Familiengruppen-kinder	4	5	9

Im Gegensatz zu den Teilstichproben der Erzieher und Kinder waren Umfang und Zusammensetzung der **Elternstichprobe** zunächst nicht klar. Erörterungen mit der Heim- und Erziehungsleitung sowie mit den jeweils zuständigen Erziehern ließen es angeraten erscheinen, in allzu problematisch gelagerten Fällen (z.B. bei aktuellen erheblichen Spannungen im Dreieck Herkunftsfamilie-Jugendamt-Heim) von einer Befragung abzusehen. Die Untersuchung sollte keine zusätzlichen (oder neuen) Belastungen erzeugen. Der Stichprobenraum für die Eltern der in den Familiengruppen untergebrachten Kinder umfaßte insgesamt maximal 23 Personen; in vier Fällen waren die leiblichen Eltern nicht mehr vorhanden; in einem Fall konnten wir auf die Großeltern der Kinder zurückgreifen, die die Elternrolle für die Kinder über einen langen Zeitraum hinweg vor der Heimeinweisung übernommen hatten. Schließlich wurden 19 Eltern angeschrieben und um ein Gespräch gebeten. Nur in einem Fall mußte von

der Befragung abgesehen werden. Mit 18 Eltern (und z.T. Stiefeltern) wurden Interviews durchgeführt. Für ein knappes Drittel der Klientel (27% oder 7 Kinder) fehlen solche Elternangaben. Der Altersdurchschnitt der Elternstichprobe liegt bei 35 Jahren, also um zwei Jahre höher als der der Erzieher.
Die drei befragten **Supervisoren** waren mit den drei Diplompsychologen der Einrichtung (Dörnfeld, Schlaegel, Müller) identisch. Die Erhebung zur Supervision wurde von dem externen Mitarbeiter, Dipl.-Psych. Düchting-Röth, durchgeführt. Düchting-Röth führte auch die Interviews mit der Heim- und Erziehungsleitung durch.

Eingeschränkte Stichproben
Die Problematik der verfügbaren Stichproben wird aus den Beschreibungen deutlich. Einerseits wurden zwar alle Teilstichproben erfaßt, andererseits lassen sich mit dieser Datenfülle die Ergebnisse dennoch nicht verallgemeinern. Die Studie besitzt aus diesen Gründen den Status einer Bestandsaufnahme, wobei sich auch keine Unterschiede zwischen möglichen Unterformen von Familiengruppen empirisch bestimmen lassen. Ein solches Vorgehen wäre nur in einer längsschnittlichen Analyse (vgl. Petermann, 1989) unter der Vorgabe vorab festgelegter Unterschiede in Ziel und Konzeption der Familiengruppe möglich.
Eingeschränkte, aber systematisch gewonnene Stichproben, ermöglichen Vergleiche zwischen Erziehern, Eltern, Maßnahmekindern und Heim-/Erziehungsleitung. Diese Systematik führt zu Fortschritten bei der Operationalisierung der zentralen Begriffe und einer elaborierten Datenerhebungsstrategie, die auf differenziert abgestimmten Erhebungsinstrumenten basiert (vgl. Kap. 4).
Aus den eingeschränkten Stichproben ergibt sich ein Methodenproblem, das die Aussagekraft unserer empirischen Ergebnisse reduziert. Da sich die untersuchten Familiengruppen über viele Jahre aus den spezifischen Alltagsanforderungen heraus allmählich entwickelt haben und nicht systematisch nach einer Ziel- und Konzeptionsvorgabe gebildet wurden, lassen sich keine klar unterscheidbaren Betreuungsgruppen bilden (gemeint sind methodische Extremgruppen mit dem Ziel der Aufklärung von Merkmalsvarianz). Durch diese Uniformität der Stichproben können vorfindbare Unterschiede zwischen den Gruppen nicht empirisch erklärt werden. Diese Problematik war uns von Anfang an deutlich, wodurch wir uns bewußt auf den Anspruch der systematischen Stichprobendeskription beschränken und deshalb einen Schwerpunkt unserer Studie auf die Instru-

mentenentwicklung gelegt haben. Die eingeschränkten Stichproben lassen auch keine empirischen Schlüsse auf die Klassifikation von Familiengruppen und auf gar keinen Fall eine Generalisierung auf andere Betreuungsformen zu.
Daß wir mit dieser Studie noch am Fundament einer empirisch begründeten Sozialforschung im Bereich der Heimerziehung 'bauen', also ebenso wie die **Analyse der Leistungsfelder** der Planungsgruppe PETRA einen Beitrag zur beschreibenden Bestandsaufnahme liefern, veranschaulicht Abbildung 5.3. Die **empirische** Forschung in der Heimerziehung hat (quantitativ und qualitativ) die Stufen der Klassifikation, der Erklärung und der prognostizierenden Generalisation von Erziehungseffekten und Entwicklungsverläufen noch vor sich.

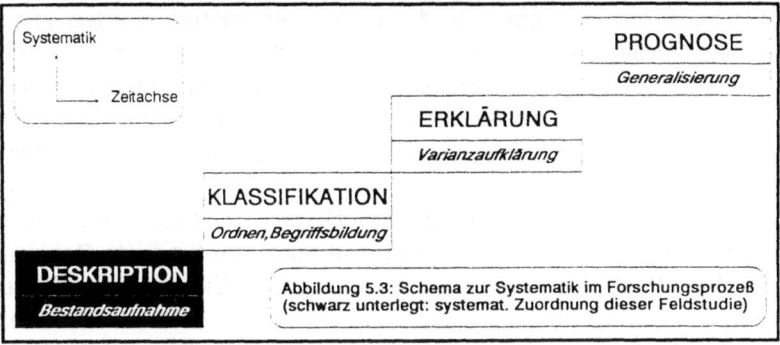

Abbildung 5.3: Schema zur Systematik im Forschungsprozeß (schwarz unterlegt: systemat. Zuordnung dieser Feldstudie)

5.2 Kooperationsfindung

Die Kooperation von Forschern und Befragten/Beobachteten ist, wie eingangs dieses Kapitels bereits angesprochen, eine im Grunde unabdingbare Voraussetzung von Feldforschung. Sie ist es vor allem dann, wenn Forschung, wie beim vorliegenden Projekt, in erster Linie der **Optimierung** des untersuchten Leistungsfeldes dienen soll. Mit gleicher Zielsetzung ist vor uns die Planungsgruppe PETRA an die Analyse des Betreuungsmodells **Wohngruppe** herangegangen und hat mit ihren 'Feedbackschleifen' (1987, S. 49f und S. 484ff), die als fester Untersuchungsbestandteil konzipiert waren, einmal mehr einen Standard gesetzt, an dem sich nachfolgende Projekte orientieren sollten. Wir haben den Anspruch von da übernommen, einerseits die wissenschaftliche Bestandsaufnahme zur Grundlage für Anregungen und Empfehlungen zur weiteren Entwicklung des untersuchten Betreuungsmodells zu machen und andererseits die Erörterung der Ergebnisse mit den betroffenen Erziehern als "zusätzliche Prüfschleife, wie die Analysen bei den Praktikern aufgenommen werden" (Thurau, 1987, S. 491), gelten zu lassen. Rückkopplungen sind nach unserem Verständnis vertrauensbildende und kooperationsstiftende Maßnahmen mit nicht nur grundsätzlicher Bedeutung für die weitere Zusammenarbeit im institutionellen Rahmen (insbesondere im vorgegebenen Eigenforschungsmodell), sondern auch mit forschungsbezogenem Aspekt, nämlich für nachfolgende Untersuchungen.

Für die vorliegende Studie war innerhalb der Einrichtung auf Vorerfahrungen mit empirischer Sozialforschung nicht zurückzugreifen. Vertrauensbildung und Kooperationsfindung waren im wesentlichen auf die gemeinsamen Vorgespräche zwischen der Forschungsgruppe und den Familiengruppenerziehern verwiesen. In diesen Vorgesprächen wurden von Erzieherseite Vorbehalte geäußert, die zum einen ideologischer, zum anderen rechtlicher Natur waren. Bei den Rechtsfragen handelte es sich um auf die Durchführung und Auswertung bezogene Probleme des Datenschutzes; sie waren mit einer detaillierten, an Lecher (1988) orientierten Vereinbarung einer befriedigenden Klärung zuzuführen. In der Ideologiefrage konnte von vornherein nur ein praktikabler Kompromiß das Ziel der Kontroverse sein: empirische, verhaltenstheoretisch fundierte Befragung und Beobachtung zulassen, auch wenn manche Erzieher der Meinung sind, Ganzheitlichkeit entziehe sich dem verhaltens- und situationsbezogenen Zugriff (zur Empirie- und Meßfeindlichkeit des erzieherischen Milieus siehe auch Müller, 1990, S. 43 und 55f; 1991, S. 207f).
In einem Fall war eine kooperative Basis für die anstehende Zusammenarbeit nicht zu erkennen: die betreffende Familiengruppe wurde aus der Untersuchung herausgehalten.

5.3 Schwierigkeiten bei der Erhebung

Diese Studie unterliegt über die in Abschnitt 5.1 skizzierte engere Methodenproblematik hinaus weiteren Restriktionen, die sich im wesentlichen ihrer Besonderheit als **Eigenforschungsprojekt** verdanken. Im folgenden sollen die damit verbundenen Probleme und die Maßnahmen zu ihrer Behebung/Linderung in Anlehnung an die Darstellung von Müller (1990, S. 53-56) zusammengefaßt werden.
Auftraggeber der Studie ist die Heimleitung des St. Josephshauses Klein-Zimmern. Sie ist mit Heim- und Erziehungsleiter in der Forschungsgruppe vertreten und an der Planung der Studie wie an der Interpretation der

Ergebnisse unmittelbar beteiligt. Durchgeführt wird die Untersuchung im wesentlichen vom Mitarbeiter des Wissenschaftlichen Dienstes und den beiden anderen Psychologen des Hauses, allesamt Untergebene der Heimleitung. Diese Konstellation erscheint geeignet, ein massives **Auftraggeber-Untersucher-Dilemma** entstehen zu lassen, wenn nicht versucht wird, die aus funktionalen Abhängigkeiten implizit (oder möglicherweise explizit) resultierenden Beeinflussungstendenzen zu kontrollieren. Dies wurde mit folgenden Maßnahmen angestrebt: Erweiterung der Forschungsgruppe um externe wissenschaftliche Experten (insbesondere zu Methodenfragen), Status-Anhebung des internen wissenschaftlichen Mitarbeiters zum Projektleiter, Ausschluß der Leitungsebene von der Erhebung, egalitärer Diskurs bei den inhaltlichen Erörterungen in der Forschungsgruppe.

Als weitere Folge aus dem Ansatz der Selbstevaluation ergab sich das Problem einer möglichen **Funktionsträger-Untersucher-Konfundierung**: Die drei Psychologen des Hauses waren identisch mit den Supervisoren der Erzieher - sie waren als Untersucher des Leistungsfeldes Supervision mit dem Vorbehalt des Eigeninteresses vorbelastet. Dieses Dilemma wurde zu lösen versucht, indem die Durchführung von Erhebung und Auswertung zum Thema Supervision als externer Untersuchungsauftrag (an Dipl.-Psych. Düchting-Röth, Bielefeld) vergeben wurde. Die Instrumente zu dieser Erhebung wurden vom internen wissenschaftlichen Mitarbeiter entwickelt.

Um eine weitere mögliche Störvariable zu kontrollieren, die sich aus dem Erzieher/Supervisoren-Verhältnis ableiten ließ, wurden die Erzieher-Interviews ebenfalls von dem externen Mitarbeiter Düchting-Röth durchgeführt; gleichermaßen wurde mit den Heim- und Erziehungsleiter-Interviews verfahren. Die Entwicklung der Instrumente und die Auswertung und Darstellung der Ergebnisse lag wiederum beim Wissenschaftlichen Dienst des Hauses.

Kapazitätsprobleme schränkten von Anfang an das Untersuchungsdesign ein: Die Erhebung vor Ort, also in den Familiengruppen und bei den Eltern der Maßnahmekinder, wurde vom Mitarbeiter des Wissenschaftlichen Dienstes durchgeführt, der punktuell bei den Familiengruppenerhebungen von den beiden Kollegen des Psychologischen Dienstes unterstützt wurde. "Alle drei haben außerhalb des St. Josephshauses noch andere berufliche oder nebenberufliche Verpflichtungen (eigene Praxis, zweites Anstellungsverhältnis, Lehraufträge), zwei haben selbst Familien mit Kindern. Es kommt hinzu, daß die Einrichtung während der

Dauer der Untersuchung die Dienstleistungen des Psychologischen Dienstes nicht aufheben, sondern nur reduzieren kann. Die Aufgaben der Diagnostik, der Therapie und Supervision müssen also weiterhin zusätzlich wahrgenommen werden. Diese Einschränkungen machen verständlich, daß als Untersuchungseinheiten mit unmittelbarer Teilnahme/Beobachtung die Abende, die Wochenenden, Feiertage und besondere Unternehmungen in den Familiengruppen (Freizeitprojekte, Ferienmaßnahmen) wegfallen müssen. Die Beobachtung des Familiengruppenlebens ist so auf den Alltag von Montag bis Donnerstag (an insgesamt acht Tagen pro Familiengruppe) in der Zeit von ca. 10 Uhr bis 16 Uhr beschränkt" (Müller, 1990, S. 55). Die Konsequenz aus dieser Reduktion des Untersuchungsfeldes war, daß wir besonderen Wert auf die Qualität der Erhebungsinstrumente und auf die Systematik des Vorgehens legten. Wie schon in der Stichprobenfrage (zu kleines N, keine Selektionsmöglichkeit) haben wir uns auch in der Kapazitätsfrage (Personal-, Zeit- und Themenbeschränkung) nicht davon abhalten lassen, diese Studie durchzuführen.

Die Erhebung in den Familiengruppen fand in der Zeit von April bis einschließlich Juni 1990 statt. Die Befragung der Herkunftseltern und der Heimleitung lag zeitlich danach (Juli bis Oktober), die zur Supervision davor (Oktober bis Dezember 1989). Bei diesen Erhebungen gab es keine nennenswerten Schwierigkeiten, von dem 'Ausstieg' einer Erzieherin (Drittkraft) einmal abgesehen, die im Vorgriff auf ihr bevorstehendes Ausscheiden aus dem St. Josephshaus die schon begonnene Mitarbeit einstellte. Aus diesem Grund und weil in einem anderen Fall eine Schwangerschaftsvertretung wieder gegen die frühere Erzieherin ausgetauscht wurde, schwankt unsere Stichprobengröße bei den Drittkräften zwischen drei und fünf Erzieherinnen. Im direkten täglichen Kontakt zwischen Untersuchern und Erziehern schienen sich Vorbehalte und negative Einstellungen sowie vorherige Befürchtungen aufzulösen. Das Arbeitsklima während der Erhebungen ist insgesamt als kooperativ zu bezeichnen; zur Einschätzung der 'Störwirkung' der Untersuchung auf den Alltag der Familiengruppen sei auf die Ergebnisse der Erhebungen mit dem Untersuchungsbewertungsbogen (UBB) verwiesen (siehe Kap. 6).

5.4 Folgerungen aus der Pilotphase

Obschon von vornherein klar war, daß wir aus Zeit- und Kapazitätsgründen keine ausgedehnte Erkundungsphase würden vorschalten können,

war es unumgänglich, die Praktikabilität unserer Vorstellungen von der Erhebung sowie insbesondere die Modalitäten der Verhaltensbeobachtung vor Ort, also in einer der Familiengruppen zu erproben. Die 'älteste' Familiengruppe, die im siebten Jahr bestand, fand sich zu einem solchen Vorlauf bereit. In den beiden ersten Dezemberwochen des Jahres 1989 führten wir diese Pilotphase durch. Wir folgten dabei zunächst dem von der Planungsgruppe PETRA praktizierten Verfahren der teilnehmenden Beobachtung von Mittagessen und Hausaufgabenerledigung (an die Beobachtung von Spielsituationen war vordem nicht gedacht worden). Wir stellten fest, daß schon aufgrund der räumlichen Enge (die bei anderen Familiengruppen noch ausgeprägter gegeben sein würde) eine Beteiligung von zwei Beobachtern beim Mittagessen deutlich als Beeinflussung imponierte (häufiger Blickkontakt mit den Beobachtern; erkennbare Unsicherheit, wenn der Beobachter sich Notizen machte; Reaktionen auf Niesen/Husten/Räuspern eines erkälteten Beobachters etc.). Wir stellten des weiteren fest, daß auch bei geschulter Protokollierung eine Menge an Informationen aus situativen und interaktionellen Besonderheiten verlorenging bzw. im nachhinein nur noch schwer zu rekonstruieren war, und daß strittige Beobachtungen oder Interpretationen nicht entschieden werden konnten. In der Hausaufgabensituation war zu erkennen, daß ein im Hintergrund sitzender Beobachter das Kind doch deutlich irritierte, und sei es nur in Form der permanenten Versuchung, ihn bei schwierigen Aufgabenstellungen zu konsultieren.
Das alles waren Effekte, die die 'Natürlichkeit' der Situation herabsetzten und das beobachtete Feld veränderten. Aus der Erfahrung mit dem Einsatz von Video im Rahmen von Psychotherapie und systematischer Verhaltensbeobachtung ist uns bekannt, daß solche personenbezogenen Störquellen ausgeschaltet werden können und ein technisches Medium eher ausgeblendet werden kann. Wir hatten von der Videografierung wegen der Vorbehalte, die von den Erziehern in den Vorbesprechungen geäußert worden waren, zunächst abgesehen; nach der Pilotphase konnten wir die Erzieher auf der Grundlage von praktischen Erfahrungen und z.T. mit Unterstützung der in den Vorlauf einbezogenen Kollegen dazu bringen, die Videografierung der Standardsituationen zuzulassen. Als dritte Standardsituation nahmen wir Spielsituationen der noch nicht schulpflichtigen Kinder (untereinander und mit Erwachsenen) in das Untersuchungsdesign auf.
Die Pilotphase hatte über diese erhebungspraktischen Konsequenzen hinaus einen deutlich spürbaren Effekt in Richtung Kooperationsförde-

rung, und zwar auf alle Familiengruppen bezogen. Dieser Effekt wurde weiter unterstützt durch die Vorstellung des Projektes (einschließlich einer ersten Ergebnisdarstellung zur Supervisionserhebung) anläßlich der Fachtagung "Familiengruppen - Trend oder Innovation in der öffentlichen Erziehung" vom 13. bis 15. Februar 1990. Die sich anschließende empirische Erhebung war durch beide Ereignisse im Rahmen unserer Möglichkeiten optimal vorbereitet.

6 Auswertung und Einordnung der Ergebnisse

Herbert Müller

Im folgenden werden die wichtigsten Ergebnisse der empirischen Untersuchung dargestellt. Dabei mußte, teils aus methodischen, teils aus Zeitgründen eine Auswahl für diesen Zwischenbericht getroffen werden. Nachdem das Forschungsprojekt zeitlich ausgedehnt und um die Replikation der Erhebung erweitert wurde, fällt der jetzigen Publikation die Funktion einer Statusbetrachtung zu. Es geht zunächst darum, den vorfindbaren Zustand der Familiengruppen in seinen wesentlichen Aspekten zu beschreiben und damit die Basis zu schaffen für eine spätere Einschätzung von Entwicklungen im untersuchten Betreuungsrahmen. Ohne inhaltliche Verkürzung waren von daher thematische Beschränkungen möglich. So haben wir die Auswertung der Standardsituationen "Hausaufgaben" und "Spiel" für den Endbericht zurückgestellt; mit der Situation "Mittagessen" haben wir diejenige Standardvorgabe ausgewählt, welche als einzige der untersuchten Gruppensituationen alle Mitglieder der Familiengruppe in einer sozialen Anforderungsstruktur zusammenbringt. Zurückgestellt haben wir weiterhin die Auswertungen von Soziogramm, semantischem Differential und dem Fragebogen zum elterlichen Erziehungsverhalten (FEV). Im Falle des FEV wurde die außerhalb des eigentlichen Verfahrens liegende Erhebung von Erziehungszielen jedoch berücksichtigt (siehe Pkt. 6.3).

Die Ergebnisdarstellung folgt zunächst nicht dem Klassifikationsschema zur Untersuchung aus Abbildung 3.4, sondern ausgewählten personen(gruppen)- und themenbezogenen Schwerpunkten; bei der Einordnung der Ergebnisse wird dann die Untersuchungsmatrix einbezogen.

Den Einzelthemen werden die Auswertungsergebnisse des UBB (Untersuchungs-Bewertungs-Bogen, siehe Pkt. 4.4.6 und Anhang) vorangestellt. Seine acht Einzelaussagen lassen sich mit Bezug zur vorgegebenen Einschätzungsskala wie folgt zusammenfassen:
- Der mit der Untersuchung verbundene Eingriff in den Alltag der Familiengruppen wird von den Erziehern insgesamt "weitgehend" akzeptiert (Gesamt-Akzeptanzwert 3.98 auf einer Skala von 1 bis 5). Besonders prägnant sind die Mittelwerte (MW) zu folgenden Einzelaussagen:

- Die Erzieher geben an, daß sie ihre Arbeit an den Untersuchungstagen "so wie immer gemacht" hätten (MW 4.2); sie seien kaum (MW 2.0) in ihren üblichen Verrichtungen behindert oder beeinflußt worden.
- Die Kinder hätten sich "verhalten wie immer" (MW 3.7); sie hätten auf den/die Untersucher "gar nicht" bis "kaum" (MW 1.4) ablehnend reagiert.
- Insgesamt sei mit "weitgehender" Zustimmung (MW 3.8) davon auszugehen, "daß die Untersuchung (den) FG-Alltag in den beobachteten Ausschnitten real erfaßt hat."

6.1 Merkmale der Kinder und Jugendlichen in den Familiengruppen
Herbert Müller

6.1.1 Soziologische Merkmale

Aus der Aktenanalyse ergeben sich folgende Merkmale der Klientel (N=26 Kinder/Jugendliche): Der **Altersdurchschnitt** zum Zeitpunkt der Erhebung ist 9;11 Jahre (mit einer Streuung von 1;07 bis 17;00 Jahren). Die **Verweildauer** beträgt zu diesem Zeitpunkt im Durchschnitt 2;01 Jahre (mit der Streuung von 0;01 bis 6;02 Jahren). Das Durchschnittsalter bei der **Aufnahme** in eine Familiengruppe ist 7;06 Jahre. Das Verhältnis der **Geschlechter** ist 16:10 zugunsten der Mädchen; in zwei Familiengruppen gibt es jeweils nur einen Jungen unter den Maßnahmekindern. Zwei Familiengruppen sind im niedrigen Altersdurchschnitt (5;06 Jahre) ihrer Klientel identisch; dabei dominiert zugleich die katholische **Konfession** bei den aufgenommenen Kindern; ein weiteres gemeinsames Merkmal ist, daß in diesen beiden Gruppen das Mittagessen mit einem religiösen Ritual eingeleitet wird. Die beiden anderen Familiengruppen pflegen ein solches Ritual nicht; in ihrer Klientel liegt der Altersdurchschnitt bei 10;05 bzw. 10;06 Jahren, und es gibt doppelt so viele Kinder, die evangelisch oder konfessionslos sind, wie es katholische gibt.
Im Hinblick auf **soziografische** Faktoren ergibt sich, daß von den 26 Kindern und Jugendlichen etwa ein Drittel (N=9) aus der Großstadt (über 100.000 Einwohner) stammt; 15 Kinder/Jugendliche stammen aus eher städtischem und nur zwei aus eher ländlichem (bis 15.000 Einwohner) Milieu. In den beiden Familiengruppen, die eine regional und konzeptuell ausgesprochen (groß)stadtferne Unterbringung anbieten, ist die ländli-

che Herkunft der Klientel allerdings nicht vertreten. Elf von den 26 Maßnahmekindern stammen aus der näheren Umgebung (gleicher Landkreis; die Hälfte der Klientel kommt aus dem gleichen Bundesland (Hessen); zwei Kinder stammen aus einem anderen Bundesland.
Vom **Geburtsstatus** her ergibt sich eine annähernde Parität: insgesamt 14 Kinder der FG-Klientel sind ehelich, 12 sind nicht ehelich geboren. Im Hinblick auf die **Altersposition** in der Geschwisterreihe besteht die Klientel aus ca. 35% "ältesten" Kindern; knapp ein Drittel sind "jüngste" Kinder ihrer Herkunftsfamilien, jeweils etwa ein Fünftel (19%) sind Einzelkinder und "mittlere" Kinder; Zwillinge oder Mehrlinge sind gar nicht vertreten. Bei der **Geschwisterzahl** läßt sich ein Mittelwert von zwei Geschwistern pro Maßnahmekind ermitteln; als Besonderheit erscheint, daß in einer Familiengruppe drei, in einer anderen sogar vier Geschwister unter der Klientel sind. Beim **Geschwisterstatus** zeigt sich, daß in zwei Familiengruppen bei jeweils mehr als der Hälfte der Klientel zwei oder mehr Halbgeschwister existieren; Stiefgeschwister treten nur in zwei Fällen und nur in einer Familiengruppe auf, Adoptivgeschwister kommen gar nicht vor.
Die **leiblichen Eltern** der Maßnahmekinder leben in 73% der Fälle zum Aufnahmezeitpunkt beide noch; bei zwei Kindern ist jeweils ein Elternteil verstorben. Versteht man die Konstellation "Vater unbekannt, Mutter lebt" als Ausdruck von Familienproblematik im Sinne von Belastung durch Unvollständigkeit, so ist nur eine Familiengruppe davon nicht betroffen; für zwei Gruppen gibt es je einen solchen Fall, in einer Familiengruppe besteht diese Problematik bei drei Maßnahmekindern.
Zwei Drittel der Klientel haben einen bis zwei **Wechsel von Lebensgemeinschaften** hinter sich, das restliche Drittel hat drei bis vier solcher Wechsel durchlaufen. Die beiden Familiengruppen mit den jüngeren Maßnahmekindern sind von dieser Problematik weniger betroffen, als die beiden anderen, bei denen das Durchschnittsalter der Klientel höher liegt. Bei der **ersten Veränderung der Lebensgemeinschaft** sind 16 Kinder jünger als oder höchstens sechs Jahre alt; zehn Kinder sind zu diesem Zeitpunkt älter als sechs Jahre, also bereits im Schuleintrittsalter bzw. im Schulalter. Bei der **Art der letzten Lebensgemeinschaft** vor der Heimeinweisung handelt es sich bei 14 Kindern um familiäre oder familienähnliche Verhältnisse; dies bedeutet aber zugleich, daß fast die Hälfte der Klientel **Vorerfahrung in stationären Unterbringungen** (Klinik, Heim) mitbringt. Auf die 14 Kinder bezogen, die aus einer Familie oder aus familienähnlichen Verhältnissen gekommen sind, besteht in

zwei Fällen (für ein Geschwisterpaar und einen Einzelfall) noch die vollständige leibliche **Familie**, in zwei weiteren Fällen handelt es sich um eine Stieffamilie; viermal ist eine alleinerziehende Mutter die familiäre Bezugsperson; einmal ist dies ein alleinerziehender Vater; für die restlichen vier Kinder stellen Großeltern oder Verwandte den Familienbezug her.

Das **Sorgerecht**, zumindest aber das Aufenthaltsbestimmungsrecht ist in mehr als der Hälfte (58%) der Fälle den Eltern entzogen und liegt bei den Jugendämtern; in sieben Fällen übt das Sorgerecht die Mutter alleine, in drei Fällen der Vater alleine aus. Den gesellschaftlichen Normalfall, daß nämlich beide Eltern das Sorgerecht ausüben, gibt es nur einmal.

Von den 26 Maßnahmekindern sind 16 schulpflichtig; in bezug auf ihre **Schulkarriere** lassen sich folgende Merkmale zusammenfassen:

Bei der **Einschulung** wurde die Hälfte dieser Kinder zurückgestellt (worunter wir auch die Einstufung in eine Vorklasse anstelle der Regeleinschulung subsumieren). Zum Zeitpunkt der Aufnahme in eine der Familiengruppen besucht die Hälfte der schulpflichtigen Kinder die **Schulklassen** 1 bis 3, die andere Hälfte besucht die Klassen 4 bis 6. An Schulformen sind zu diesem Zeitpunkt vertreten: Grundschule (11 Kinder), Realschule (2 Kinder), Orientierungsstufe (2 Kinder); nur ein Kind besucht eine Sonderschule für Verhaltensgestörte.

Von den 16 Schulkindern haben etwa die Hälfte während ihrer Grundschulzeit keinen **Schulwechsel** vornehmen müssen; sechs Kinder haben einen Schulwechsel, vier haben zwei Schulwechsel durchlaufen.

Bei 13 von den 16 Schulkindern konnte nach **Klassenwiederholungen** gefragt werden; in den restlichen drei Fällen war das erste Schuljahr zum Aufnahmezeitpunkt noch nicht beendet. Über die Hälfte der 13 Kinder (N=7) ist einmal nicht versetzt worden; in zwei Fällen kam es zu zwei Wiederholungen; vier Kinder haben noch keine Klasse wiederholen müssen.

Der **Schulbesuch** war zum Aufnahmezeitpunkt wenig auffällig verlaufen: Nur in drei Fällen ist Schulschwänzen dokumentiert; in keinem Fall war es zu einem temporären oder vollständigen Ausschluß vom Schulbesuch oder von einzelnen Schulstunden aus disziplinarischen Gründen gekommen, auch gab es in keinem Fall aus anderen Gründen vorübergehend keinen Schulbesuch. Gravierende Verhaltensauffälligkeiten während des Schulbesuchs sind in keinem Fall aufgeführt.

6.1.2 Betreuungsrahmen

Die Erzieher in den Familiengruppen wurden im Erzieher-Interview gebeten, ihre Einschätzung zu einigen Fragen des Betreuungsrahmens von Familiengruppenarbeit abzugeben. Bei der Wiedergabe der Auswertungsergebnisse beschränken wir uns hier auf das zusammengefaßte Votum der FG-Ehepaare, die ihre eigenen Kinder in die Familiengruppe einbringen und mit der Klientel Tag für Tag zusammenleben:
Wenn es nach den Familiengruppen-Ehepaaren geht, soll
- das Sorgerecht den (leiblichen) Herkunftseltern entzogen sein;
- ein Maßnahmekind in möglichst jungen Jahren in die Familiengruppe aufgenommen werden und möglichst bis zur Volljährigkeit dort bleiben;
- ein Maßnahmekind bei der Aufnahme nicht älter als 14 Jahre sein, keine massive Störung haben und keinen besonderen Bedarf an Einzelzuwendung in der Betreuung (z.B. bei Behinderung) stellen.

Keine besondere Rolle spielt dagegen die Frage nach der Komplexität des Störungsbildes und nach dem Altersgefälle Klientel/eigene Kinder. Abbildung 6.1 zeigt die Prozentanteile der Äußerungen zu diesem "Wunschbild".

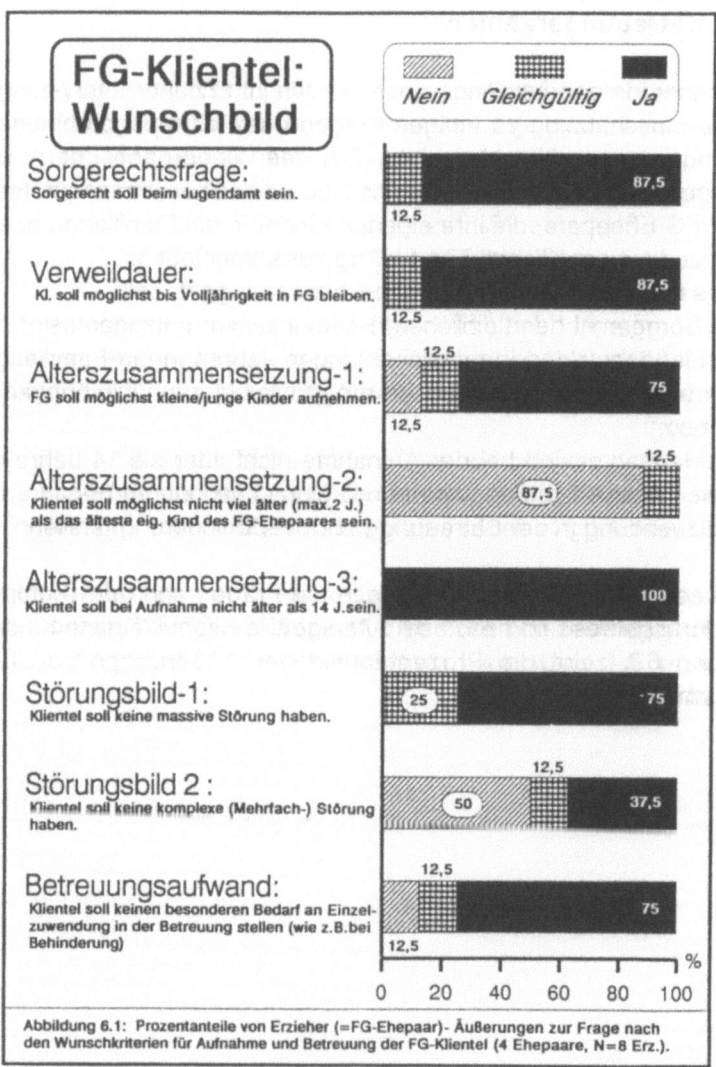

Abbildung 6.1: Prozentanteile von Erzieher (=FG-Ehepaar)- Äußerungen zur Frage nach den Wunschkriterien für Aufnahme und Betreuung der FG-Klientel (4 Ehepaare, N=8 Erz.).

Als weiterer Aspekt zu den gewünschten Rahmenbedingungen der Betreuung wurde eine erste Spezifizierung zum **Störungsbild** der Klientel versucht. Dazu wurde den Erziehern eine Liste von grob klassifizierten Problematiken vorgelegt, die daraufhin zu beurteilen waren, ob sie mit der Aufnahme in eine Familiengruppe verträglich erscheinen oder aber Ausschlußkriterien für eine Familiengruppenunterbringung darstellen. Abbildung 6.2 zeigt das Ergebnis dieser Beurteilung.

Abbildung 6.2: Prozentwerte der Zustimmung bzw. Ablehnung bei der Einschätzung von Störungsbildern hinsichtlich ihrer Kompatibilität mit den Möglichkeiten der FG-Betreuung.

Familiengruppen-Unterbringung erscheint demnach den Erzieher-Ehepaaren als Jugendhilfemaßnahme bei einfachen Verhaltens- und Entwicklungsstörungen, bei interkulturellen Problemen und bei chronischen Krankheiten sowie Anfallserkrankungen angezeigt. Unentschieden bleibt das Votum im Falle von Suchtproblemen und psychischer Erkrankung. Deutlich abgelehnt wird ein Störungsbild, das mit massiven Verhaltens- und/oder Entwicklungsstörungen, mit geistiger Behinderung, Mehrfachbehinderung oder HIV-Infektion einhergeht.

6.1.3 Klinisches Störungsbild

In den Einzelfall-Interviews waren die Erzieher gebeten worden, das von ihnen wahrgenommene Störungsbild der Maßnahmekinder zu beschreiben. Dazu wurde keine Klassifikation vorgegeben. In einem "Zielerreichungsbogen" waren die Störungen dann u.a. in eine Rangfolge zu bringen und nach Schweregrad zu gewichten.

Von den an erster und zweiter Stelle genannten Störungen der Klientel entfallen nach der spontanen Klassifikation der Erzieher 44% auf "einfache Verhaltensstörungen" (einschließlich der Schulverhaltensproblematik), 10% auf "einfache Entwicklungsstörungen" (einschließlich der Schulleistungsproblematik) sowie 46% auf nicht näher spezifizierte "Persönlichkeitsprobleme".

Diese Grobklassifikation verwies auf die Notwendigkeit einer detaillierteren und systematischeren Bestimmung des Störungsbildes. Dazu wurden die in den Einzelfall-Interviews erfragten Details zur Verhaltenssymptomatik bei der Aufnahme und zu ihrer seitherigen Entwicklung in der Familiengruppe nach der revidierten Fassung des "Diagnostischen und Statistischen Manual Psychischer Störungen" DSM-III-R (1989) klassifiziert.

Abbildung 6.3 veranschaulicht die gefundenen Kategorien und ihren jeweiligen prozentualen Anteil an der Gesamtproblematik.

Den Hauptanteil am klinischen Störungsbild machen demnach Verhaltensstörungen mit 35% aus; zu einem guten Viertel (26%) tragen Persönlichkeitsstörungen zu den Problemen der Kinder und Jugendlichen bei; mit jeweils 13% sind umschriebene Entwicklungsstörungen und Angststörungen repräsentiert; Störungen der Ausscheidung (6%), Anpassungs- und Schlafstörungen (je 3,5%) stellen Restkategorien dar. (Die Anzahl der Fallkinder reduziert sich hier auf 25; das in einer Familiengruppe aufgenomene Baby zeigt keinerlei Entwicklungsstörung).

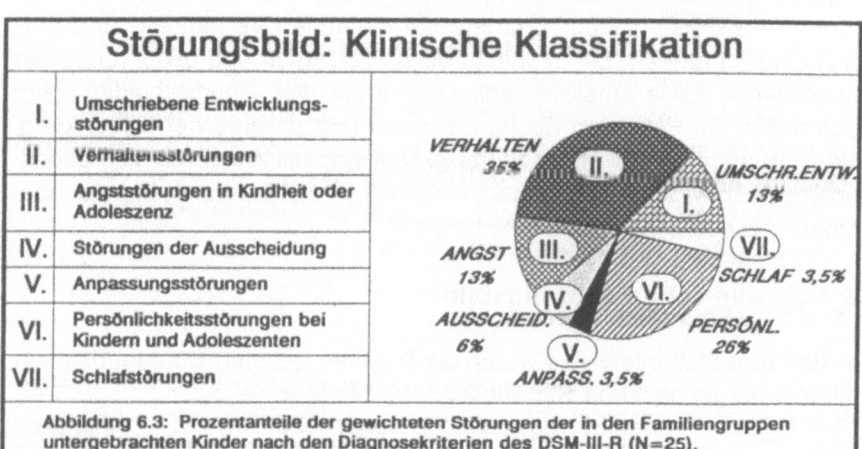

Abbildung 6.3: Prozentanteile der gewichteten Störungen der in den Familiengruppen untergebrachten Kinder nach den Diagnosekriterien des DSM-III-R (N=25).

Die Tabelle 6.1 gibt Aufschluß über die Verteilung und Gewichtung der Störungen.

Tabelle 6.1: Verteilung und Aufschlüsselung der Klientel-Störungen nach DSM-III-R (Diagnoseschlüssel in Klammern).

	DSM-III-R-Klassifikation/Unterkategorien	an 1.Stelle genannt	an 2.Stelle genannt
I.	**UMSCHRIEBENE ENTWICKLUNGSSTÖRUNGEN** **Schulleistungsstörungen:** Entwicklungsbezogene Schreib- und Lesestörungen (315.80; 315.00); rezeptive bzw. expressive Sprachentwicklungsstörung (315.31)	1	3
	Störung der motorischen Fertigkeiten: Entwicklungsbezogene Störung der motorischen Koordination (315.40)	1	2
II.	**VERHALTENSSTÖRUNGEN** **Expansive Verhaltensstörungen:** Aufmerksamkeits- und Hyperaktivitätsstörung (314.01)	1	3
	Störung des Sozialverhaltens: Gruppentypus (312.20); undifferenzierter Typus (312.90); Störung mit oppositionellem Trotzverhalten (313.81)	9	4
III.	**ANGSTSTÖRUNGEN IN DER KINDHEIT ODER ADOLESZENZ** Störung mit Kontaktvermeidung (313.21)	3	0
	Störung mit Überängstlichkeit (313.00)	2	1
IV.	**STÖRUNGEN DER AUSSCHEIDUNG** funktionelle Enuresis (307.60) bzw. Enkopresis (307.70)	2	1
V.	**ANPASSUNGSSTÖRUNGEN** Anpassungsstörung mit verhaltensbezogener Beeinträchtigung, z.B. Schulschwänzen (309.30)	0	2
VI.	**PERSÖNLICHKEITSSTÖRUNGEN BEI KINDERN UND ADOLESZENTEN** Störung des Sozialverhaltens (mit Tendenz in Richtung Antisoziale Persönlichkeitsstörung)	1	1
	Vermeidungsverhalten in Kindheit/Adoleszenz (mit Tendenz zur Selbstunsicheren Persönlichkeitsstörung)	1	5
	Identitätsstörung (313.82)	4	1
VII.	**SCHLAFSTÖRUNGEN** Dyssomnie/Primäre Insomnie (307.42); Pavor nocturnus (307.46)	0	2
	Summe der Nennungen (= Anzahl der Fallkinder)	25	25

Zu allen Störungsaspekten ist festzuhalten, daß, auch wenn sie von den Erziehern an erster Stelle genannt und hoch gewichtet wurden, ihr klinischer **Schweregrad** nach DSM-III-R-Kriterien überwiegend als **leicht**, in wenigen Fällen als mittel, in keinem Fall aber als schwer einzuschätzen ist.

Das wird besonders deutlich an der am häufigsten an erster Stelle genannten Kategorie "Störung des Sozialverhaltens": Auch wenn die Bedingung, die Verhaltensstörung müsse mindestens sechs Monate lang angehalten haben, erfüllt wird, so weist doch keiner unserer Fälle gleichzeitig mehr als drei der 13 im DSM-III-R aufgeführten Kriterien für relevante Verhaltensstörungen auf.

Mit der Klassifizierung nach DSM III-R versuchen wir hier lediglich eine bessere **Systematisierung** der Störungsbilder. Keinesfalls ist damit intendiert, der Diagnose "Verhaltensstörung", die - ob explizit oder implizit - zur Heimeinweisung führte, ein medizinisches Krankheitsbild zu unterlegen oder sie als psychische Störung zu qualifizieren. Unser Standpunkt, daß Heimeinweisung nicht automatisch auch eine Indikation für Psychotherapie bedeutet, wird von daher gestützt, daß keiner der hier einbezogenen Einzelfälle vom Störungsbild her zwingend therapeutisch relevant erscheint. Die gefundenen Kategorien systematisieren die Störungen zum Aufnahmezeitpunkt. In den meisten Fällen waren zum Untersuchungszeitpunkt die Störungen bereits so gut wie ganz verschwunden oder nur noch sehr schwach vorhanden (dies gilt für die Anpassungs-, Schlaf-, Ausscheidungs-, und Angststörungen). Für die verbliebenen Persönlichkeits-, Verhaltens- und Entwicklungsprobleme waren pädagogische Interventionen die Maßnahmen der Wahl. Nur in einem Fall fanden engere beratende Kontakte mit dem Psychologischen Dienst des Hauses statt.

6.1.4 Selbstwertproblematik

Schauders "Aussagen-Liste zum Selbstwertgefühl für Kinder und Jugendliche" (ALS, 1991) unterstellt eine Abhängigkeit des persönlichkeitsspezifischen Selbstkonzepts von den alterstypischen Situations- und Umgebungsaspekten in Schule, Freizeit und Familie respektive Heim. Das Selbstwertgefühl wird von Schauder definiert "als Summe der verschiedenen, situations- und personabhängigen - positiven oder negativen - Selbsteinschätzungen bezüglich unterschiedlicher eigener Fähigkeiten und Eigenschaften" (Schauder, 1991, S. 9).

Von den insgesamt 26 Maßnahmekindern waren 17 in der Lage, die Aussagenliste zu bearbeiten; die Geschlechtsverteilung ergab zwei annähernd gleich große Gruppen (acht Jungen, neun Mädchen); die Gruppe der Mädchen hatte ein Durchschnittsalter von 12;05 Jahren und war damit etwa ein dreiviertel Jahr jünger als die Gruppe der Jungen (Altersdurchschnitt 13;03 Jahre).

Wir ließen unsere Klientel die um den Bereich "Familie" erweiterte Version H (für Heimkinder) ausfüllen; damit ergibt sich die Möglichkeit, die Selbstwertproblematik unter der Umweltbedingung "Heim" mit derjenigen im Milieu der Herkunftsfamilie zu vergleichen.
Abbildung 6.4 veranschaulicht die Ergebnisse in den Verhaltensbereichen Schule, Freizeit, Familie und Heim. (Zum besseren Verständnis: Höhere Werte bedeuten hier ein höheres, positiveres Selbstwertgefühl und zugleich einen höheren Anteil am Gesamtwert).

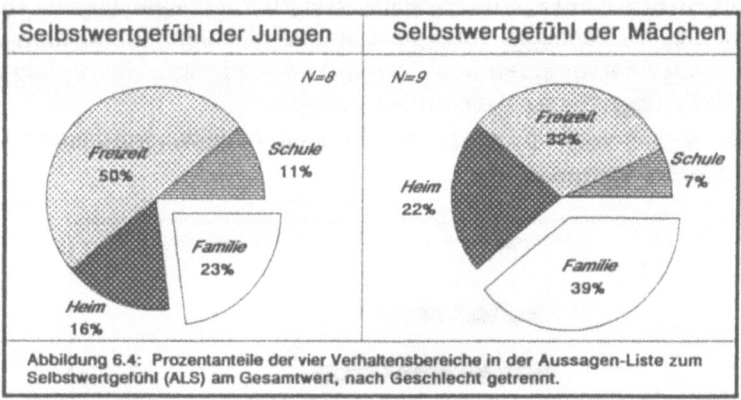

Abbildung 6.4: Prozentanteile der vier Verhaltensbereiche in der Aussagen-Liste zum Selbstwertgefühl (ALS) am Gesamtwert, nach Geschlecht getrennt.

Das Selbstwertgefühl (im folgenden abgekürzt **SWG**) der **Jungen** scheint weitaus am positivsten im Freizeitbereich ausgeprägt zu sein: er konstituiert das persönliche Konzept positiver eigener Fähigkeiten und Eigenschaften in den untersuchten Verhaltensbereichen zur Hälfte. Zu einem knappen Viertel trägt die Situation in der Herkunftsfamilie zum SWG bei; Heim - das ist hier die Familiengruppe - und Schule tragen wenig zum allgemeinen Selbstwertgefühl der Jungen nach deren eigener Einschätzung bei; oder anders ausgedrückt: in der Familiengruppe und in der Schule ist das SWG der Jungen eher niedrig.
Bei den **Mädchen** steht die Herkunftsfamilie als Bezugsrahmen für ein positives SWG im Vordergrund; der Freizeitbereich steht an zweiter Stelle, mit immerhin auch noch mehr als einem Drittel Gewicht für den Selbstwert. Die Familiengruppe trägt mehr als bei den Jungen zum Selbstwertgefühl der Mädchen bei, während es beim Schulbereich umgekehrt ist.

Bei beiden Geschlechtern machen Freizeit und Herkunftsfamilie zusammen fast drei Viertel des SWG aus (bei den Jungen 73%, bei den Mädchen 71%). Die Mädchen haben eine stärkere Affinität beim SWG zur Herkunftsfamilie und zur Familiengruppe als die Jungen. Für die Jungen erscheint die Schule als ein Verhaltensbereich, über den der Selbstwert bestätigt wird, etwas wichtiger als für die Mädchen. Schaut man nur auf die in der Familiengruppe repräsentierten drei Verhaltensbereiche Schule/Freizeit/Heim, so konstituieren sie bei den Jungen das SWG zu über drei Vierteln; bei den Mädchen summieren sich die entsprechenden Anteile nur zu vergleichsweise geringen 61% auf - die Herkunftsfamilie steht hier für knapp vierzig Prozent des Gesamtwerts.

Um die **Altersunterschiede** beim SWG zu veranschaulichen, verlassen wir die von Schauder vorgegebene Geschlechterdifferenzierung und bilden zwei Altersgruppen aus Jungen und Mädchen: bis 12 Jahre die eine (N=8), über 13 (N=9) die andere Gruppe.
Abbildung 6.5 zeigt die Ergebnisse in einem Mittelwertvergleich zu den vier Verhaltensebenen.

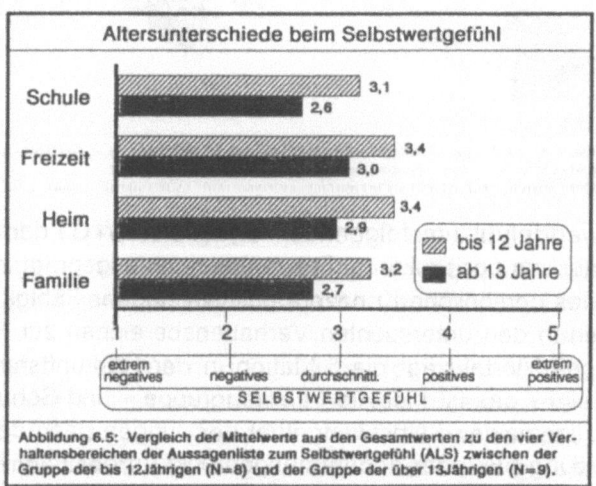

Abbildung 6.5: Vergleich der Mittelwerte aus den Gesamtwerten zu den vier Verhaltensbereichen der Aussagenliste zum Selbstwertgefühl (ALS) zwischen der Gruppe der bis 12Jährigen (N=8) und der Gruppe der über 13Jährigen (N=9).

Das SWG ist bei den jüngeren Kindern in allen Bereichen (und zwar etwa um einen halben Skalenwert) positiver ausgeprägt als bei den älteren Kindern und Jugendlichen und ist insgesamt in der Tendenz als "gut durchschnittlich" einzuschätzen. Bei den über 13Jährigen erreicht das SWG nur im Freizeitbereich ein durchschnittliches Niveau; in den

anderen Verhaltensbereichen tendiert es eher zu einer negativen Ausprägung.
Eine Differenzierung der Altersgruppen nach dem Geschlecht erhellt, daß für beide Effekte die **Mädchen** sorgen: In der jüngeren Altersgruppe (8-12 J.) haben die Mädchen ein in der Tendenz eher positives SWG, während die älteren Mädchen (13-17 J.) im Durchschnitt ein negatives bis höchstens knapp durchschnittliches SWG aufweisen. Die **Jungen** bleiben in beiden Altersgruppen im unauffälligen Mittelbereich. (Siehe hierzu auch Tabelle 6.5).
Die Gesamtstichprobe der Jungen (N=8) erreicht einen Prozentrang von 60-64,9; das heißt, daß über 60% der Jungen in Heimen einen niedrigeren Gesamtwert beim Selbstwertgefühl erreichen als unsere Stichprobe. Bei den Mädchen liegt der Prozentrang der Gesamtstichprobe (N=9) niedriger, nämlich bei 55-59.

6.1.5 Akzeptanz, Bewältigung, Kooperation

Das für diese Untersuchung neu entwickelte **ABC-Inventar** (siehe Pkt. 4.2.1) wurde von denselben 17 Kindern und Jugendlichen bearbeitet, die auch die Aussagen-Liste zum Selbstwertgefühl (ALS) ausgefüllt hatten.

Abbildung 6.6 zeigt die Durchschnittswerte der einzelnen Fragebogenskalen.

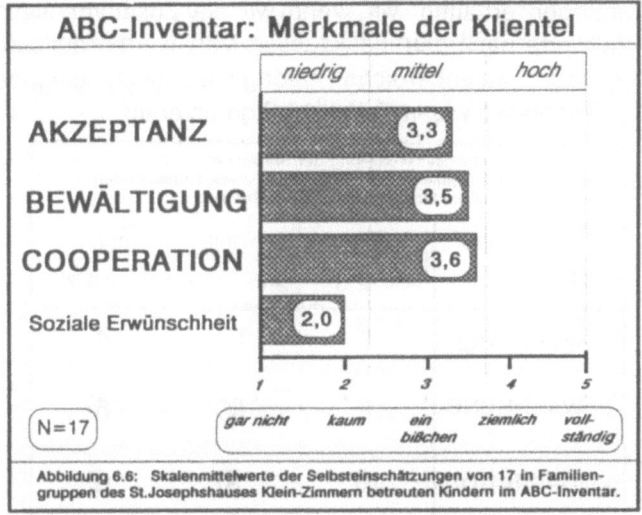

Abbildung 6.6: Skalenmittelwerte der Selbsteinschätzungen von 17 in Familiengruppen des St.Josephshauses Klein-Zimmern betreuten Kindern im ABC-Inventar.

Da bisher keine Normierung vorliegt, gehen wir vereinfacht von einer **Äquidistanzannahme** bezüglich der Zerlegung der Einschätzungsskala aus. Wir teilen die 5-Punkte-Skala in drei gleich große Teile und legen fest, Werte von ≤ 2.3 als "niedrige", von ≥ 3.7 als "hohe", und dazwischenliegende Werte als "mittlere" Ausprägungen des jeweiligen Merkmals zu betrachten. Wir erachten dies als eine methodische Hilfskonstruktion, die uns eine vorläufige Ergebnisbeurteilung bis zur teststatistischen Absicherung des Verfahrens ermöglichen soll.

Die Kategorien "niedrig/mittel/hoch" sind in allen Abbildungen und Tabellen zu den neu entwickelten Verfahren eingesetzt; in den Abbildungen sind auf der jeweiligen Einschätzungsskala die Kategoriengrenzen als Punktlinien abgetragen.

Bei Abbildung 6.6 ist zunächst festzustellen, daß die Tendenz zur sozialen Erwünschtheit gering ausgeprägt ist und **Beschönigungsversuche** unwahrscheinlich sind.

Die Skalenmittelwerte zu Akzeptanz, Bewältigung und Kooperation liegen im Durchschnittsbereich der Einschätzungsskala, wobei der Wert für die Kooperation am höchsten, derjenige für die Akzeptanz am niedrigsten ausgeprägt ist.

Einen deutlicheren Eindruck von der Verteilung hoher vs. niedriger Merkmalsausprägungen erhalten wir, wenn wir die Zusammensetzung der Gruppenmittelwerte nach den individuellen Mittelwerten auflösen; in die drei gleich großen Skalenbereiche "niedrig/mittel/hoch" eingesetzt, lassen sich die Ergebnisse wie in Tabelle 6.2 gruppieren.

Tabelle 6.2: Häufigkeitsverteilung der Skalenmittelwerte von N=17 Kindern und Jugendlichen im ABC-Inventar, nach äquidistanten Abschnitten auf der Einschätzungsskala sortiert.

Mittelwert Skala	niedrig $<= 2.3$	mittel $2.4 \ldots 3.6$	hoch $>= 3.7$
AKZEPTANZ	1	12	4
BEWÄLTIGUNG	1	10	6
KOOPERATION	0	8	9

Die Merkmalsausprägung "niedrig" findet sich nur je einmal bei Akzeptanz und Bewältigung. Die Werte stammen beide von demselben Kind; bei diesem Kind ist auch das Merkmal Kooperation eher gering ausgeprägt, fällt aber mit einem Mittelwert von 2.6 in den festgelegten Durchschnittsbereich der Interpretationsskala. - Die vier Kinder/Jugendlichen, bei denen die Akzeptanz "hoch" ausgeprägt ist, haben alle auch eine "hohe" Selbsteinschätzung zum Ausmaß ihrer Bewältigung und Kooperation. - Mehr als die Hälfte der Kinder und Jugendlichen signalisiert eine in ihrem Selbstverständnis "hohe" tatsächliche Kooperation bzw. Bereitschaft zur Erziehungsmitarbeit.

Tabelle 6.3 differenziert die Häufigkeitsverteilung der individuellen Mittelwerte nach Geschlecht und Altersgruppen.

Tabelle 6.3: Verteilung der Mittelwerte von N=17 Kindern und Jugendlichen im ABC-Inventar, nach Skalen, Altersgruppen und Geschlecht getrennt sowie nach äquidistanten Abschnitten auf der Einschätzungsskala sortiert.

Skala	Mittelwert Alter / Geschlecht	*niedrig*		*mittel*		*hoch*	
		J	M	J	M	J	M
AKZ	8;02 bis 12;11	1	0	2	3	0	2
	13;00 bis 17;00	0	0	3	4	2	0
BEW	8;02 bis 12;11	1	0	2	3	0	2
	13;00 bis 17;00	0	0	2	3	3	1
KOOP	8;02 bis 12;11	0	0	2	1	1	4
	13;00 bis 17;00	0	0	2	3	3	1

Eine Tendenz hebt sich nunmehr etwas deutlicher ab als andere Ergebnisse: Bei den als "hoch" klassifizierten Mittelwerten zu Akzeptanz, Bewältigung und Kooperation stammen die entsprechenden Merkmalsausprägungen bei den Jungen mit einer Ausnahme aus der Altersgruppe der Jugendlichen, während sie bei den Mädchen überwiegend von der Altersgruppe der Kinder gestellt werden. Möglicherweise ergibt demnach die kombinierte Betrachtung von Alter und Geschlecht bedeutsame Unterschiede in den Ausprägungen von Akzeptanz, Bewältigung und Kooperation innerhalb der Familiengruppen-Klientel. Für sich genommen, zeigen die Variablen Alter und Geschlecht keine interpretierbaren Unterschiede.

Auf der Ebene der *Einzelaussagen* stellt sich die Einschätzung der **Akzeptanz** durch die Gesamtgruppe so wie Abbildung 6.7 zeigt dar.

Als "hohe Akzeptanzwerte erscheinen die Zustimmungen zu den Aussagen über die erlebte generelle Zuwendung ("Ich finde es gut, wie man sich hier um mich kümmert"), das allgemeine Gruppengefühl ("Ich fühle mich in dieser Gruppe wohl") und die Möglichkeiten der Freizeitgestaltung.

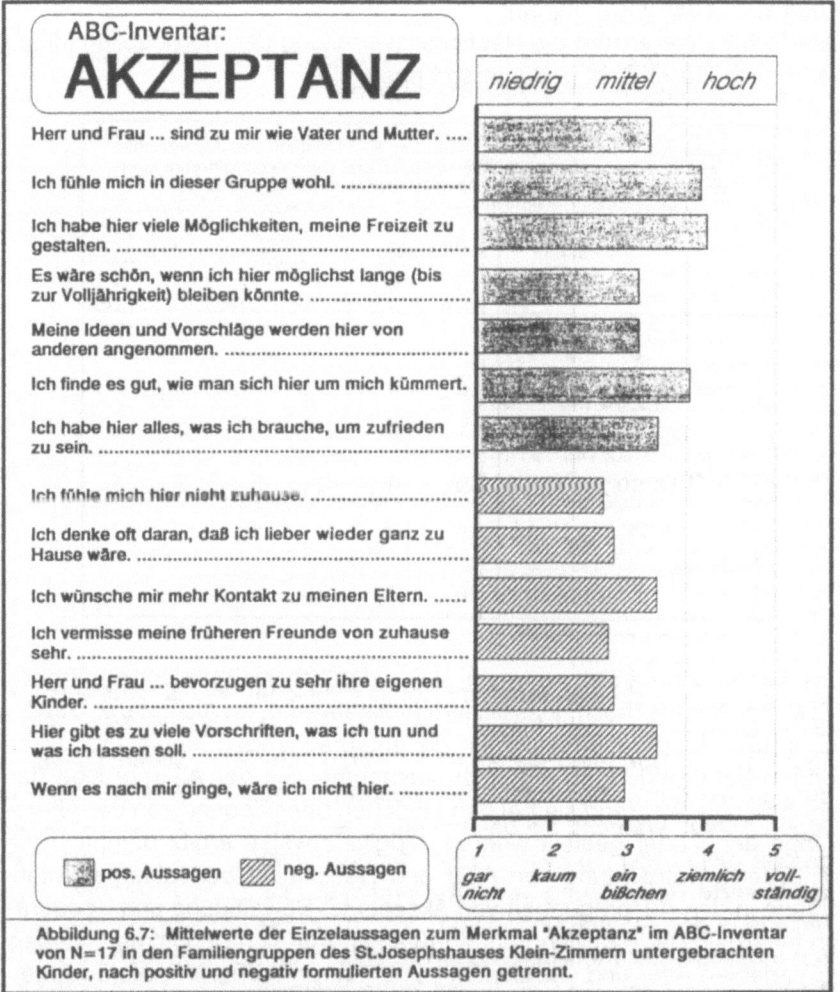

Abbildung 6.7: Mittelwerte der Einzelaussagen zum Merkmal "Akzeptanz" im ABC-Inventar von N=17 in den Familiengruppen des St.Josephshauses Klein-Zimmern untergebrachten Kinder, nach positiv und negativ formulierten Aussagen getrennt.

Im Hinblick auf das Merkmal **Bewältigung** ergeben sich die in Abbildung 6.8 dargestellten Ausprägungen zu den Einzelaussagen.

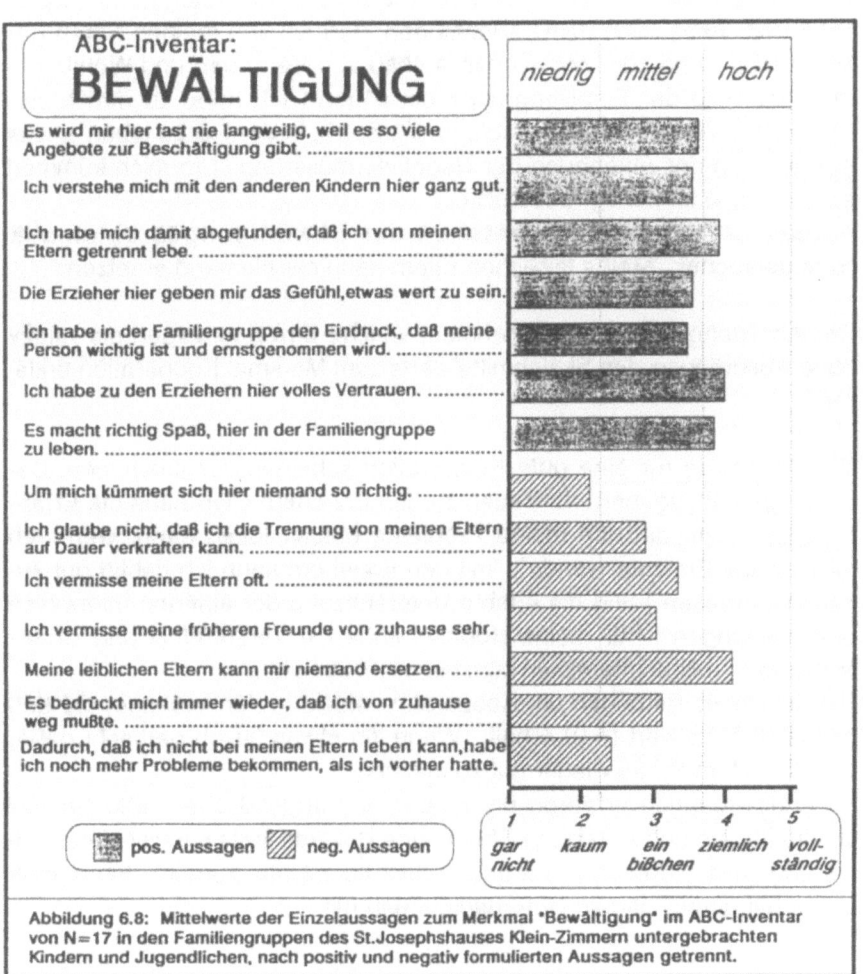

Abbildung 6.8: Mittelwerte der Einzelaussagen zum Merkmal "Bewältigung" im ABC-Inventar von N=17 in den Familiengruppen des St.Josephshauses Klein-Zimmern untergebrachten Kindern und Jugendlichen, nach positiv und negativ formulierten Aussagen getrennt.

Hier erscheinen fünf Einzelaussagen bedeutsam ausgeprägt. Für das **Gelingen von Trennungsbewältigung** spricht die hohe Zustimmung zu Aussagen, die zum einen die erreichte Distanz vom Elternhaus ansprechen ("Ich habe mich damit abgefunden, daß ich von meinen Eltern getrennt lebe") und zum andern den Aufbau von Vertrauen und Wohlbefinden innerhalb der Familiengruppe benennen ("Ich habe zu den Erziehern volles Vertrauen"; "es macht richtig Spaß, in der FG zu leben"), was sich auch in der Ablehnung der Negativformulierung "Um mich kümmert sich niemand so richtig" ausdrückt.
Andererseits wird das **Fortbestehen der Bewältigungsproblematik** nicht geleugnet: "Meine leiblichen Eltern kann mir niemand ersetzen."

Der Abbildung 6.9 ist zu entnehmen, welche Einzelaussagen die relativ hohe Ausprägung des Skalenmittelwerts zum Merkmal Kooperation erklären.

Die Grundlage für eine gute Kooperation scheinen vor allem zwei Bedingungen abzugeben: Vertrauen zu den Erziehern ("Ich habe die Erfahrung gemacht, daß ich meine Probleme besser lösen kann, wenn ich mich an die Erzieher wende"; "mit den Erziehern kann ich richtig gut zusammenarbeiten") und die erlebte Unterstützung der eigenen Interessen und Neigungen ("Für meine Hobbies finde ich Verständnis und Unterstützung"; "meine Interessen kommen nicht zu kurz...").
Ein deutliches Bemühen um Kooperation steckt in der Aussage, die den höchsten Mittelwert (4.0) erhält: "Wenn ich etwas falsch gemacht habe, bemühe ich mich, es wieder gut zu machen."
Im Freizeitbereich erfahren die Kinder und Jugendlichen offenbar viel Unterstützung und Anregung ("Für meine Hobbies finde ich hier Verständnis und Unterstützung"); sie geben dies kooperativ zurück: "Ich mache gerne bei gemeinsamen Unternehmungen mit."

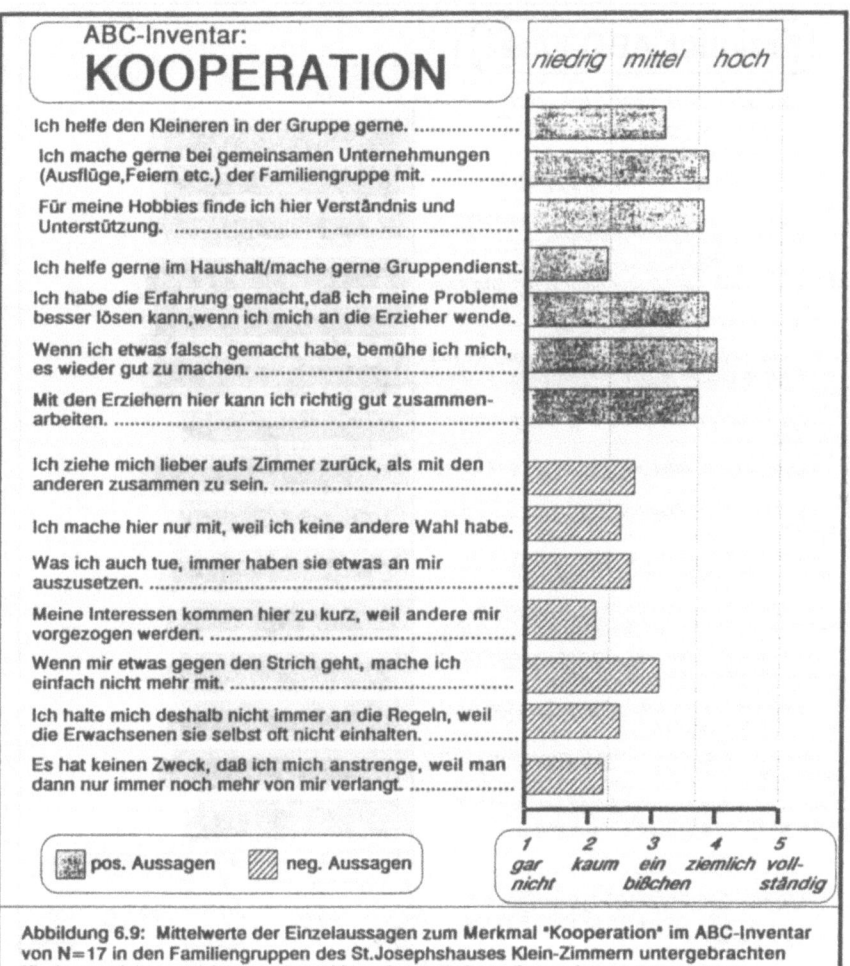

Abbildung 6.9: Mittelwerte der Einzelaussagen zum Merkmal "Kooperation" im ABC-Inventar von N=17 in den Familiengruppen des St.Josephshauses Klein-Zimmern untergebrachten Kindern und Jugendlichen, nach positiv und negativ formulierten Aussagen getrennt.

Die **Erzieher** bestätigen letztere Aussage auf vergleichbarem Niveau, bleiben mit ihrer Einschätzung der **Kooperation** im übrigen aber im Durchschnittsbereich; Einzelaussagen zu den Merkmalen Akzeptanz und Bewältigung rufen bei ihnen deutlich ausgeprägtere Reaktionen hervor, wie Abbildung 6.10 zeigt.

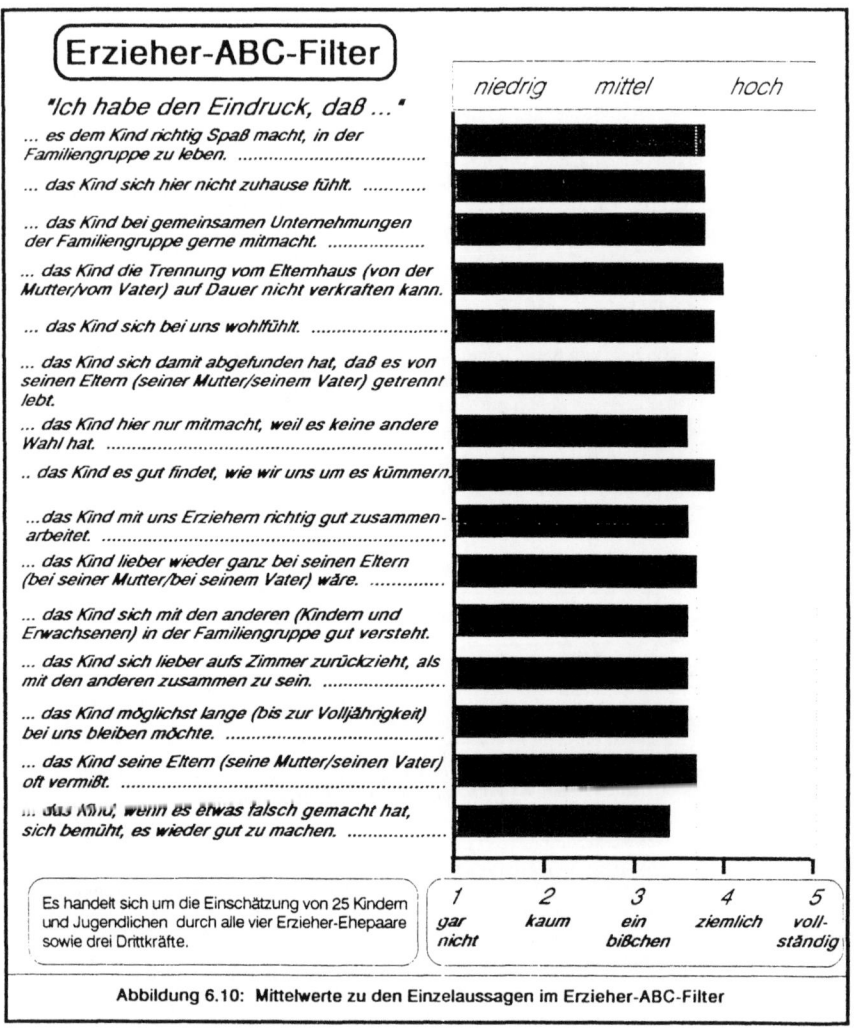

Abbildung 6.10: Mittelwerte zu den Einzelaussagen im Erzieher-ABC-Filter

Die Erzieher sehen im Hinblick auf die **Akzeptanz** der FG-Unterbringung eine "hohe" Zustimmung der Klientel zur Betreuung und zur Atmosphäre in der Familiengruppe: nach ihrem Eindruck fühlt sich das Kind in der FG wohl und findet es gut, "wie wir (die Erzieher) uns um es kümmern". Andererseits verkennen sie nicht die Widersprüchlichkeit der Situation: Sie haben gleichermaßen den deutlichen Eindruck, "daß das Kind sich hier nicht zu Hause fühlt" und "lieber wieder ganz bei seinen Eltern (...) wäre".

Diese Ambiguität wiederholt sich auf der Ebene **Bewältigung**: Einerseits herrscht der Eindruck bei den Erziehern vor, "daß es dem Kind richtig Spaß macht, in der Familiengruppe zu leben", andererseits stellen sie deutlich fest, "daß das Kind seine Eltern oft vermißt", und daß es ihrer Einschätzung nach "die Trennung vom Elternhaus (...) auf Dauer nicht verkraften kann". Dazu im Widerspruch steht allerdings die "hohe" Ausprägung des Eindrucks, "daß das Kind sich damit abgefunden hat, daß es von seinen Eltern (...) getrennt lebt." Wir können diesen Widerspruch zum gegenwärtigen Zeitpunkt aufgrund der geringen Stichprobengröße nicht interpretieren.

In Abbildung 6.11 haben wir den Einschätzungen der **Eltern** im Eltern-ABC-Filter die Beurteilung der Kinder gegenübergestellt.

Eine unmittelbare Kind-Eltern-Zuordnung, d.h. ein Vergleich der Selbsteinschätzung eines Kindes/Jugendlichen mit der Fremdeinschätzung durch seine Eltern, ist in 12 Fällen gegeben. Fünf weitere Maßnahmekinder werden von ihren Eltern beurteilt, ohne daß eine Selbsteinschätzung vorliegt - diese Kinder waren zu jung, um das ABC-Inventar zu bearbeiten. Von den 17 Kindern/Jugendlichen werden 12 - sie sind mit den obengenannten nicht durchweg identisch - von einem Elternpaar beurteilt, in den restlichen fünf Fällen beurteilt nur ein Elternteil die Merkmale Akzeptanz, Bewältigung und Kooperation des Kindes/Jugendlichen. Auf diese Weise kommt es zu 12x2+5=29 Eltern-ABC-Filtern. Wir behalten diese Gesamt-Elternstichprobe bei, um die Datengrundlage nicht durch Selektion weiter zu verkleinern.

Die Zuordnung der Selbst- zu den Fremdeinschätzungen wurde so vorgenommen, daß aus den ABC-Inventaren der Kinder/Jugendlichen die Werte zu den Formulierungen herausgegriffen wurden, die mit den Einzelaussagen im Eltern-ABC-Filter inhaltlich vergleichbar sind.
In Abbildung 6.11 beeindruckt die hohe Übereinstimmung von Kind- und Eltern-Einschätzungen: Nur drei Mittelwerte weichen mit etwa einer halben Skaleneinheit voneinander ab, die anderen unterscheiden sich nur geringfügig, drei Mittelwerte - sie betreffen **Akzeptanz**-Aussagen - sind sogar gleich groß. Übereinstimmend "hohe" Zustimmungen enthalten von Eltern wie Kindern einzelne Aussagen zur **Kooperation**, vor allem im Freizeitbereich, und zur **Akzeptanz** von Betreuung und Atmosphäre in der Familiengruppe.

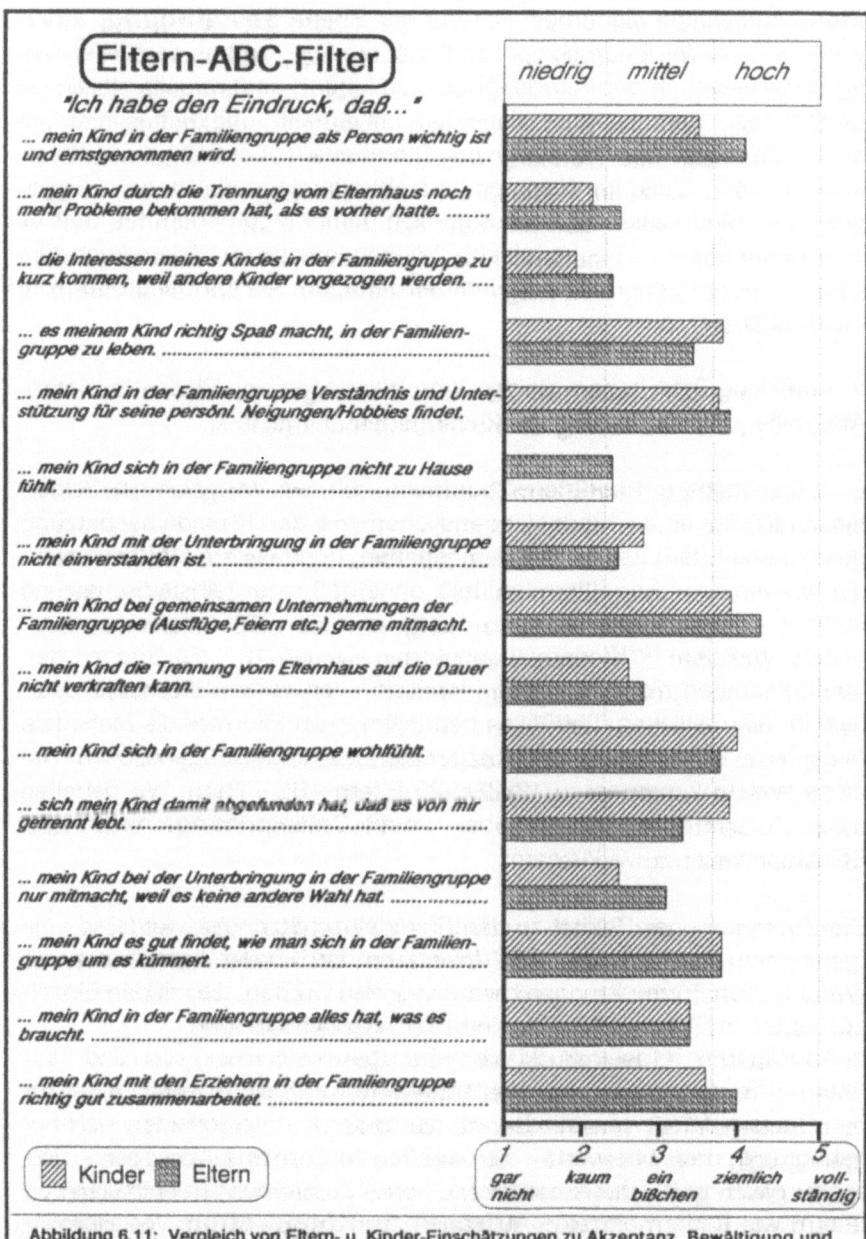

Abbildung 6.11: Vergleich von Eltern- u. Kinder-Einschätzungen zu Akzeptanz, Bewältigung und Kooperation im Rahmen der Familiengruppen-Unterbringung; gegenübergestellt sind vergleichbare Aussagen im ABC-Inventar und im Eltern-ABC-Filter (N=17 Kinder/18 Eltern).

Am unterschiedlichsten beurteilen die beiden Gruppen Aspekte der **Bewältigung**. Keine der in Abbildung 6.11 dargestellten Mittelwert-Differenzen zwischen den Eltern- und Kinder-Aussagen ist statistisch als signifikant interpretierbar. Vor dem Hintergrund dieser Einschränkung läßt sich zu den Unterschieden in der Beurteilung des Merkmals **Bewältigung** nur andeuten, daß die Eltern die Bewältigung von Trennung/ Heimeinweisung durch ihre Kinder anscheinend für problematischer halten, als dies die Kinder und Jugendlichen selbst tun.

6.1.6 Integration

In einem weiteren Auswertungsschritt vergleichen wir alle Einschätzungen zu Akzeptanz, Bewältigung und Kooperation der Maßnahmekinder durch diese selbst sowie durch ihre Eltern und Erzieher. Dazu fassen wir alle Messungen der drei Merkmale zusammen; zu den bisher besprochenen kommen die beiden Globalmaße aus den Erzieher- und Elterninterviews hinzu. Die kompletten fünf ABC-Maße liegen für insgesamt 11 Kinder und Jugendliche vor. Tabelle 6.4 bringt die Ergebnis-Übersicht.

Tabelle 6.4: Mittelwertvergleich der Selbsteinschätzungen von N=11 Kindern/ Jugendlichen mit den zugehörigen Fremdeinschätzungen ihrer Erzieher und Eltern zu den Variablen Akzeptanz (AKZ), Bewältigung (BEW) und Kooperation (KOOP) sowie zum Gesamtmaß Integration (INTG).

INSTRUMENT \ MERKMAL	AKZ	BEW	KOOP	INTG
ABC-Inventar (Selbsteinschätzung)	3.3	3.5	3.6	3.5
Mittlere Fremdeinschätzung aus Eltern-ABC-Filter und Eltern-ABC-Globalbewertung im Interview	3.4	3.0	3.9	3.4
Mittlere Fremdeinschätzung aus Erzieher-ABC-Filter und Erzieher-ABC-Globalbewertung i. Interview	3.8	3.6	3.7	3.7
Mittelwerte zu den Merkmalen	3.5	3.4	3.7	**3.5**

Unserer methodischen Restriktionen eingedenk, lassen sich folgende Tendenzen in den Ergebnissen aufzeigen:

- Die **Akzeptanz** ist in den Selbsteinschätzungen der Kinder/Jugendlichen am relativ geringsten, in der Fremdeinschätzung durch die Erzieher am höchsten; Kinder und Eltern sind sich in der Einschätzung zu diesem Merkmal vergleichsweise ähnlicher, als Kinder und Erzieher oder Eltern und Erzieher.

- Die **Bewältigung** wird von den Eltern als am relativ geringsten, von den Erziehern als am relativ höchsten (als gelungen) eingeschätzt; die Beurteilung von Kindern und Erziehern liegt enger beieinander, als die vergleichbaren Einschätzungen von Kindern/Eltern oder Eltern/Erziehern.

- Die **Kooperation** wird von den Eltern als am relativ höchsten eingeschätzt; die Beurteilungen der Kinder und die der Erzieher weichen nur geringfügig voneinander ab, liegen aber deutlich unter der Elterneinschätzung.

Betrachtet man die "Extremwerte" in Tabelle 6.4, so wird der relativ niedrigste Mittelwert (Bewältigung 3.0) ebenso wie der relativ höchste (Kooperation 3.9) jeweils von den Eltern erreicht. Im Rückgriff auf unsere Klassenbildung (Äquidistanzannahme) fallen die Erzieher- und Eltern-Mittelwerte für Kooperation sowie der Erzieher-Mittelwert zur Akzeptanz in die Kategorie "hohe" Merkmalsausprägung.

Bildet man Rangreihen der Mittelwerte zu den Variablen Akzeptanz, Bewältigung und Kooperation, so zeigt sich, daß die Erzieher-Einschätzung insgesamt am höchsten liegt, gefolgt von der Eltern-Beurteilung; die Selbsteinschätzung der Kinder fällt am relativ niedrigsten aus.

Diese Rangreihenbildung leitet zur Bestimmung eines Gesamtwertes für das "ABC der Heimerziehung" über, den wir als Maß für die **Integration** eines Maßnahmekindes in die Familiengruppe interpretieren (siehe Kap. 3, Pkt. 3.8).

Tabelle 6.4 bestätigt, daß das geschätzte Ausmaß der Integration von den Erziehern über die Eltern zu den Kindern hin abnimmt; es erreicht nur bei den Erziehern eine "hohe" Ausprägung (gerundeter Gesamt-Mittelwert 3.7).

Für alle 25 Maßnahmekinder zeigt Abbildung 6.12 die Gesamtverteilung der Integrationsmaße.

Der Darstellung ist zu entnehmen, daß keines der Maßnahmekinder im Sinne unserer Festlegung als "niedrig" integriert gelten kann. In den "mittleren" Bereich fallen 56% der Klientel; 44% der Kinder und Jugendlichen können, teils nach ihrer Selbsteinschätzung, teils nach Ansicht ihrer Eltern und/oder Erzieher als "hoch" in die Familiengruppen integriert bezeichnet werden.

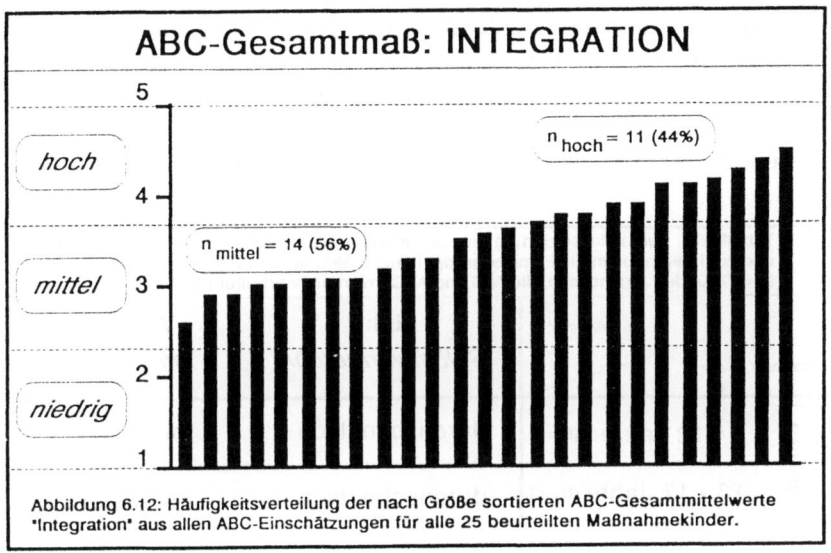

Abbildung 6.12: Häufigkeitsverteilung der nach Größe sortierten ABC-Gesamtmittelwerte "Integration" aus allen ABC-Einschätzungen für alle 25 beurteilten Maßnahmekinder.

Wir betrachten nun die Zusammensetzung des Integrationswertes nicht nach den Gruppen der Merkmalsträger, sondern nach den gemittelten Merkmalsausprägungen (letzte Zeile in Tabelle 6.4): Den relativ höchsten Anteil am Integrationswert hat Kooperation (mit 35%), gefolgt von Akzeptanz (33%) und Bewältigung (32%).
Läßt sich zum Gesamtwert Integration (MW=3.5) feststellen, daß die Kinder und Jugendlichen in den Familiengruppen insgesamt als "durchschnittlich bis gut durchschnittlich" integriert gelten können, so hat das am meisten auf Handlung orientierte Merkmal, die **Kooperation** daran den relativ größten Anteil. Auf der anderen Seite trägt das erreichte Ausmaß an **Bewältigung** am relativ geringsten zur Integration bei. Es sei aber erneut daran erinnert, daß diese Beschreibungen keine statistischen Schlußfolgerungen darstellen. Man wird abwarten müssen, wie sich die Verhältnisse bei größeren Stichproben darstellen.

Da die 17 Kinder und Jugendlichen, die das ABC-Inventar bearbeitet haben, auch die ALS ausgefüllt haben, vergleichen wir nunmehr die Merkmale Integration und Selbstwertgefühl (SWG). Dies bietet sich insofern

an, als beiden Verfahren Fünferskalen zugrundeliegen, die sich in drei Interpretationsbereiche aufteilen lassen; dabei entspricht der Einteilung "niedrig/mittel/hoch" des ABC-Inventars die Kategorisierung "negativ/ durchschnittlich/positiv" bei der ALS.
Tabelle 6.5 stellt die Kombination beider Verteilungen dar.

Tabelle 6.5: Verbalklassifizierung der Gesamtwertverteilungen zum Selbstwertgefühl und zur Integration in die Familiengruppen, nach Alter und Geschlecht getrennt (N=17 Kinder/Jugendliche, die ALS und ABC-Inventar bearbeitet haben).

Geschlecht / Alter	Merkmal	ALS: Selbstwertgefühl	ABC: Integration
Jungen	8 - 12 Jahre (N=3)	durchschnittlich	mittel
Jungen	13 - 17 Jahre (N=5)	durchschnittlich	mittel
Mädchen	8 - 12 Jahre (N=5)	durchschnittlich bis positiv	mittel bis hoch
Mädchen	13 - 17 Jahre (N=4)	negativ	hoch

Es lassen sich zusammenfassend folgende Kategorisierungen vornehmen:

- Die **Jungen** beider Altersgruppen bleiben mit beiden Gesamtwerten (Selbstwertgefühl/Integration) im mittleren Interpretationsbereich.
- Akzentuierungen zeigen sich nur bei den **Mädchen**. Die jungen Mädchen (8-12 J.) erscheinen von allen Maßnahmekindern am zufriedensten: Ein durchschnittliches bis positives Selbstwertgefühl verbindet sich mit einem mittleren bis hohen Integrationsniveau. - Die weiblichen Jugendlichen (13-17 J.) signalisieren eine relevante Selbstwertproblematik, die jedoch mit einem hohen Ausmaß an Integration einhergeht und insofern gemildert erscheint.

Abschließend läßt sich zum Vergleich Integration/Selbstwert feststellen: Die Kinder und Jugendlichen in den Familiengruppen erscheinen insgesamt auf mittlerem bis hohem Niveau integriert. Das Selbstwertgefühl erweist sich nur in der Gruppe der 13- bis 17jährigen Mädchen als negativ ausgeprägt, wobei im gleichzeitig hohen Integrationsniveau dieser Jugendlichen ein gewisser Kompensationseffekt zu vermuten ist.

6.1.7 Kinder der Kernfamilien

Die eigenen Kinder des Erzieher-Ehepaares wurden folgendermaßen in die Untersuchung einbezogen:
- Mit jedem Kind wurde ein kleines **Interview** (von ca. 15 Min. Dauer) geführt, das videografiert wurde. Inhalt diese Gesprächs waren Fragen nach der Akzeptanz und Bewältigung der mit der Aufnahme von Heimkindern implizierten Vergrößerung der Familie einerseits, ihrer Öffnung hin zu den Herkunftsfamilien der Maßnahmekinder und zum Stammheim andererseits. Es wurden auch Fragen zur Kooperation mit den Heimkindern gestellt. Das Gespräch lief demnach auf ein "ABC des Kernfamilienkindes" hinaus. Die Auswertung wurde bisher ebenso zurückgestellt wie diejenige des **Soziogramms** (siehe Pkt. 4.2.5).

- Die Kinder waren beim gemeinsamen **Mittagessen** der Familiengruppe zugegen. Die Analyse der Videoaufzeichnungen aus dieser Standardsituation hat detaillierte Ergebnisse zu den Verhaltensmerkmalen Aggression, Kompetenz, soziale Unsicherheit und Eßverhalten ergeben, die in Abschnitt 6.2.2 ausführlich dargestellt werden und nicht nur auf die Kinder der Kernfamilie, sondern gleichermaßen auch auf die Maßnahmekinder und auf die Erzieher bezogen sind.

- Die älteren Kinder (N=3) der Kernfamilien bearbeiteten die Aussagen-Liste zum Selbstwertgefühl (**ALS**) von Schauder. Es ergaben sich Hinweise auf ein insgesamt eher negatives Selbstwertgefühl in allen drei Verhaltensbereichen (Schule, Freizeit, Familie). Die Stichprobengröße erlaubt selbstverständlich keine Folgerungen im Hinblick auf eine Grundgesamtheit der Erzieherkinder. Kasuistisch decken sich die Ergebnisse mit den Verhaltensbeobachtungen während der Untersuchung, wobei es, wie im Fall der Maßnahmekinder, auch hier Anzeichen für kompensierende (d.h. auf Selbstwerterhöhung gerichtete) Integrationseffekte bei der Gruppeninteraktion gibt, so z.B. kompetentes und selbstsicheres Verhalten beim Mittagessen.

6.2 Standardsituation Mittagessen

6.2.1 Rahmenbedingungen
Herbert Müller

Das Mittagessen stellt eine allgemeine Anforderungssituation dar, die pädagogisches und alltägliches Handeln verbindet. Organisatorisch-strukturelle Bedingungen treffen mit Verhaltensmustern, die durch unterschiedliche Rollen und Kompetenzen vorgeprägt sind, in einem situativen Handlungsrahmen zusammen. Als Leistungsmerkmal des Betreuungsmodells darf gelten, inwieweit es gelingt, die auf Versorgung gerichtete Alltagsroutine in eine gleichermaßen erziehungsorientierte wie ungekünstelte Situationsstrukturierung einzubringen. Weder handelt es sich darum, daß Familie X ihre Mahlzeit hält und dabei einige Kinder anderer Leute zu Gast hat, noch wird das Mittagessen veranstaltet, um zu erziehen; sondern: die tägliche Befriedigung menschlicher Grundbedürfnisse ist mit den sozialen, kulturellen und pädagogischen Implikationen des Erziehungsauftrags zu verbinden. Die Standardsituation tut das nicht von alleine; erst das reflektierte pädagogische Handeln "in und für Situationen" führt dahin, daß die Situation "miterzieht" und zum "pädagogischen Gehilfen" wird. (Alle Zitate nach Jochum und Wingert, 1987, S. 227, 255ff. und 260)

Wir haben in den untersuchten vier Familiengruppen das gemeinsame Mittagessen an jeweils acht Tagen (in der Zeit von Montag bis Donnerstag) beobachtet und videografiert. (Der anwesende Untersucher hielt sich nach dem Justieren der Kamera für die meiste Zeit in einem angrenzenden Raum auf.) Die nachfolgenden Aussagen beziehen sich auf diese 32 Beobachtungen und stützen sich auf das tägliche Beobachter-Protokoll sowie eine Globalauswertung der Videoaufnahmen zu den Kriterien dieses Abschnitts.

Es ist zusammenfassend und generalisierend zunächst festzuhalten, daß auf die Zubereitung, auf Quantität und Qualität der Mittagsmahlzeit in den Familiengruppen großer Wert gelegt wird. Im Gegensatz zu der von der Planungsgruppe PETRA untersuchten Stichprobe der Wohngruppenbetreuung bezieht keine der hier vorgestellten Familiengruppen das Mittagessen aus einer Zentralküche. Es wird selbst gekocht, und zwar mit teilweise bemerkenswertem zeitlichen und gastronomischen Aufwand. Hier zeigt sich deutlich ein sozialer Verstärkereffekt: Das Mittagessen wird eben auch für die eigene Familie zubereitet; der investierte Aufwand ist zugleich ein Ausdruck für Identifikation.

Gegessen wird an einem großen Tisch in einem Raum, der bei zwei Familiengruppen Wohnzimmer-Charakter hat, bei den beiden anderen Gruppen Teil der Küche ist; im letzteren Fall sind die Raumverhältnisse sehr eng und legen Vermutungen über Kausalzusammenhänge mit einer unzureichenden Tischatmosphäre nahe. Die Beginnzeiten des Mittagessens variieren zwischen 12 Uhr und 13.30 Uhr, je nach dem Eintreffen der Mehrzahl der Schulkinder; von einzelnen schulzeitbedingten Ausnahmen abgesehen, beginnt und endet das Mittagessen gemeinsam. Es dauert im Durchschnitt 25 bis 30 Minuten. Alle Kinder sind in altersgemäßer Form in den Tisch- und Küchendienst vorher und nachher einbezogen. Es fiel auf, daß in zwei Gruppen keine Getränke zum Essen gereicht werden; dies wurde zum einen mit der eingeschränkten Stellfläche und der Anfälligkeit als Störquelle (Umkippen der Gefäße), zum anderen damit begründet, daß die Kinder und Jugendlichen ihre Getränke auf dem Zimmer hätten.

Um das Leistungsmerkmal "Nutzung des Mittagessens im Sinne einer **sozialen Situation**" einzuschätzen, haben wir unsere (Protokoll- und Video-)Aufzeichnungen nach den Kriterien der Planungsgruppe PETRA ausgewertet. Anstelle der Kategorisierung "liegt vor/liegt nicht vor" (vgl. Abb. II.5 bei Jochum und Wingert, 1987, S. 268) haben wir unseren Einschätzungen eine Skala von 0 ("nicht gegeben") über 1,2,3 (Ausprägungsgrade von "unzureichend" bis "mit Einschränkungen gegeben") bis 4 ("uneingeschränkt gegeben") zugrundegelegt. Abbildung 6.13 veranschaulicht die Ergebnisse.

Folgen wir der von Jochum und Wingert (1987, S. 286f.) eingeführten Typisierung, so sind die untersuchten Familiengruppen insgesamt dem **Situationstyp I** zuzuordnen. Die Strukturierung der Mahlzeiten erfüllt uneingeschränkt die Kriterien der Vorgabe fester Zeiten, die auch eingehalten werden, des gemeinsamen Beginns/Endes sowie der Betreuerpräsenz. Geringen Einschränkungen unterliegt das Kriterium "Tischatmosphäre" im Hinblick auf den Lärmpegel und den Kommunikationsstil.

Ausgeklammert werden soll hier das Leistungskriterium "erzieherische Intervention" (im Hinblick auf Sozialverhalten wie Handhabung des Eßbestecks u.ä.); es wird in der detaillierten Videoanalyse des nachfolgenden Abschnitts berücksichtigt.

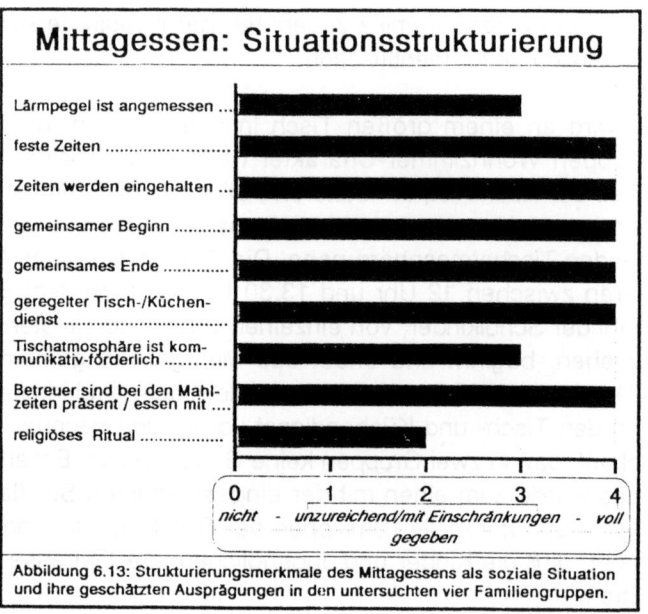

Abbildung 6.13: Strukturierungsmerkmale des Mittagessens als soziale Situation und ihre geschätzten Ausprägungen in den untersuchten vier Familiengruppen.

Abschließend läßt sich festhalten: Die organisatorischen und sozialen Rahmenbedingungen für eine angemessene Strukturierung der Standardsituation Mittagessen sind in den Familiengruppen gegeben. Der sich an diese Feststellung anschließenden Frage, wie diese Rahmenbedingungen im pädagogischen Alltag mit dem Erziehungsauftrag verbunden werden, soll nun im einzelnen nachgegangen werden.

6.2.2 Auswertungsergebnisse der Videoaufzeichnungen
Michael Macsenaere

Zu den Standardsituationen **Mittagessen, Hausaufgaben** und **Spielen** wurden umfangreiche Videoaufzeichnungen in vier Familiengruppen des St. Josephshauses durchgeführt. Dabei ist die Standardsituation Mittagessen von besonderer Bedeutung, da sie als einzige **alle** Familiengruppenmitglieder in einem interaktiven Setting verbindet. Somit werden in diesem Abschnitt ausschließlich die Ergebnisse der Standardsituation Mittagessen dargestellt.
Bei jeder der vier Familiengruppen wurde an acht Tagen das Mittagessen mit einer Videokamera aufgezeichnet. Um die dadurch angefallene Datenmenge auswerten zu können, wurde ein Beobachtungsbogen (s.

Abschnitt 4.3) entwickelt, um das Verhalten aller am Mittagessen beteiligten Personen (Erzieher und Kinder) erfassen zu können. Dabei werden die folgenden vier Verhaltenskategorien voneinander unterschieden: Aggression, Kompetenz, soziale Unsicherheit und Eßverhalten (bei den Erziehern zusätzlich direkt erzieherische Intervention). Jede dieser vier Verhaltenskategorien ist durch vier Unterkategorien differenziert. Da bei der Video-Auswertung jede Person einzeln beobachtet wird und das Verfahren somit sehr zeitaufwendig ist, konnte nur eine - vorher definierte - Stichprobe der Videoaufzeichnungen berücksichtigt werden: Pro Familiengruppe wurden zwei Mittagessen, bei denen möglichst alle Gruppenmitglieder anwesend waren, mit drei Beobachtungseinheiten (Beginn, Hauptphase und Ende) von jeweils fünf Minuten zur Auswertung herangezogen.
Durch ein Beobachtertraining wurde ein Übereinstimmungskoeffizient von $r=0.79$ erzielt.

Sämtliche in diesem Abschnitt durchgeführten Signifikanztests basieren auf Chi-Quadrat-Tests, da Varianzanalysen auf der Basis von wiederholten Beobachtungen und somit vorliegenden Abhängigkeiten ausschieden.
Insgesamt konnten in der Standardsituation **Mittagessen** 42 Personen - 33 Kinder und 9 Erzieher - beobachtet werden. Die Stichprobe der Kinder setzte sich aus 20 Mädchen und 13 Jungen sowie aus 25 Maßnahmekindern und 8 leiblichen Kindern zusammen.

Aggression, Kompetenz und soziale Unsicherheit

Insgesamt wurden pro Beobachtungseinheit durchschnittlich 1,4 Verhaltensäußerungen registriert, wobei über fünf Minuten das gezeigte Verhalten einer Person zu jeder am Tisch anwesenden Person festgehalten wurde. Da im Mittel knapp 10 Personen an den Mittagessen teilnahmen, bedeutet der Wert von durchschnittlich 1,44 Verhaltensäußerungen, daß innerhalb von fünf Minuten von jeder anwesenden Person im Durchschnitt ca. 14 (pro Familiengruppe ca. 140) Verhaltensäußerungen beobachtet wurden. Die Gesamtanzahl Beobachtungseinheiten betrug N=1854: Innerhalb der fünf Minuten wurde im Durchschnitt das Verhalten von knapp 10 Personen (genau 9,3), das an knapp neun Anwesende (genau 8,3) gerichtet war, zu jeweils drei Zeitpunkten während zwei Mittagessen in vier Familiengruppen registriert ($9,3 \times 8,3 \times 3 \times 2 \times 4 \approx 1854$).

Aus Abbildung 6.14, welche den prozentualen Anteil der vier Verhaltenskategorien **Aggression, Kompetenz, soziale Unsicherheit** und **Eßverhalten** am gesamten Verhalten darstellt, ist ersichtlich, daß dem kompetenten Verhalten (75 %) die mit Abstand größte Bedeutung zukommt. Demgegenüber steht aggressives (6%) und sozial unsicheres Verhalten (1%) zurück.

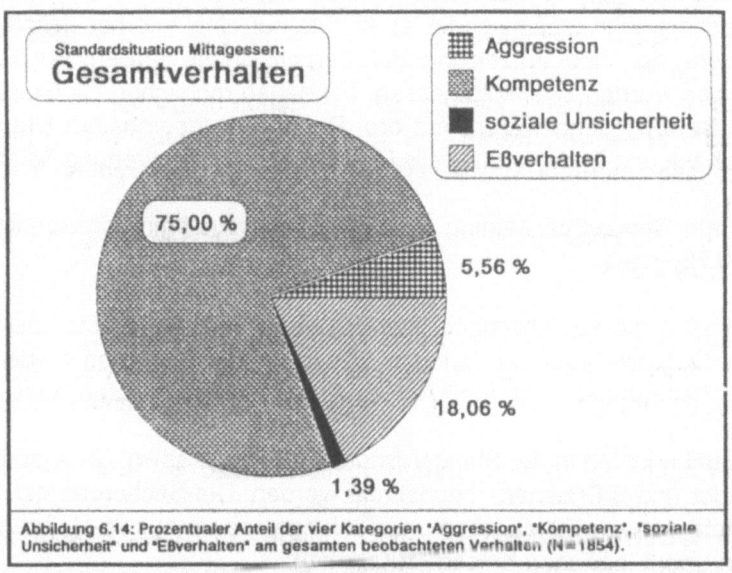

Abbildung 6.14: Prozentualer Anteil der vier Kategorien "Aggression", "Kompetenz", "soziale Unsicherheit" und "Eßverhalten" am gesamten beobachteten Verhalten (N = 1854).

Die vier in Abbildung 6.14 dargestellten Verhaltensqualitäten setzen sich aus jeweils vier Unterkategorien zusammen.
Aus Abbildung 6.15, welche das aggressive Verhalten differenziert darstellt, wird deutlich, daß die beim Mittagessen beobachteten Aggressionen durch die beiden Unterkategorien **sich aufdrängen** und **Regeln mißachten** verursacht wurden.

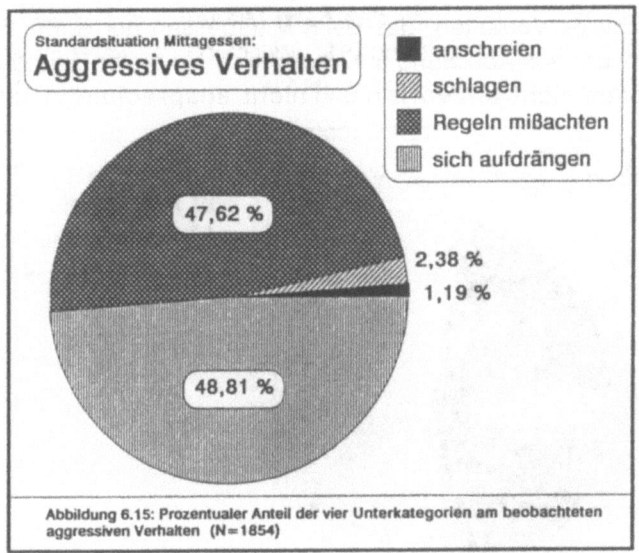

Abbildung 6.15: Prozentualer Anteil der vier Unterkategorien am beobachteten aggressiven Verhalten (N=1854)

Das beobachtete kompetente Verhalten beim Mittagessen läßt sich zum größten Teil durch die Unterkategorie **Meinung äußern** erklären. Die Unterkategorien **fragen** und **helfen** spielen nur eine geringe Rolle, und **Wünsche ablehnen** ist völlig unbedeutend (Abbildung 6.16).

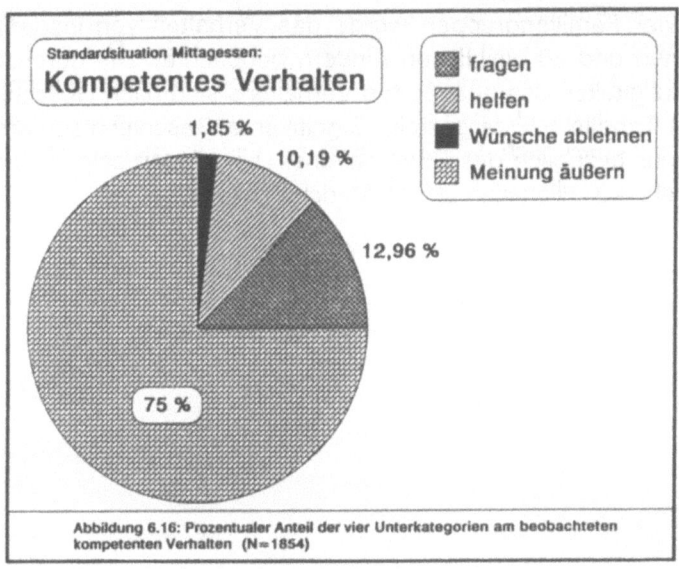

Abbildung 6.16: Prozentualer Anteil der vier Unterkategorien am beobachteten kompetenten Verhalten (N=1854)

Sozial unsicheres Verhalten, das beim Mittagessen nur äußerst selten auftritt, wird - wie aus Abbildung 6.17 ersichtlich - in erster Linie durch die Unterkategorien **nicht antworten** und **nicht ansprechen** verursacht.

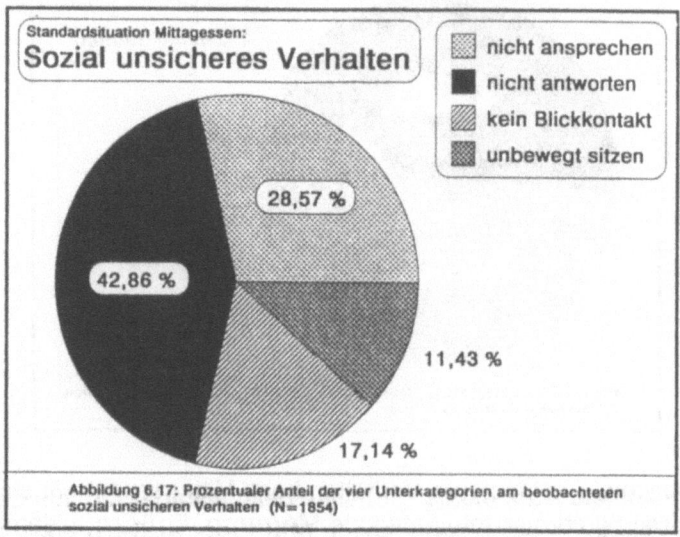

Abbildung 6.17: Prozentualer Anteil der vier Unterkategorien am beobachteten sozial unsicheren Verhalten (N=1854)

Geschlecht

In den vier Familiengruppen wurde das Verhalten von insgesamt 13 männlichen und 20 weiblichen Kindern beobachtet. Die durchschnittlichen Häufigkeiten des geäußerten Verhaltens sind nach Geschlecht getrennt in Tabelle 6.6 dargestellt. Signifikante Geschlechtsunterschiede gab es nur bezüglich des Eßverhaltens: Die Jungen zeigten hier über 100% mehr Auffälligkeiten als die Mädchen.

Tabelle 6.6: Durchschnittlich beobachtete Anzahl von gezeigten Verhaltensweisen eines Kindes pro Beobachtungseinheit (N=1854), nach der Variablen **Geschlecht** differenziert.
- : nicht signifikant   * : p ≤ 0,05.

SENDER	Aggress. -	Kompet. -	Soz.Un. -	Essverh. -
Männlich	.0871	.7300	.0348	.5171
Weiblich	.1164	.8943	.0166	.2162
Gesamt	.1045	.8277	.0240	.3384

Obwohl es bezüglich des empfangenen Verhaltens keine statistisch signifikanten Geschlechtsunterschiede gab, zeigt Tabelle 6.7, daß Aggressionen doppelt so oft gegen Jungen wie gegen Mädchen gerichtet waren.

Tabelle 6.7: Durchschnittlich beobachtete Anzahl empfangener Verhaltensäußerungen einer Person pro Beobachtungseinheit (N=1854), nach der Variablen **Geschlecht** differenziert.
- : nicht signifikant

EMPFÄNGER	Aggress. -	Kompet. -	Soz.Un. -
Männlich	.0209	.7509	.0052
Weiblich	.0098	.8716	.0012
Gesamt	.0144	.8218	.0029

Aus Tabelle 6.8 geht hervor, daß sich die männlichen Kinder bezüglich der empfangenen direkten erzieherischen Interventionen nicht signifikant von den weiblichen unterscheiden. Dies gilt für lobende, neutrale wie auch tadelnde erzieherische Interventionen.

Tabelle 6.8: Durchschnittlich beobachtete Anzahl von direkten erzieherischen Interventionen pro Beobachtungseinheit (N=360), nach der Variablen Geschlecht des Empfängers differenziert.
- : nicht signifikant

	Gesamt	Lob	Neutral	Tadel
	-	-	-	-
Männlich	.1019	.0064	.0191	.0764
Weiblich	.1330	.0000	.0246	.1084
Gesamt	.1194	.0028	.0222	.0944

Erzieher / Kind

In Tabelle 6.9 (Sender) und Tabelle 6.10 (Empfänger) werden die Ergebnisse der Verhaltensbeobachtung differenziert nach den Variablen **Erzieher/Kind** dargestellt. Insgesamt wurden neun Erzieher und 33 Kinder bei der Videoauswertung berücksichtigt. Aus Tabelle 6.9 geht hervor, daß Kinder im Vergleich zu den Erziehern signifikant mehr aggressives Verhalten und Auffälligkeiten beim Essen zeigen; dagegen äußern die Erzieher doppelt so oft kompetentes Verhalten wie die Kinder.

Tabelle 6.9: Durchschnittlich beobachtete Anzahl von gezeigten Verhaltensweisen pro Beobachtungseinheit (N=1854), nach der Variablen **Erzieher/Kind** differenziert.
- : nicht signifikant * : $p \leq 0{,}05$ ** : $p \leq 0{,}01$
**** : $p \leq 0{,}0001$

SENDER	Aggress. *	Kompet. ****	Soz.Un. –	Essverh. **
Erzieher	.0000	1.8927	.0000	.0183
Kind	.1045	.8277	.0240	.3384
Gesamt	.0798	1.0793	.0183	.2624

Betrachtet man das empfangene Verhalten differenziert nach der Variablen **Erzieher/Kind** (Tabelle 6.10), so treten in bezug auf alle drei Verhaltenskategorien signifikante Effekte auf: Aggressives, kompetentes und sozial unsicheres Verhalten werden von den Mitgliedern der beobachteten Familiengruppen wesentlich häufiger zu den Erziehern als zu den Kindern geäußert.

Tabelle 6.10: Durchschnittlich beobachtete Anzahl empfangener Verhaltensäußerungen einer Person innerhalb einer Beobachtungseinheit (N=1854), nach der Variablen Erzieher/Kind differenziert.
**** : p ≤ 0,0001

EMPFÄNGER	Aggress. ****	Kompet. ****	Soz.Un. ****
Erzieher	.2963	1.9537	.0694
Kind	.0141	.8136	.0028
Gesamt	.0798	1.0793	.0183

Leibliches Kind / Maßnahmekind

In diesem Abschnitt wird untersucht, ob und wie sich das geäußerte bzw. das empfangene Verhalten der Maßnahmekinder (N=25) von dem der leiblichen Kinder (N=8) unterscheidet. Wie aus Tabelle 6.11 ersichtlich ist, war bei den leiblichen Kindern siebenmal häufiger als bei den Maßnahmekindern aggressives Verhalten zu beobachten, obwohl sich die Anzahl der kompetenten Äußerungen dieser beiden Gruppen nicht bedeutsam voneinander unterschied. Auch auffälliges Eßverhalten wurde bei den leiblichen Kindern signifikant häufiger registriert.

Tabelle 6.11: Durchschnittlich beobachtete Anzahl von gezeigten Verhaltensweisen einer Person pro Beobachtungseinheit (N=1416), nach den Variablen **Leibliches Kind/Maßnahmekind** differenziert.
- : nicht signifikant   * : p ≤ 0,05   **** : p ≤ 0,0001

SENDER	Aggress. ****	Kompet. -	Soz.Un. -	Essverh. *
Leibliches Kind	.2716	.8864	.0148	.4756
Maßnahmekind	.0376	.8042	.0277	.2838
Gesamt	.1045	.8277	.0240	.3384

Leiblichen Kindern wird von den Mitgliedern der Familiengruppen signifikant mehr kompetentes Verhalten entgegengebracht (Tabelle 6.12). Dagegen richtet sich aggressives Verhalten, das hauptsächlich von den leiblichen Kindern ausgeht (s. Tabelle 6.11), häufiger an die Maßnahmekinder.

Tabelle 6.12: Durchschnittlich beobachtete Anzahl empfangener Verhaltensäußerungen einer Person pro Beobachtungseinheit (N=1416), nach den Variablen **Leibliches Kind/Maßnahmekind** differenziert. - : nicht signifikant

EMPFÄNGER	Aggress. -	Kompet. *	Soz.Un. -
Leibliches Kind	.0051	1.0000	.0076
Maßnahmekind	.0181	.7510	.0010
Gesamt	.0144	.8218	.0029

Aus Tabelle 6.13 ist ersichtlich, daß bei den leiblichen Kindern signifikant mehr direkt erzieherisch interveniert wird - überwiegend in Form des Tadelns - als bei den Maßnahmekindern. An dieser Stelle sei an den Zusammenhang mit dem aggressiven Verhalten der leiblichen Kinder erinnert (s. Tabelle 6.11).

Tabelle 6.13: Durchschnittlich beobachtete Anzahl von direkten erzieherischen Interventionen pro Beobachtungseinheit (N=360), nach den Variablen **Leibliches Kind/Maßnahmekind** differenziert.
- : nicht signifikant * : $p \leq 0,05$ ** : $p \leq 0,01$

	Gesamt *	Lob -	Neutral -	Tadel **
Leibliches Kind	.2151	.0000	.0323	.1828
Maßnahmekind	.0861	.0037	.0187	.0637
Gesamt	.1194	.0028	.0222	.0944

Alter

Die Ergebnisse in Tabelle 6.14 zeigen, daß in den beobachteten Familiengruppen bei Kleinkindern bis sechs Jahre (N=12) die Häufigkeit des aggressiven Verhaltens am größten ist; mit zunehmendem Alter nimmt sie stetig ab. Die 11-17jährigen (N=13) zeigen am meisten kompetentes Verhalten, während die 7-10jährigen (N=8) durch das schlechteste Eßverhalten auffallen.

Tabelle 6.14: Durchschnittlich beobachtete Anzahl von gezeigten Verhaltensweisen einer Person pro Beobachtungseinheit (N=1416), nach der Variablen **Alter** differenziert.
- : nicht signifikant   * : $p \leq 0{,}05$

SENDER	Aggress. -	Kompet. -	Soz.Un. -	Essverh. -
1 - 6 Jahre	.1865	.7692	.0096	.2867
7 - 10 Jahre	.1111	.7534	.0434	.5134
11 - 17 Jahre	.0190	.9374	.0247	.2673
Gesamt	.1045	.8277	.0240	.3384

Bei den ausgewerteten Mittagessen-Situationen gab es bezüglich des empfangenen Verhaltens keine statistisch signifikanten Alterseffekte. Dennoch fällt bei der Betrachtung von Tabelle 6.15 auf, daß die Kinder im Alter bis zu sechs Jahren die meiste Zuwendung in Form von kompetentem Verhalten erfahren.

Tabelle 6.15: Durchschnittlich beobachtete Anzahl empfangener Verhaltensäußerungen einer Person innerhalb einer Beobachtungseinheit (N=1416), nach der Variablen **Alter** differenziert. - : nicht signifikant

EMPFÄNGER	Aggress. -	Kompet. -	Soz.Un. -
1 - 6 Jahre	.0157	.9803	.0020
7 - 10 Jahre	.0222	.6500	.0028
11 - 17 Jahre	.0076	.7863	.0038
Gesamt	.0144	.8218	.0029

Das Alter der Kinder steht mit der Empfangshäufigkeit der erfahrenen direkten erzieherischen Interventionen in einem signifikanten Zusammenhang: Insgesamt nehmen die Interventionen mit zunehmendem Alter des Kindes stetig ab. Neutrale erzieherische Interventionen werden nur an die Kleinkinder (1-6 Jahre) gerichtet; Interventionen in tadelnder Form empfangen fast ausschließlich die bis 10jährigen Kinder (1-10 Jahre).

Tabelle 6.16: Durchschnittlich beobachtete Anzahl von direkten erzieherischen Interventionen pro Beobachtungseinheit (N=360), nach der Variablen **Alter** differenziert.
- : nicht signifikant ** : $p \leq 0{,}01$ *** : $p \leq 0{,}001$
**** : $p \leq 0{,}0001$

	Gesamt ****	Lob −	Neutral ***	Tadel **
1 - 6 Jahre	.2288	.0000	.0678	.1610
7 - 10 Jahre	.1556	.0111	.0000	.1444
11 - 17 Jahre	.0132	.0000	.0000	.0132
Gesamt	.1194	.0028	.0222	.0944

Verweildauer

Im folgenden wird dargestellt, inwieweit die Verweildauer eines Maßnahmekindes in einer Familiengruppe Einfluß auf das Verhalten am Mittagstisch ausübt: Maßnahmekinder, die weniger als drei Jahre einer Familiengruppe angehören (N=22), zeigen mehr aggressives Verhalten, mehr sozial unsicheres Verhalten und mehr Eßauffälligkeiten. Zudem empfangen sie signifikant mehr Aggressionen und direkte erzieherische Interventionen als die Maßnahmekinder, welche länger als drei Jahre in einer Familiengruppe leben (N=3).

Familiengruppe

Die beobachteten Familiengruppen unterscheiden sich z.T. bedeutsam hinsichtlich der Auftretenshäufigkeit verschiedener Verhaltensqualitäten (Tabelle 6.17). Gleiches gilt für die direkten erzieherischen Interventionen, welche ebenfalls zwischen den vier Familiengruppen große Variationsbreiten aufweisen (Tabelle 6.18).

Tabelle 6.17: Durchschnittlich beobachtete Anzahl von ausgesendeten Verhaltensäußerungen pro Beobachtungseinheit (N=1854), nach der Variablen **Familiengruppe** differenziert. - : nicht signifikant *: p ≤ 0,05 *** : p ≤ 0,001

SENDER	Aggress. -	Kompet. ****	Soz.Un. *	Essverh. -
FG 1	.1460	.8730	.0048	.2352
FG 2	.0506	1.0804	.0357	.3568
FG 3	.0575	1.7931	.0086	.1591
FG 4	.0352	.8593	.0296	.3017
Gesamt	.0798	1.0793	.0183	.2624

Tabelle 6.18: Durchschnittlich beobachtete Anzahl von direkten erzieherischen Interventionen pro Beobachtungseinheit (N=360), nach der Variablen **Familiengruppe** differenziert. - : nicht signifkant * : p ≤ 0,05 ** : p ≤ 0,01 *** : p ≤ 0,001

	Gesamt ***	Lob -	Neutral *	Tadel **
FG 1	.2593	.0000	.0556	.2037
FG 2	.0222	.0000	.0000	.0222
FG 3	.0694	.0000	.0139	.0556
FG 4	.0833	.0104	.0104	.0625
Gesamt	.1175	.0027	.0219	.0929

Zusammenfassung

Abschließend werden alle statistisch signifikanten Ergebnisse von Abschnitt 6.2 noch einmal im Überblick dargestellt (Tabellen 6.19 und 6.20): Aggressives Verhalten wurde am Mittagstisch von Erziehern weniger als von Kindern, von leiblichen Kindern mehr als von Maßnahmekindern und mit zunehmendem Alter weniger gezeigt. Die Erzieher äußerten in der Standardsituation **Mittagessen** mehr kompetentes Verhalten als die Kinder. Zwischen den einzelnen Familiengruppen gab es bedeutsame Unterschiede in dem Ausmaß des gezeigten kompetenten und sozial unsicheren Verhaltens. Auffälliges Eßverhalten wurde bei männlichen mehr als bei weiblichen Kindern, bei Erziehern weniger als bei Kindern und bei leiblichen Kindern mehr als bei Maßnahmekindern beobachtet (Tabelle 6.19).

Tabelle 6.19: Signifikanzmatrix (Sender) (N=1854)
 - : nicht signifikant * p : ≤ 0,05   ** : p ≤ 0,01
*** : p ≤ 0,001 **** : p ≤ 0,0001

SENDER	Aggress.	Kompet.	Soz.Un.	Essverh.
Geschlecht	--	--	--	*
Erzieher	*	****	--	**
Leiblich	****	--	--	*
Alter	*	--	--	--
Verweildauer	--	--	--	--
Familiengruppe	--	***	*	--

In Tabelle 6.20 sind sämtliche statistisch signifikanten Effekte bezüglich des empfangenen Verhaltens dargestellt: Aggressionen werden bevorzugt an Erzieher gerichtet; Kinder, die weniger als drei Jahre in einer Familiengruppe leben, empfangen mehr Aggression als Kinder, die länger als drei Jahre Familiengruppenmitglied sind. Kompetentes Verhalten am Mittagstisch wird eher an Erzieher als an Kinder gerichtet. Leibliche Kinder werden gegenüber Maßnahmekindern verstärkt mit kompetenten Äußerungen bedacht. Schließlich wird sozial unsicheres Verhalten in erster Linie den Erziehern gegenüber gezeigt.

Tabelle 6.20: Signifikanzmatrix (Empfänger) (N=1854)
- : nicht signidikant   * : p ≤ 0,05   **** : p ≤ 0,0001

EMPFÄNGER	Aggress.	Kompet.	Soz.Un.
Geschlecht	--	--	--
Erzieher	****	****	****
Leiblich	--	*	--
Alter	--	--	--
Verweildauer	*	--	--

6.3 Erziehung und Belastung
Herbert Müller

In diesem Abschnitt werden zunächst die empirischen Ergebnisse zu einer Voraussetzung pädagogischen Handelns, den **Erziehungszielen** dargestellt. Als weitere Vorbedingung von Erzieherverhalten werden Ergebnisse zu den **Wertorientierungen** der Erzieher mitgeteilt. Die Frage der **Professionalität** wird anhand der Befragungsergebnisse zu den zentralen Begriffen Autonomie, Kompetenz und Identifikation abgehandelt. Mit der Darstellung organisationsbezogener Auswertungsergebnisse wenden wir uns den Aspekten **Belastung** vs. Entlastung zu, die wir anhand des Fragebogens von Mitransky (1990) und der Befunde zu kritischen Erziehungs- bzw. Erzieher-Situationen spezifizieren.

6.3.1 Erziehungsziele

Erziehungsziele sind normative Vorgaben, die das Erziehungsverhalten als mehr oder weniger globale Orientierungen bestimmen. Es ist eine der Aufgaben von Erziehungsplanung, Erziehungsziele zu konkretisieren. Wenn nun aber eine detaillierte Erziehungsplanung kaum erfolgt, erscheint es umso wichtiger, die Zielsetzungen von Erziehung offenzulegen. Es versteht sich, daß dies vor allem für die Herkunftseltern gilt, deren intuitive Erziehungs-"Pläne" wohl Ziele, aber keine gezielte Planung kennen.

Das Untersuchungsziel, das wir bei der Aufnahme von Erziehungszielen in unsere Befragung hatten, war auf Bestandsaufnahme ausgerichtet. Wir sind nicht der Ansicht, in der Formulierung von Erziehungszielen drücke sich bereits die Qualität von Erziehung aus.

Die Erhebung war für Erzieher wie für Eltern der in den Familiengruppen untergebrachten Kinder identisch. Die beiden für die untersuchte Klientel bestimmenden Erziehungsinstanzen sollten hinsichtlich ihrer Einstellungen verglichen werden. Dabei war von vornherein klar, daß dieser Vergleich das zu erwartende Gefälle von Professionalität versus Intuition in angemessener Weise berücksichtigen muß.

Zwei Zugänge sollten uns einen Überblick über die Erziehungsziele verschaffen: Zum einen übernahmen wir die von der Planungsgruppe PETRA zusammengestellte Liste von 17 Erziehungszielen, die aus der Schweizer Studie von Winiker (1979) ausgewählt wurden (siehe dazu Planungsgruppe PETRA, 1987, S. 239ff.). Dies sollte unsere Daten mit denen der Planungsgruppe PETRA vergleichbar machen.
Zum anderen suchten wir nach einer Ergänzung bzw. Akzentuierung in Form der nicht vorgegebenen, freien Nennung von Erziehungszielen. Eine solche Möglichkeit bot sich durch den Einsatz des FEV (Fragebogen zum Erziehungsverhalten) von Stangl (1987), der eine entsprechende Angabe abfragt.

Die beiden Verfahren waren in der Untersuchung allerdings methodisch nicht völlig unabhängig voneinander: Der FEV folgte auf das jeweilige Erzieher- bzw. Eltern-Interview; der zeitliche Abstand zwischen der Vorgabe von Erziehungszielen (mittels der 'PETRA'-Liste) und ihrer freien Nennung (im FEV) betrug mindestens eine Stunde (bei den Eltern), oft bis zu drei Stunden (bei den Erziehern); in Einzelfällen lagen die beiden Erhebungen auch zeitlich weiter auseinander. Ein Reihenfolgeeffekt im Sinne einer abhängigen Auftretenswahrscheinlichkeit der 'frei' geäußerten von den zuvor per Liste zur Kenntnis genommenen Erziehungszielen ist nicht auszuschließen. Das stört jedoch unsere Interpretation nicht, da sie nicht auf eine vermeintliche Unabhängigkeit der Angaben abhebt, sondern auf die Akzentuierung der Äußerungen. Es erscheint nicht zufällig, was von zuvor bearbeiteten Erziehungszielen noch erinnert und in die eigene Formulierung aufgenommen wird.

Die Liste der von der Planungsgruppe PETRA zusammengestellten 17 Erziehungsziele gibt eine fünfstufige Skala der subjektiven Bedeutsamkeit an die Hand; es wird beurteilt, ob das jeweilige Erziehungsziel als "unwichtig", "weniger wichtig", "ziemlich wichtig", "wichtig" oder "sehr wichtig" begriffen wird. Für die Auswertung haben wir diesen Einschätzungskategorien die Punktwerte 1 (für "unwichtig") bis 5 (für "sehr wichtig") zugeteilt und aus den einzelnen Gewichtungen Mittelwerte gebildet. Abbildung 6.18 dokumentiert die Verteilung der Gruppenmittelwerte über die 17 Einzelaussagen hinweg.

Für eine erste Betrachtung wird vorgeschlagen, eine Rangreihe der Mittelwerte für jede der beiden Untersuchungsgruppen zu bilden und dann die Gruppierungen in den Intervallen der Skala zu betrachten. Wir greifen auf die bereits begründete Annahme gleich großer Abschnitte (Äquidistanzannahme, vgl. Pkt. 6.1.5) zurück und erhalten ein Intervall von 1 bis 2.3 für 'geringe Wichtigkeit', ein zweites von 2.4 bis 3.7 für 'mäßige Wichtigkeit' und ein drittes von 3.8 bis 5 für 'ausgeprägte Wichtigkeit'.

Es ergibt sich folgende 'Wichtigkeitstabelle':

Tabelle 6.21: Verteilung der Mittelwerte (in der Rangfolge ihrer Höhe) zu den Einzelaussagen der Erziehungsziel-Liste auf die drei 'Wichtigkeits'-Intervalle der Beurteilungsskala (ERZ=Erzieher; ELT=Eltern)

	geringe Wichtigkeit	mäßige Wichtigkeit	ausgeprägte Wichtigkeit
ERZ	13	2,4,3,8,6,14	5,15,10,9, 12,17,16, 1,7,11
ELT		6,7,17,10	2,3,4,5, 15,9,1,8, 11,13,14, 16,12

In die Kategorie "geringe Wichtigkeit" fällt nach dieser Intervallbildung lediglich eine Einzelaussage: Die Erzieher halten es für weniger wichtig, daß die Kinder lernen sollen, mit ihren Eltern auszukommen.
Mit "mäßiger Wichtigkeit" versehen die Erzieher etwa ein Drittel, die Eltern etwa ein Viertel ihrer Einschätzungen. Als einzige wird Aussage 6 von beiden Gruppen übereinstimmend als "ziemlich wichtig" eingeschätzt: "Die Kinder sollen sich in die bestehende Gemeinschaft einordnen und sich angepaßt verhalten können."
Von "ausgeprägter Wichtigkeit" sind für die Erzieher etwa 60%, für die Eltern rund drei Viertel der vorgegebenen Erziehungsziele, und von den insgesamt 15 in diese Kategorie fallenden Aussagen werden gut die Hälfte (7) von beiden Gruppen übereinstimmend genannt.
Um ein Maß für den Grad der Übereinstimmung zu erhalten, bilden wir die Mittelwert-Differenzen zu den Einschätzungen beider Gruppen. Ihre absoluten Beträge schwanken zwischen 0.1 und 2.1 Skalenpunkten.

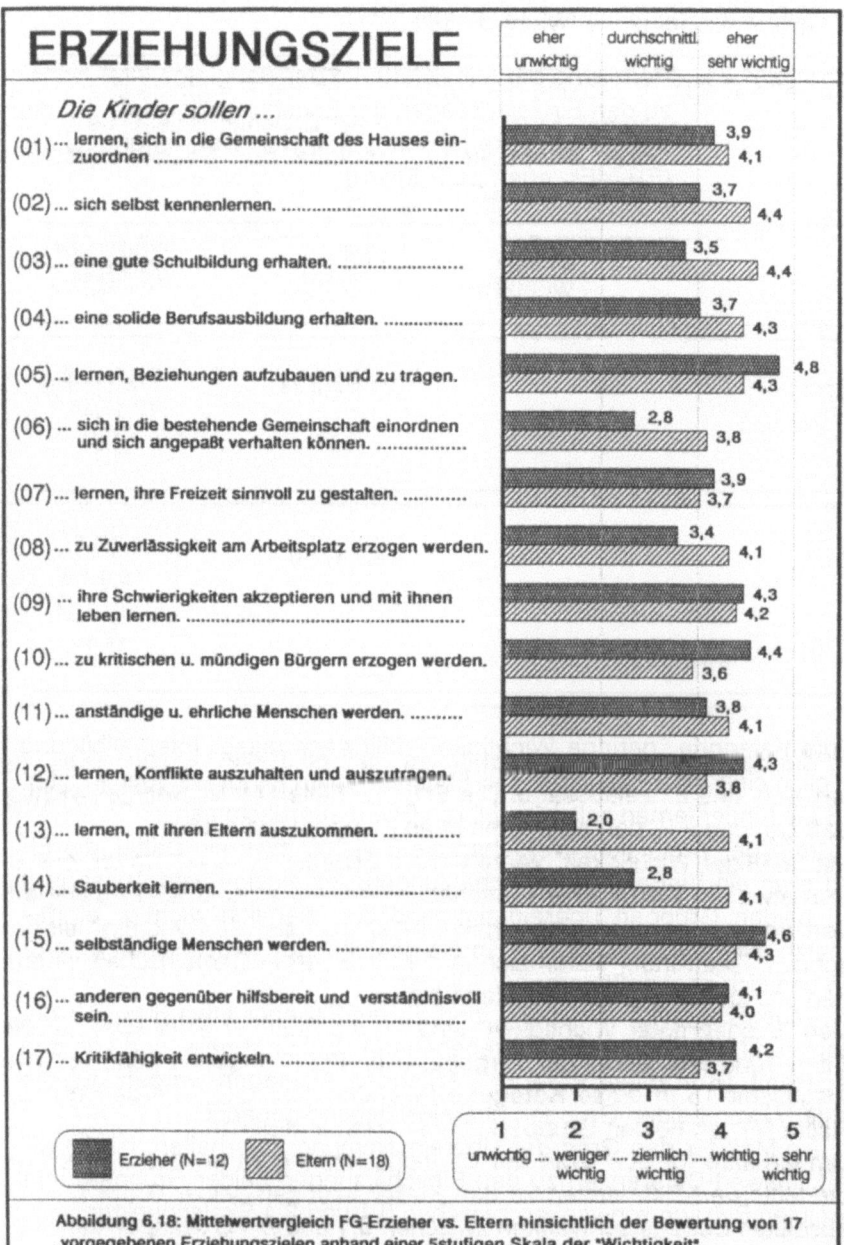

Abbildung 6.18: Mittelwertvergleich FG-Erzieher vs. Eltern hinsichtlich der Bewertung von 17 vorgegebenen Erziehungszielen anhand einer 5stufigen Skala der "Wichtigkeit".

Wir bilden auch hier unter der Äquidistanzannahme drei gleich große Intervalle, die den drei Kategorien "fehlende" (mit einem absoluten Differenzwert von 0.1 bis 0.7), "mäßige" (von 0.8 bis 1.4) und "hohe" Übereinstimmung entsprechen sollen. Daraus ergibt sich die nachfolgende 'Übereinstimmungstabelle':

Tabelle 6.22: Verteilung der absoluten Mittelwertdifferenzen (in absteigender Größe des Differenzbetrages)

fehlende Übereinstimmung	mäßige Übereinstimmung	hohe Übereinstimmung
13	10,3,1,14	9,16,1,7,11,15 5,12,17,4,2,8

Bei Aussage 13 beträgt die Differenz zwischen Erzieher- und Elternstandpunkt mehr als zwei Skaleneinheiten. Die Eltern halten es im Gegensatz zu den Erziehern für wichtig, daß ihre Kinder lernen sollen, mit ihnen auszukommen.
Nur gering stimmen Eltern und Erzieher bei etwa einem Viertel der vorgegebenen Erziehungsziele überein. Dabei handelt es sich um Ziele, die auf kulturelle (Schulbildung, Sauberkeit) und gesellschaftliche (Anpassung, Mündigkeit) Normen abstellen.

Dies legt es nahe zu prüfen, ob sich die vorgegebenen Erziehungsziele nach inhaltsanalytischen Kriterien kategorisieren lassen und ob sich daraus Aussagen zu Schwerpunktsetzungen in der normativen erzieherischen Orientierung ableiten lassen.
Für eine solche inhaltliche Gruppierung der Erziehungsziele werden drei Kategorien vorgeschlagen. Es bietet sich an, die Erziehungsziele/Normen der Liste nach ihrer sozialen, kulturellen und individuellen Orientierung zu gruppieren. Auf diese Weise ergeben sich gesellschaftsbezogene, kulturbezogene und persönlichkeitsbezogene Erziehungsziele.

Die nachfolgende Tabelle 6.23 gibt Aufschluß über die vorgenommene Gruppierung. Dazu sei angemerkt, daß die Zuordnung einzelner Aussagen strittig sein mag und erst bei relativ weiter Fassung der Kategorien plausibel erscheint. Dennoch wurde davon abgesehen, weitere Kategorien zu bilden oder - das andere Extrem - einzelne Aussagen von der Zuordnung auszunehmen. Um diese nachvollziehen zu können, seien ihre Kriterien angegeben:

- Als **gesellschaftsbezogen** bezeichnen wir Erziehungsziele, die auf 'Soziabilität' im Sinne von Gemeinschaftsfähigkeit, Anpassung, Mündigkeit, soziale Unterstützung (Hilfsbereitschaft) und Familienorientierung (Auskommen mit den Eltern) gerichtet sind.
- Als **kulturbezogen** gelten uns normative Orientierungen, die auf den Erwerb von Kulturtechniken/Schulbildung, Berufsausbildung, Arbeitstugenden (Sauberkeit, Ordnung etc.) sowie sinnvolles Freizeitverhalten abzielen.
- **Persönlichkeitsbezogene** Erziehungsziele sind uns solche, die auf Selbsterfahrung, Selbstwerterhaltung oder Selbstwertsteigerung, auf die Akzeptanz persönlicher Schwächen, auf den Aufbau von Beziehungs-, Kritik- und Konfliktfähigkeit sowie Selbständigkeit abheben.

Tabelle 6.23: Gruppierung von Erziehungszielen nach inhaltlichen Kriterien

Gesellschafts-	Kultur-	Persönlichkeits-
... bezogene Erziehungsziele		
1,6,10,13,16	3,4,7,8 11,14	2,5,9,12,15,17

Wenn wir nun diese gruppierten Erziehungsziele zusammenfassen und Mittelwerte für jede der drei Kategorien bilden, erhalten wir den in Abbildung 6.19 dargestellten Gruppenvergleich.

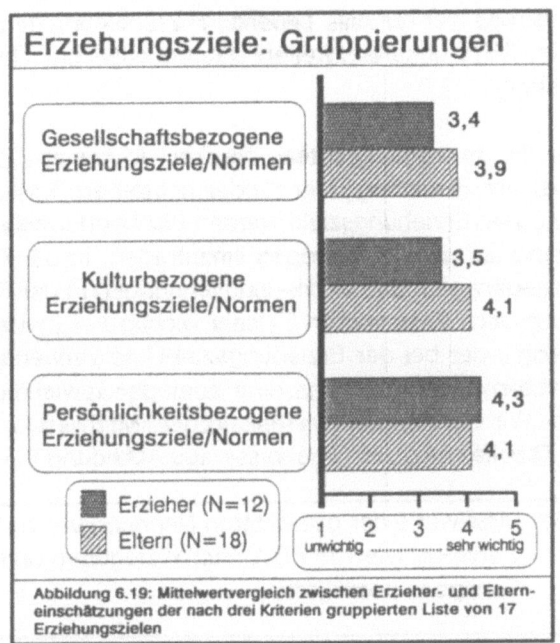

Abbildung 6.19: Mittelwertvergleich zwischen Erzieher- und Elterneinschätzungen der nach drei Kriterien gruppierten Liste von 17 Erziehungszielen

Legen wir die Methode gleich großer Intervalle (vgl. Tab. 6.21) zugrunde, so ergibt sich für die Gruppe der Eltern, daß alle drei Erziehungsziel-Kategorien für etwa gleich wichtig gehalten werden. Unterschiede deuten sich bei den Erziehern an: Sie halten persönlichkeitsbezogene Erziehungsziele für am wichtigsten; gesellschafts- und kulturbezogene Erziehungsziele fallen demgegenüber in der Erziehereinschätzung in die Kategorie "mäßiger" Wichtigkeit zurück.

Die Differenz zwischen den Gruppenmittelwerten ist in der Kategorie persönlichkeitsbezogener Erziehungsziele sehr gering, d.h. beide Gruppen unterscheiden sich in der Zuordnung von Wichtigkeit zu den hier zusammengefaßten Normvorstellungen kaum. Die Differenz wird größer bei den gesellschaftsbezogenen Zielsetzungen und erreicht schließlich in der Frage kulturbezogener Orientierungen einen Wert, der (in Analogie zum Vorgehen nach Tab. 6.22) es erlaubt, von einer unterschiedlichen Gewichtung dieser Thematik in den beiden Gruppen zu reden.

Vorsichtig interpretiert sieht es demnach so aus, daß die Erzieher normative Orientierungen, die auf Anpassung im Sinne von 'Gesellschaftsfähigkeit' und auf (Aus-) Bildung und Arbeitstugenden gerichtet sind, für weniger wichtig erachten, als die befragten Eltern.

Dieses Ergebnis, das hier nur als Tendenz in Erscheinung tritt, wird durch die Angaben im FEV, unserer zweiten Datenquelle zum Thema Erziehungsziele bestätigt.

Im FEV werden die Befragten gebeten, "die drei wichtigsten Ziele" zu nennen, die sie bei der Erziehung ihrer Kinder anstreben. Es ist also eine Rangreihe zu bilden; Erziehungsziele werden nicht vorformuliert angeboten, sondern sind auf dem Fragebogen einzutragen. In der Auswertung sind wir so vorgegangen, daß wir die drei Nennungen in der Reihenfolge ihrer Gewichtung den Skalenwerten 5 ("sehr wichtig"), 4 ("wichtig") und 3 ("ziemlich wichtig") der bei der Erziehungsziel-Liste verwendeten Skala zugeordnet haben. Dadurch ist uns eine analoge Gewichtung der Angaben möglich. Wir erhalten eine Verteilung der Mittelwerte, die, wie die nachfolgende Tabelle zeigt, die Ergebnisse aus Abbildung 6.19 bestätigt:

Tabelle 6.24: Mittelwerte der gewichteten Nennungen von Erziehungszielen im FEV, nach Kategorien und Gruppen spezifiziert

	Gesellschafts-	Kultur-	Persönlichkeits-
	... bezogene Erziehungsziele		
ERZ	3,5	3,5	4,0
ELT	4,6	4,0	3,8

Das Ergebnis wird prägnanter, wenn wir die Rangbildung beiseite lassen und einfach nach der Häufigkeit der Nennungen in den drei Kategorien fragen. Bezieht man die kategorisierten und summierten Einzelaussagen auf die Gesamtzahl der Nennungen in beiden Untersuchungsgruppen, so erhält man die in Abbildung 6.20 dargestellte prozentuale Häufigkeitsverteilung.

Es ist nun sehr deutlich, wie die Prioritäten verteilt sind: Erzieher nennen am häufigsten persönlichkeitsbezogene Erziehungsziele; kulturbezogene Zielsetzungen treten demgegenüber völlig in den Hintergrund, und gesellschaftsbezogene Normen spielen so gut wie keine Rolle.

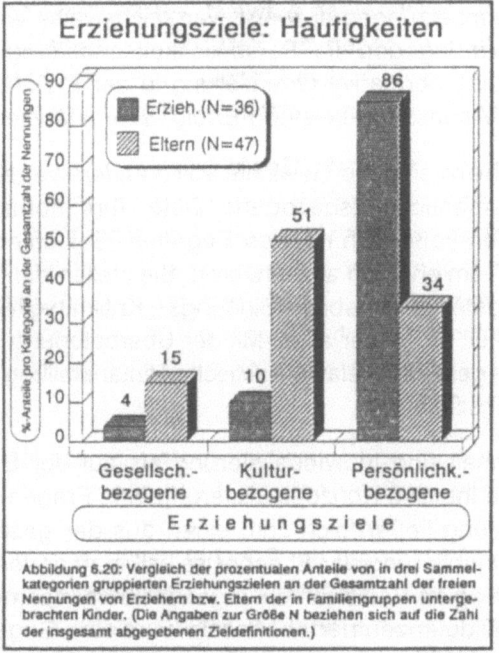

Abbildung 6.20: Vergleich der prozentualen Anteile von in drei Sammelkategorien gruppierten Erziehungszielen an der Gesamtzahl der freien Nennungen von Erziehern bzw. Eltern der in Familiengruppen untergebrachten Kinder. (Die Angaben zur Größe N beziehen sich auf die Zahl der insgesamt abgegebenen Zieldefinitionen.)

Die Eltern nennen prozentual etwa viermal so häufig gesellschaftsbezogene Erziehungsziele wie die Erzieher, doch sind auch bei Ihnen diese Orientierungen am seltensten vertreten. Relativ wichtiger, an der Häufigkeit (wie übrigens auch an der Gewichtung) gemessen sind den Eltern persönlichkeitsbezogene Erziehungsziele; die Spitzenposition halten hier jedoch mit über der Hälfte aller Nennungen die kulturbezogenen Erziehungsnormen.

Wir kommen abschließend zu folgender Interpretation:

- Die leiblichen **Eltern** der Maßnahmekinder sind hinsichtlich gesellschafts- und vor allem kulturbezogener Zielsetzungen deutlich "normativer" als die Erzieher in den Familiengruppen. Erziehung hat für sie in erster Linie eine gute Schul- und Berufs(aus)bildung zu gewährleisten und auf die Entwicklung der hierfür förderlichen Arbeitshaltungen und Tugenden (Fleiß, Ordnung, Sauberkeit, Zuverlässigkeit etc.) zu achten. Persönlichkeitsbezogene Erziehungsziele sind nachgeordnet; wo sie eine Rolle spielen, steht das Ideal der 'Selbständigkeit' im Vordergrund, das gewisse Affinitäten zu den kulturbezogenen Normsetzungen aufweist; vergleichsweise weniger wichtig ist den Eltern dagegen die 'Persönlichkeitsentfaltung' der Kinder. Man könnte diese normative Orientierung in der Erziehung mit den Schlagworten "Anpassung-Leistung-Erfolg" charakterisieren.

- Bei den **Erziehern** sind die Gewichte völlig anders verteilt; bei ihnen dominieren persönlichkeitsbezogene Ziele. Ihre normative Erziehungskonzeption ließe sich mit den Begriffen "Selbstfindung-Beziehungsfähigkeit" am ehesten akzentuieren. Sie stellen den Aufbau persönlicher Kompetenzen (Liebes-, Bindungs-, Kritikfähigkeit, Toleranz, Verantwortlichkeit etc.) über alles. Mit der Überbetonung von "Selbst-Werten" einher geht eine relativ drastische Hintanstellung sozio-kultureller Erziehungsziele.

- Selbstbezogenheit und Individualisierung als auf der Erzieherseite vorherrschende intuitive Konzeptualisierungen in Fragen der persönlichen Entwicklung ließen sich zum einen aus der gesellschaftlich-'alternativen' Orientierung der Erzieher selbst, zum anderen aus dem Erziehungsauftrag im Rahmen von Jugendhilfemaßnahmen erklären, der einen individuumzentrierten Ansatz vorsieht. Gegen eine auf Persönlichkeitsentfaltung gerichtete Erziehungseinstellung ließe sich im Grunde nichts einwenden - wäre da nicht die Nachrangigkeit der sozio-kulturellen Komponente.

Wir sind mit einer Replikation des schon in der PETRA-Studie vorfindbaren Dilemmas konfrontiert, daß nämlich (vor allem schul-) leistungsbezogene Erziehungsziele für die Erzieher deutlich nachrangig sind (vgl. dazu Planungsgruppe PETRA, 1987, S. 242 und S. 254). Besondere Brisanz erhält unser Ergebnis dadurch, daß wir zeigen können, daß genau in diesem Punkt zwischen den Erziehern und den leiblichen Eltern der Maßnahmekinder eine bedeutsame Einstellungsdiskrepanz vorliegt. Vorausgesetzt, daß die Erziehungspraxis den Erziehungszielen nicht zuwiderläuft, stellt sich das Problem so dar: Die Erziehung in den Familiengruppen verläuft in einer zentralen Frage, nämlich der Leistungsorientierung entgegen den Erwartungen der Eltern.

- Dies ist jedoch nicht der einzige Widerspruch zwischen den beiden Erziehungsinstanzen. Die Meinungen gehen am weitesten auseinander, was die Frage des Umgangs zwischen Eltern und Kindern betrifft (vgl. Abbildung 6.18, Item 13, die Tabelle 6.23 und 6.24). Auch diese Diskrepanz ist bereits aus der PETRA-Studie bekannt. Waren sich dort die untersuchten Berufsgruppen (Erzieher, Heimleiter, Therapeuten) noch "offensichtlich uneinig, ob die Kinder lernen sollten, mit den Eltern auszukommen" (Planungsgruppe PETRA, 1987, S. 242), so herrscht bei den Familiengruppen-Erziehern eine große Übereinstimmung dahingehend, daß dies in ihren Augen insgesamt "weniger wichtig" ist . (Kein Erzieher votierte hier höher als Skalenwert 3!). Dies ist in der Tat, wie Jochum und Wingert in der PETRA-Studie es auch sehen (1987, S. 242), eine Hypothek für jede Konzeption von Elternarbeit. Sie ist es umso mehr, je ausdrücklicher die Eltern auf eben diesem Erziehungsziel bestehen - was sie in unserer Befragung klar zu erkennen geben.

Die Untersuchung der bei Eltern und Erziehern vorherrschenden Erziehungsziele bringt also mehr Widersprüche als Übereinstimmungen zwischen beiden Erziehungsinstanzen zutage. Die Normorientierung im Hinblick auf die Durchführung von Jugendhilfemaßnahmen erscheint als Kompatibilitäts- und Kooperationsproblem des "Zwei-Familien"-Erziehungsansatzes.

6.3.2 Wertorientierungen der Erzieher

Im Rahmen eines möglichst umfassend angelegten Untersuchungsansatzes sollten auch normative Einstellungen erfaßt werden. Der Fragebogen zu Lebenszielen und zur Lebenszufriedenheit (FLL) von Kraak und Nord-Rüdiger (1989) ermöglicht einen Einblick in private und gesellschaftliche Orientierungen, die sich auf das allgemeine Lebenskonzept sowie auf die individuelle (bzw. gruppentypische) Relevanz von Lebenszielen im Hinblick auf die Lebensplanung beziehen. Wir versuchten mit diesem Erhebungsinstrument einen Zugang zu den Grundüberzeugungen der Erzieher zu erhalten, die im Zusammenhang mit ihrer Entscheidung für die besondere Art der Lebensgestaltung, die das Familiengruppenleben erfordert, eine Rolle spielen.

Im Gegensatz zu allen anderen Untersuchungsthemen und Erhebungsinstrumenten kam es beim FLL zu **Verweigerungen** und selektiven Bearbeitungen in dem Sinne, daß bestimmte Fragen, die als zu "intim" bzw. als "ideologische Ausforschung" oder als "nicht zum Thema gehörig" dis-

kreditiert wurden, nicht beantwortet wurden. Obwohl es nur eine komplette Verweigerung gab, waren einige Fragebögen so unzureichend bearbeitet worden, daß sie von der Auswertung ausgenommen werden mußten. Auf diese Weise kam nur eine Stichprobengröße von N=9 zustande.
Unsere Auswertung konzentriert sich auf den inhaltlichen Aspekt der Lebensziel-Operationalisierungen. Wie wichtig den Erziehern bestimmte Einzelthemen und gruppierte Normorientierungen sind, veranschaulicht Abbildung 6.21.
Da die Autoren des FLL statistische Vergleichswerte zu den Merkmalsausprägungen dieses Verfahrens nicht für sinnvoll halten, interpretieren wir einmal mehr auf der Ebene von Einzelaussagen und gruppierten Variablen; zur Unterstützung haben wir in Abbildung 6.21 die Einschätzungsskala wieder in drei gleich große Bereiche geteilt.
Folgende Aspekte des erhaltenen "Wertprofils" erscheinen uns bemerkenswert:

- Im Vordergrund steht die Orientierung an **alternativen** Lebenszielen. Die Möglichkeit alternativer Lebensgestaltung wird für sehr wichtig erachtet; sie erscheint im Hinblick auf eine ausgeprägte Gesundheitsorientierung und auf Sparsamkeit akzentuiert und mit sozialem und gesellschaftlichem Engagement einhergehend.

Die Geringschätzung einer hedonistischen Orientierung erscheint als Konsequenz plausibel. Sexuelle und existentielle Promiskuität sind ebenso wie Mode, Chic und Luxus keine relevanten Werte für die FG-Erzieher. Die dennoch ausgeprägt hohe Orientierung "das Leben genießen" deutet an, daß es vorschnell wäre, die Erzieher in den Familiengruppen von jeder materiellen Orientierung freizusprechen: Der im FLL angebotene Hedonismus ist wahrscheinlich einfach nicht "alternativ" genug, um die in der Realität durchaus vorfindbare spezifische Konsumorientierung durchscheinen zu lassen.

- Die "alternative" Lebensauffassung steht zu **traditionellen** Wertorientierungen nicht in Widerspruch. Moral, Ethik, Religion, eine "altmodische" Pflichtauffassung und "Innerlichkeit": Auf diesen Werten scheint die besondere Form der alternativen Lebensführung gegründet. Damit vereinbar erscheint eine gesellschaftspolitische Interpretation, nach der das "Aussteigen" der "Alternativen" als neuer Konservativismus klassifiziert wird.

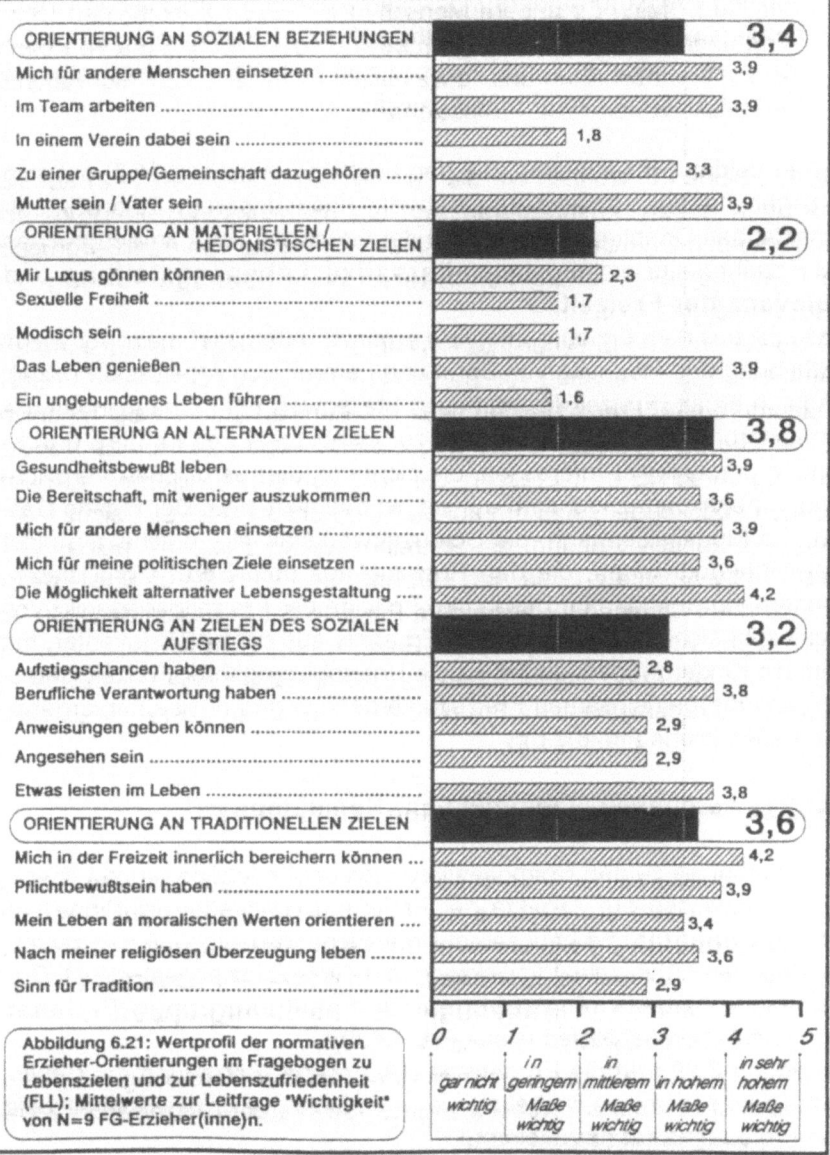

Abbildung 6.21: Wertprofil der normativen Erzieher-Orientierungen im Fragebogen zu Lebenszielen und zur Lebenszufriedenheit (FLL); Mittelwerte zur Leitfrage "Wichtigkeit" von N=9 FG-Erzieher(inne)n.

- Allgemeine Aspekte der **Leistungsorientierung** spielen für die FG-Erzieher eine wichtige Rolle. Auf der Grundlage einer sozialen Einstellung ("Mich für andere Menschen einsetzen") erscheinen Orientierungen im Hinblick auf Pflichtbewußtsein, Übernahme von beruflicher Verantwortung und "etwas leisten im Leben" als motivationale Voraussetzungen von Professionalität.

In den beiden Einzelthemen, die den höchsten Mittelwert (4.2) auf sich gezogen haben, kristallisieren sich die nach unserem Eindruck entscheidenden Orientierungen, die mit der Gründung von Familiengruppen auf Erzieherseite einhergehen: **alternative Lebensgestaltung** und **Relevanz der Freizeit.**

Dazu sei aus dem Erzieher-Interview ergänzt: "Alternativ" meint vor allem: Aufhebung der Trennung von Beruf und Familie, von Arbeit und Freizeit. Dadurch erhält "Freizeit" einen neuen Stellenwert (im FLL als "innerliche Bereicherung" qualifiziert): Sie wird zur disponiblen Zeit für die Verwirklichung persönlicher Interessen, die nicht von den beruflichen Verpflichtungen abgekoppelt, sondern auf sie hin orientiert sind. Der eigene Garten, die Modelleisenbahn, die Schreinerwerkstatt etc. erscheinen nicht als Hobby-Aktivitäten, die den Rückzug aus dem Beruf signalisieren, sondern als Chancen für besondere Projekte der Freizeitpädagogik. Von hier ergibt sich ein Bezug zu dem Ergebnis aus dem ABC-Inventar, mit dem die Kinder und Jugendlichen die Unterstützung ihrer Freizeitinteressen und die gemeinsamen Freizeitunternehmungen positiv hervorgehoben haben (siehe Pkt. 6.1.5).

6.3.3 Autonomie, Identifikation, Kompetenz

Die Ergebnisse zu den Normorientierungen bei Erziehungs- und Lebenszielen verweisen auf Aspekte der Erzieher-Qualifikation im Sinne von **Professionalität**, die in unserem Untersuchungsdesign mit den zentralen Begriffen Autonomie, Identifikation und Kompetenz abgesteckt ist. Diese Begriffe werden im **Fragebogen für Familiengruppen-Erzieher** (F-FG-E) operationalisiert (siehe Pkt. 4.4.2).
Abbildung 6.22 faßt die Ergebnisse der Erzieher-Befragung mit diesem Instrument zusammen, wobei als vierte Variable der Organisationsaspekt von Professionalität hinzukommt.

Abbildung 6.22: Prozentanteile der Gruppenmittelwerte zu den Variablen Autonomie, Kompetenz, Identifikation und Organisation im Fragebogen für Familiengruppen-Erzieher (F-FG-E), als Merkmale von Professionalität konzipiert. (N = 11 Erzieher)

Die Beurteilung erfolgte hier durch die vier FG-Ehepaare und drei Drittkräfte. Von den vier im F-FG-E repräsentierten zentralen Begriffen erreicht **Kompetenz** den höchsten prozentualen Anteil am Merkmal "Professionalität". Die Erzieher legen also den relativ größten Wert auf ihre Fachlichkeit und deren Erhaltung. In den Zuschreibungen der Erzieher folgt an zweiter Stelle der Wichtigkeit die eigene **Autonomie**; organisatorisch vermittelte Aspekte der Anforderungen an die Fachlichkeit der Erzieher spielen eine etwas geringere Rolle, ebenso die Frage der **Identifikation** mit der Einrichtung und mit der Tätigkeit als Familiengruppen-Erzieher. Wir wenden uns nun den einzelnen Skalen zu und fragen: Wie stehen die Familiengruppen-Erzieher zu den Einzelaussagen, die sich im F-FG-E als Operationalisierungen von Autonomie, Kompetenz und Identifikation finden?

Abbildung 6.23 veranschaulicht die Ausprägungen der Einschätzungen zum Merkmal **Autonomie** (Gesamtmittelwert dieser Skala ist 3.5).

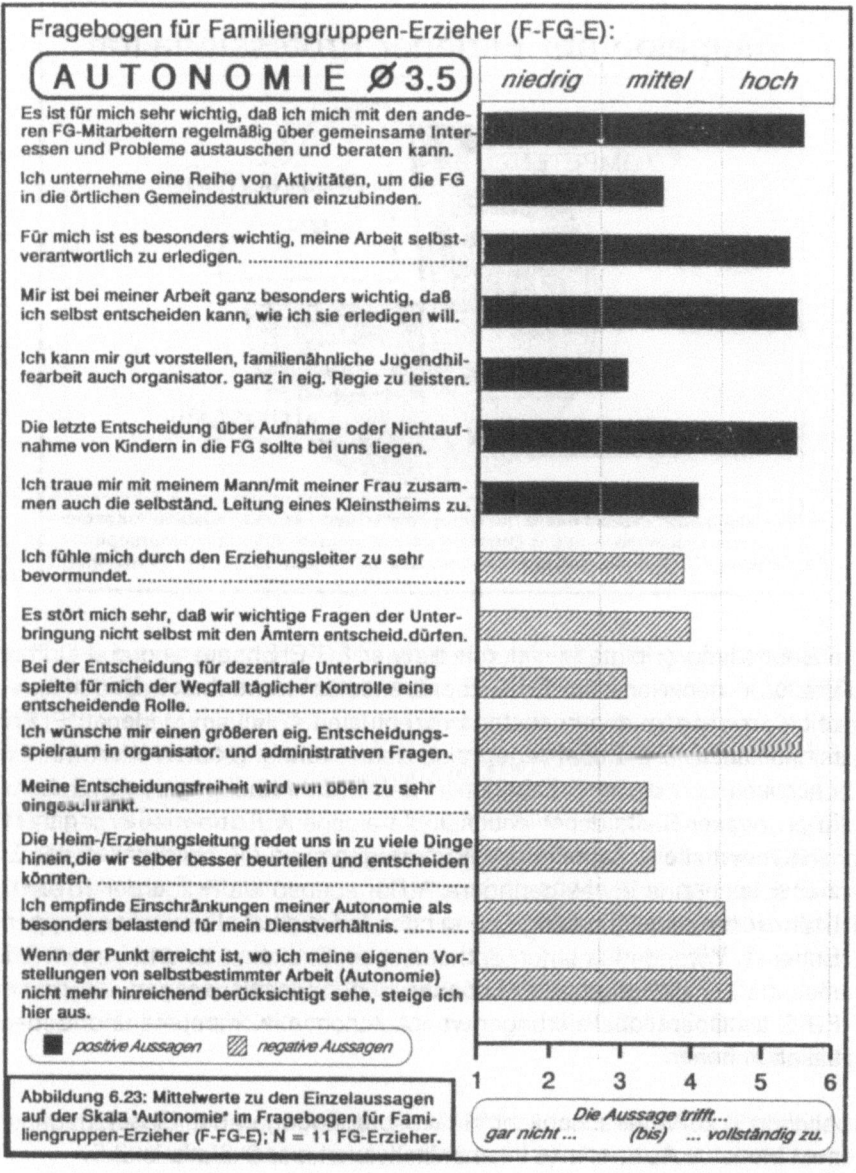

Abbildung 6.23: Mittelwerte zu den Einzelaussagen auf der Skala "Autonomie" im Fragebogen für Familiengruppen-Erzieher (F-FG-E); N = 11 FG-Erzieher.

Die Aussagen mit "hoher" Merkmalsausprägung lassen sich in drei Aspekten zusammenfassen:

- Autonomie heißt für die Erzieher Selbständigkeit und Selbstverantwortlichkeit in der Erledigung ihrer Aufgaben. Einschränkungen dieser eigenen Zuständigkeit erscheinen als besondere Belastungen für das Dienstverhältnis und in letzter Konsequenz als Kündigungsgrund.

- Das Ausmaß bisher zugestandener Autonomie ist offensichtlich erweiterungsbedürftig: Die Erzieher wünschen einen größeren Spielraum für eigene Entscheidungen in organisatorischen und administrativen Fragen; als einen der hierbei bedeutsamen Problempunkte läßt sich die Entscheidungskompetenz über Aufnahme oder Nichtaufnahme von Kindern in die FG ausmachen.

- Zur Autonomie gehört für die Erzieher auch so etwas wie "Koalitionsfreiheit": Sich mit den anderen Mitarbeitern in den Familiengruppen treffen und beraten können, ohne dabei einer dienstlichen Kontrolle bzw. Beaufsichtigung unterworfen zu sein, imponiert als "signifikant" ausgeprägte Einzelaussage.

Die Untersuchung bestätigt in der Autonomiefrage die Einschätzung, bei der Einrichtung von Familiengruppen handele es sich im Grunde um die Implementation eines "Subunternehmertums" in die dafür nur unzureichend vorbereiteten (oder vielleicht gar nicht geeigneten?) Strukturen der Heimerziehung. Wie es scheint, sind hier weitere Überlegungen zur Vergrößerung des autonomen Entscheidungsbereichs der FG-Erzieher erforderlich.

Die Befragungsergebnisse zur Variable **Identifikation** ergänzen diesen Befund; sie sind in Abbildung 6.24 zusammengefaßt.
Der Gesamtmittelwert der Skala "Identifikation" ist mit 3.1 relativ niedrig (die Grenze zu "niedriger" Ausprägung liegt beim F-FG-E bei 2.7). Keine der positiv formulierten Einzelaussagen erhält eine "hohe" Ausprägung. Hohe Werte erzielen dagegen Formulierungen, die auf Belastungsaspekte verweisen, also die **Grenzen der Identifikation** mit dem Betreuungsmodell und mit der Einrichtung aufzeigen: Den Erziehern sind Abbruchgedanken dieser besonderen Existenzform nicht fremd; insbesondere die Belastungen, die auf die eigene Familie zukommen könnten, er-

scheinen geeignet, die Kongruenz von Familie und Familiengruppe in Frage zu stellen.

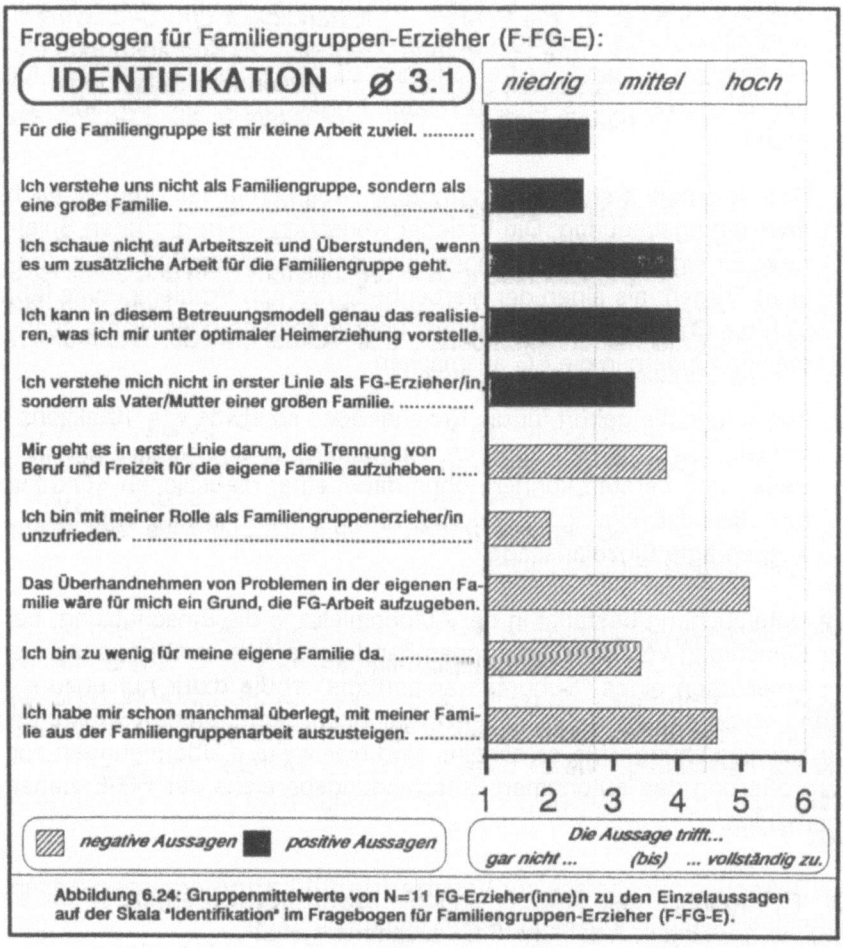

Abbildung 6.24: Gruppenmittelwerte von N=11 FG-Erzieher(inne)n zu den Einzelaussagen auf der Skala "Identifikation" im Fragebogen für Familiengruppen-Erzieher (F-FG-E).

Diese eher verhaltene Zustimmung in der Identifikationsfrage wird durch zwei Ergebnisse aus dem Erzieher-Interview im wesentlichen bestätigt.

Die Frage: "Wie groß (in % von 100) schätzen Sie Ihre persönliche Identifikation mit dem Betreuungsmodell Familiengruppe ein?", beantworten die Erzieher-Ehepaare mit einem Durchschnittswert von 73% (die Männer 72%, die Frauen 74%); die Drittkräfte äußern einen Identifikationswert von 67%. - Auch die Einzelaussage aus dem F-FG-E: "Ich kann in diesem Betreuungsmodell genau das realisieren, was ich mir unter optimaler Heimerziehung vorstelle" (Mittelwert 3.8) fand im Interview eine Entsprechung: "Zu wieviel Prozent erscheint Ihnen Ihre Vorstellung von optimaler Heimerziehung im FG-Modell realisiert?". Die Erzieher-Ehepaare kommen bei gemeinsamer Einschätzung im Durchschnitt auf 63% (Männer 57%, Frauen 69%); die Drittkräfte sehen ihre Vorstellungen zu 79% realisiert.

Die Aussagen im Interview stehen zu denen im Fragebogen in keinem bedeutsamen Widerspruch, wenn man bedenkt, daß das Merkmal "Identifikation" im Interview als Einzelbegriff direkt (eindimensional) abgefragt wird, während es sich im F-FG-E aus mehreren Aspekten zusammensetzt, die u.a. auch die Frage der Realisierung von optimaler Heimerziehung beinhalten - eine Frage, die als Einzelaspekt im Interview um 10 Prozentpunkte niedriger beantwortet wird, als die Identifikations-Abfrage. Zieht man zusätzlich in Betracht, daß der F-FG-E auch die möglichen Einschränkungen berücksichtigt, denen die Kongruenz von persönlicher und beruflicher Identität ausgesetzt ist, so erscheint die Interpretation naheliegend, daß sich die Erzieher-Ehepaare tatsächlich nur insgesamt "mittelmäßig" mit dem Betreuungsmodell Familiengruppe identifizieren.

Zur statistisch "mittleren" Ausprägung des Merkmals Identifikation erscheint auf der Grundlage der Interview-Informationen eine Differenzierung angebracht: Die FG-Ehepaare lassen sich entlang der Frage nach ihrer persönlichen Identifikation mit dem Betreuungsmodell in zwei Lager teilen: Bei zwei Ehepaaren ist die Identifikation vergleichsweise niedrig (im Mittel 55%), bei den beiden anderen liegt sie ausgesprochen hoch (über 90%). Diese "Koalitionsbildung" wiederholt sich in der Frage, zu wieviel Prozent das FG-Betreuungsmodell "optimale Heimerziehung" darstelle: Einer relativ geringen Identifikation entspricht die Auffassung von zwei Ehepaaren, optimale Heimerziehung sei mit der Familiengruppe nur zu 50% realisiert; während die beiden Erzieher-Ehepaare, die eine deutlich höhere Identifikation zu erkennen gegeben haben, der Meinung sind, das FG-Betreuungsmodell realisiere zu knapp 80% ihre Vorstellung von optimaler Heimerziehung.

Damit die als Durchschnittswert aus dieser Dichotomie resultierende eingeschränkte Zustimmung nicht mit Unzufriedenheit verwechselt wird, sei zum einen auf die Einzelaussage in der F-FG-E-Skala "Identifikation" verwiesen, die eine Unzufriedenheit mit der Rolle als FG-Erzieher zurückweist (Mittelwert 2.0, die Aussage trifft "kaum" zu); zum anderen sei aus dem Interview berichtet, daß die Selbsteinschätzung der Arbeitszufriedenheit durch die Erzieher als "insgesamt zufrieden" zu klassifizieren ist.

Zusammenfassend läßt sich zum Thema Identifikation folgendes festhalten:

- Bei hinreichender Arbeitszufriedenheit und gut durchschnittlichem Engagement auf der Grundlage einer als zufriedenstellend eingeschätzten Realisierung von optimaler Heimerziehung erscheinen die Erzieher-Ehepaare auf mittlerem Niveau mit dem FG-Betreuungsmodell identifiziert.

- Eine höhere Ausprägung der Identifikation mit dem Betreuungsmodell wird insbesondere durch die Berücksichtigung der Belastungsfaktoren für die eigene (Kern-)Familie erschwert.

Wie bereits angedeutet, erhält das Merkmal **Kompetenz** im F-FG-E eine relativ hohe Ausprägung (Mittelwert 3.9). Mit Abbildung 6.25 läßt sich das auf der Ebene der Einzelaussagen nachvollziehen.

Professionalität als Grundlage der Erziehungsarbeit wird als eigener Anspruch hochgehalten. Damit korrespondiert die Zurückweisung der Aussage, Ausbildung helfe wenig bei den Problemen, mit denen der Erzieher in der Familiengruppe konfrontiert ist. Diese Einstellung zur Professionalität wird abgerundet durch die (mit einem Mittelwert von 4.3 fast die Grenze - 4.4 - zur "hohen" Ausprägung erreichende) Feststellung, kontinuierliche Fortbildung und Supervision seien erforderlich, um die Fachlichkeit als Erzieher zu erhalten.
Die höchste Ausprägung auf dieser Skala erhält (mit einem Mittelwert von 5.5) die Kompetenz-Zuschreibung in der "Indikationsfrage": Die Aussage, das FG-Ehepaar wisse "selbst am besten, welches Kind in die Familiengruppe paßt und welches nicht", muß im Zusammenhang mit den Autonomie-Äußerungen (siehe Abbildung 6.23) gesehen werden, die darauf abzielen, die letzte Entscheidung über Aufnahme oder Nichtauf-

nahme von Kindern in die FG dem Erzieher-Ehepaar zu überlassen (Mittelwert 5.6). Diese Aussagen treffen offensichtlich in einem institutionellen Konfliktpunkt zusammen.

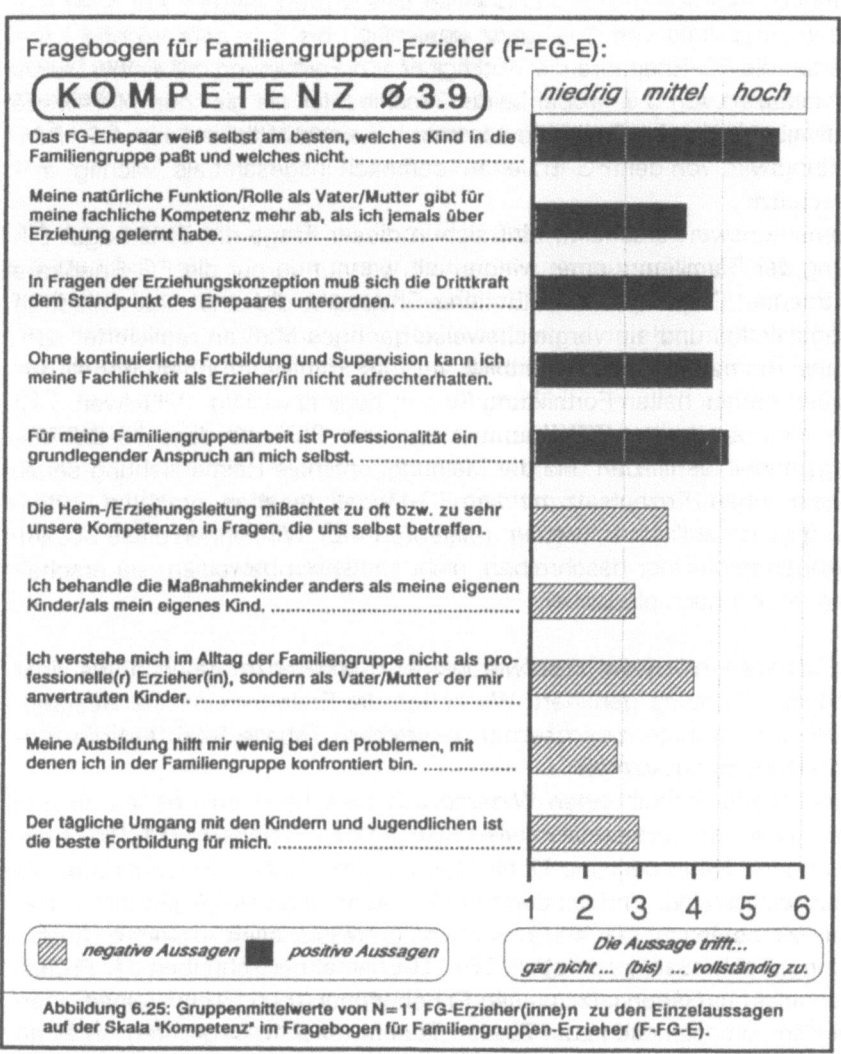

Abbildung 6.25: Gruppenmittelwerte von N=11 FG-Erzieher(inne)n zu den Einzelaussagen auf der Skala "Kompetenz" im Fragebogen für Familiengruppen-Erzieher (F-FG-E).

Der Stellenwert von Fortbildung für die Erhaltung fachlicher Kompetenzen, der oben im Zusammenhang mit Supervision als relativ hoch angesetzt wurde, kann vom Befragungsergebnis zu einer entsprechenden Interview-Abfrage bestätigt und weiter differenziert werden: Auf einer Einschätzungsskala von 1 (="ganz unwichtig") bis 5 (="sehr wichtig") bewerten die FG-Ehepaare die Wichtigkeit von Fortbildung mit einem Durchschnittswert von 3.8 (wobei beide Geschlechter die gleichen Mittelwerte aufweisen); die drei Drittkräfte kommen auf einen Mittelwert von 4.5 - Fortbildung wird von den FG-Erziehern demnach insgesamt als "wichtig" eingeschätzt.

Bemerkenswert erscheint, daß sich in dieser Frage die Zwei-Lager-Bildung der Familiengruppen wiederholt, wenn man nur die FG-Ehepaare betrachtet: Diejenigen zwei Erzieher-Ehepaare, die eine relativ niedrige Identifikation und ein vergleichsweise geringes Maß an realisierter optimaler Heimerziehung im Hinblick auf das Familiengruppen-Modell geäußert haben, halten Fortbildung für nur "bedingt wichtig" (Mittelwert 3.2); die anderen beiden FG-Ehepaare, zu über 90% mit dem FG-Betreuungsmodell identifiziert und der Meinung, optimale Heimerziehung sei zu einem hohen Prozentsatz mit dem FG-Modell gegeben, erachten Fortbildung ganz deutlich für "wichtig" (Mittelwert 4.2). Wir können diese Zusammenhänge hier nur beschreiben, nicht statistisch beweisen; sie erscheinen jedoch hoch plausibel.

Im Erzieher-Interview haben wir uns der Kompetenzfrage noch aus einer anderen Richtung genähert. Wir ließen die Erzieher einzelne Bestandteile von Kompetenz prozentual bestimmen. Tabelle 6.25 faßt die Einschätzungen zusammen.

Die Tabelle enthüllt einen Widerspruch zwischen den Ehepaaren und den Drittkräften einerseits sowie zwischen den Erziehern und den Erzieherinnen (Ehefrauen und Drittkräften) andererseits. Die Drittkräfte, die alle weiblich sind, sind mit den FG-Ehefrauen darin einig, daß ihre Erzieher-Kompetenz zu fast 40 Prozent von professionellen Aspekten (Ausbildung, Fachwissen) geprägt ist. Die FG-Ehemänner schreiben der Professionalität (im Gegensatz zu allen Erzieherinnen) nur zu etwa einem Viertel Kompetenzfunktion zu. Für die Erzieher macht den größten Anteil an ihrer Kompetenz mit etwa 40 Prozent ihre natürliche Vaterrolle aus. Die FG-Mütter sehen in ihrer Mutterrolle nur zu etwa einem Drittel Kompetenzanteile, die Drittkraft-Erzieherinnen nur zu etwa einem Fünftel - letzteres ist durch die mehrheitlich fehlende eigene Mutterrolle bedingt. Die FG-

Ehemänner geben der schlichten "Lebenserfahrung" sogar noch mehr Kompetenzfunktion als der Professionalität; den nicht-professionellen Funktionen (Vaterrolle, Lebenserfahrung, Sonstiges) schreiben die Erzieher demnach etwa drei Viertel ihrer Erzieher-Kompetenzen zu.

Tabelle 6.25: Prozentanteile verschiedener Einzelfunktionen am Merkmal "Kompetenz" nach Einschätzung der FG-Erzieher im Erzieher-Interview

N (Ehefrauen) = 4 N (Ehemänner) = 4 N (Drittkräfte) = 3	FG-Ehepaare	FG-Ehefrauen	FG-Ehemänner	Drittkräfte	alle Erzieher
Natürliche Kompetenz (als Vater/Mutter)	36	32	39	22	31
Professionalität (Fachwissen, Ausbildung)	32	38	26	38	34
Lebenserfahrung	26	25	28	33	28
Sonstiges *	6	5	7	7	7
Summe %	100	100	100	100	100

* "eigene Berufsausbildung, individuelle Komponente, praktische Alltagsbewältigung, Berufung"

Die Ergebnisse zum Professionalitätsmerkmal **Kompetenz** lassen sich zusammenfassend folgendermaßen akzentuieren:

- Von den zentralen Begriffen Autonomie, Identifikation und Kompetenz macht letztere nach der Selbsteinschätzung der Erzieher den größten Anteil an ihrer Professionalität aus.

- Autonomie- und Kompetenzbestrebungen der FG-Erzieher laufen in der Forderung nach mehr Entscheidungskompetenz in der Indikations- und Aufnahmefrage zusammen.

- Die FG-Ehemänner haben eine geringere professionelle Einstellung als ihre Frauen und die Drittkräfte.

6.3.4 Organisationsaspekte von Belastung und Entlastung

Die Durchsicht der Auswertungen zu zentralen Begriffen hat Hinweise auf Widersprüche zwischen den FG-Erziehern und der Heimleitung in Autonomie- und Kompetenzfragen ergeben, die eine genauere Betrachtung von Organisationsmerkmalen nahelegen. Aus dem Fragebogen für Fami-

liengruppen-Erzieher (F-FG-E) sind die verbliebenen Einzelaussagen zur Organisationsvariable zu interpretieren. Anschließend sollen die wichtigsten Ergebnisse zu organisatorischen Fragen aus den Erzieher- und Heimleitungs-Interviews referiert werden.
Abbildung 6.26 faßt diejenigen Aussagen im F-FG-E zusammen, die Hinweise auf organisatorisch vermittelte Aspekte von Belastung und Entlastung enthalten.
Es fällt zunächst auf, daß keine Einzelaussage, die in Richtung "Entlastung" geht, eine "hohe" Ausprägung in den Erzieher-Einschätzungen erreicht. Die Aussage, daß gemeinsame Beratungen der FG-Mitarbeiter für "sehr wichtig" gehalten werden, die hohe Zustimmung auf sich zieht, kann als entlastend nur unter dem Optimierungs-Blickwinkel betrachtet werden, denn zum Zeitpunkt der Untersuchung war eine solche eigenständige Familiengruppen-Konferenz gerade erst durchgesetzt worden. Als entlastende Momente verbleiben somit zunächst nur die "gut durchschnittlich" ausgeprägten Aussagen, welche die Dienstleistungsvorteile ansprechen, die eine große Organisation den Familiengruppen zu bieten hat: Absicherung nach außen, zentrale Versorgungsangebote, interdisziplinäre Fachdienste. Eine der positiv formulierten Einzelaussagen verkehrt sich durch ihre Ablehnung bei der Befragung ins Gegenteil: Das Vertrauen zu den Vorgesetzten - das ist die Heim- und Erziehungsleitung - erscheint "gering" ausgeprägt. Damit einher gehen die "mittel" bis "hoch" gewichteten kritischen Äußerungen, die eine Bevormundung durch den Erziehungsleiter und eine Überlastung bzw. Ausnutzung durch den Arbeitgeber thematisieren. Die Belastungsmomente fallen im Gesamtmittelwert (3.4) jedoch leicht hinter die entlastenden Faktoren (Mittelwert 3.6) zurück. Da diese Differenz statistisch keine Rolle spielt, gehen wir insgesamt von einer **Balance zwischen Belastung und Entlastung** aus, die von weiteren Ergebnissen aus den Befragungen bestätigt wird (siehe Pkt. 6.3.5).

Aus der Auswertung des F-FG-E sind als Details noch zu ergänzen: Die Drittkräfte signalisieren eine deutlich höhere Belastung durch organisatorisch vorgegebene Bedingungen ihrer Arbeit, als die FG-Ehepaare.
Bei den letzteren geben die Ehemänner weniger Belastung und deutlich mehr Entlastung durch Organisationsmerkmale im Sinne der Einzelaussagen in Abbildung 6.26 an.

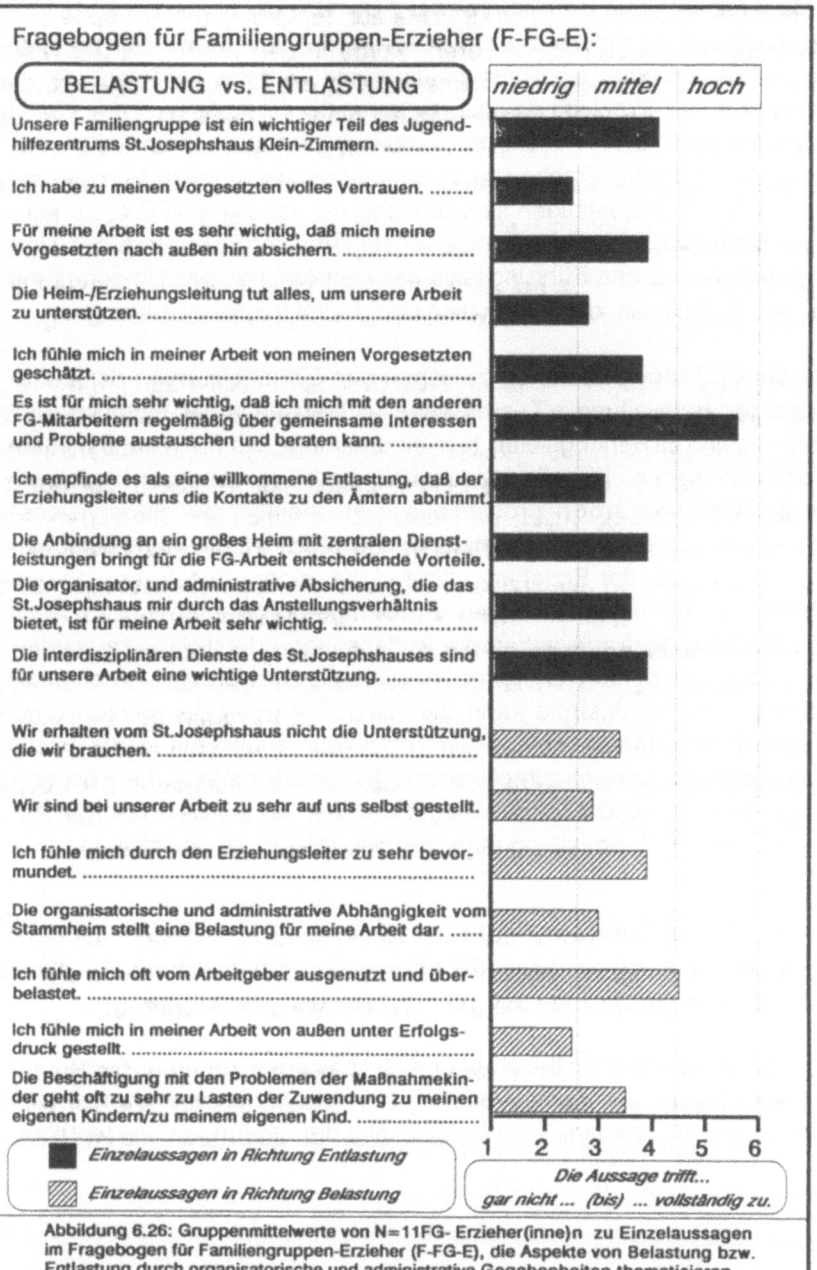

Abbildung 6.26: Gruppenmittelwerte von N=11 FG-Erzieher(inne)n zu Einzelaussagen im Fragebogen für Familiengruppen-Erzieher (F-FG-E), die Aspekte von Belastung bzw. Entlastung durch organisatorische und administrative Gegebenheiten thematisieren.

Um die Probleme und Konfliktpunkte auf der Organisationsebene zu konkretisieren und zu differenzieren, wurde in den Interviews der Heimleitung und der Erzieher ein Themenkatalog mit 23 Items vorgelegt, die im Hinblick auf ihre Problemrelevanz mit einer Fünferskala (von 1 = "ganz unproblematisch" bis 5 = "sehr problematisch") einzuschätzen waren. Abbildung 6.27 faßt die Ergebnisse in einer Grafik zusammen. Vom Standpunkt der Erzieher bestätigen sich zunächst die aus dem F-FG-E bekannten Problempunkte; sie werden hier ausdifferenziert in Fragen des Umgangs mit Macht, des Führungsstils der Heimleitung, des Umgangs mit Kritik und Selbstkritik, der Information und der Interessenvertretung.

In all diesen Fragen bestehen zwischen den Einschätzungen der Erzieher und der Heimleitung z.T. erhebliche Differenzen in der Richtung, daß Heimleiter und Erziehungsleiter hier eine niedrige bis höchstens mittlere Problematik sehen. Für die beiden Leiter gibt es überhaupt nur zwei Themen, die ihnen **hoch** problematisch erscheinen: die Supervisions- und die Überstundenfrage. In letzterem Punkt treffen sich ihre Einschätzungen mit denen der Erzieher, während die Supervisionsfrage von den Erziehern nur mit einem "mittleren" Problemgewicht versehen wird. Auch in der Fortbildungsfrage gehen die Auffassungen deutlich auseinander, liegen aber bei beiden Gruppen im mittleren Bereich der Problemzuschreibung. Als entlastend kann gelten, daß Fragen der persönlichen Akzeptanz und der Akzeptanz der Arbeit übereinstimmend als relativ wenig problematisch betrachtet werden. In der Beurteilung der Kooperation mit dem Interdisziplinären Dienst und der Konkurrenz der Berufsgruppen sieht die Heimleitung mehr Problematik als die Erzieher.

- Von diesem **Problem-Profil** der Einrichtung verbleibt als deutlichster Widerspruch zwischen FG-Erziehern und Heimleitung die unterschiedliche Gewichtung der Führungsstil- und Machtfrage.

Diese Differenz wiederholt sich in den Rollensterotypen des Heim- und Erziehungsleiters, die einmal von ihnen selbst, das andere Mal von den Erziehern erstellt wurden. Tabelle 6.26 zeigt die Ergebnisse im Überblick.

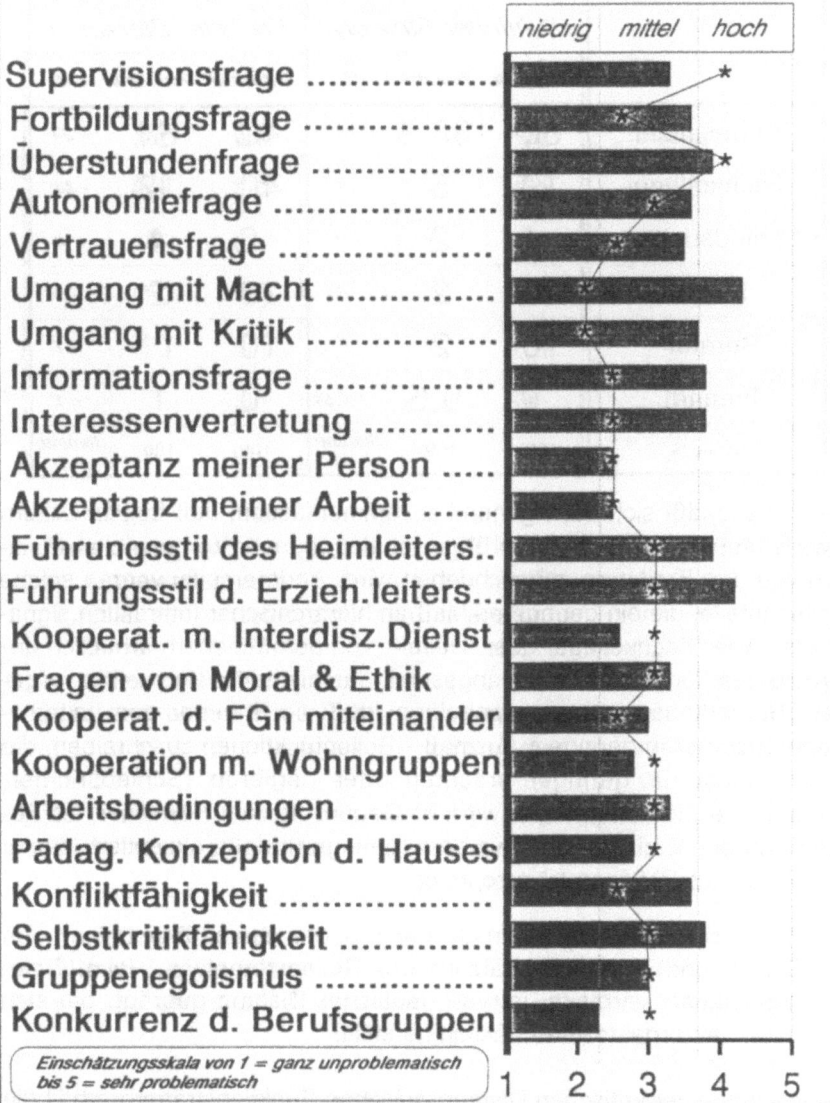

Abbildung 6.27: Mittlere Einschätzungen der Erzieher (N=12) zu problematischen Themen innerhalb der Einrichtung, bezogen auf die Zusammenarbeit der Familiengruppen mit anderen organisatorischen Einheiten (Heimleitung, interdisziplinäre Dienste, Wohngruppen); zum Vergleich ist die gemittelte Einstellung von Heim- und Erziehungsleiter mit —✱— zu diesen Problemen eingetragen.

Tabelle 6.26: Rollenstereotype des Heim- und Erziehungsleiters; Gegenüberstellung von Selbstbild und Fremdeinschätzung durch die FG-Erzieher (N=12).

	Heimleiter-Stereotyp			*Erz.leiter-Stereotyp*		
	Selbstbild	*Fremdbild*	*Diff.*	*Selbstbild*	*Fremdbild*	*Diff.*
Vorgesetzter	60	88,5	+ 28,5	40	64	+ 24
Fachkollege	19	5	- 14	40	18	- 22
Schiedsrichter	1	2	+ 1	0	4	+ 4
Helfer	10	2	- 8	10	2	- 8
Berater	10	2	- 8	10	11	+ 1
Freund	0	0,5	+ 0,5	0	1	+ 1
Summe %	100	100	*Summe = 0*	100	100	*Summe = 0*

Die Tabelle läßt sich dahingehend zusammenfassen, daß beiden Leitern jeweils fast um die Hälfte ihrer Eigenschätzung mehr Vorgesetzten-Funktion von den Erziehern zugeschrieben wird. Andererseits werden solche Rollenanteile, die ein geringeres Maß an hierarchischer Interaktion signalisieren, wie "Fachkollege" oder "Helfer", von den Erziehern erheblich unterhalb des Funktionsniveaus angesetzt, das die Leiter sich selbst vorgeben. Bemerkenswert mag erscheinen, daß die Erzieher den Leitern - wenn auch nur in geringem Ausmaß - Rollenfunktionen zuschreiben, die diese selbst für geringer erachten oder negieren (Schiedsrichter, Freund). Der Erziehungsleiter wird, im Gegensatz zum Heimleiter, als Berater von den Erziehern in etwa dem (geringen) Maße akzeptiert, das er sich selbst als Rollenanteil zuschreibt.

- Der vorherrschende Eindruck, der aus der Gegenüberstellung von Selbst- und Fremdeinschätzung des Rollenstereotyps "Heim-/Erziehungsleiter" verbleibt, ist von deutlicher Distanz geprägt, die sich über die Vorgesetzten-Funktion herstellt.

Angesichts einer kritischen Distanz zwischen Funktionsträgern erhält die Frage der **Kooperation** besonderes Gewicht. Betrachten wir zunächst die Art und Weise, in der das Leistungsmerkmal "gute Arbeit" von Erziehern und Heimleitung attribuiert wird.

Tabelle 6.27 ist zu entnehmen, daß alle FG-Erzieher zusammen (Spalte rechts außen) der Organisationseinheit **Erzieher** mit 65% etwa drei- bis viermal soviel Verursacher-Kompetenz am Zustandekommen "guter Arbeit" zuschreiben, wie den beiden anderen Instanzen (Leitung, Fachdienste).

Sie schätzen ihren Einfluß damit etwa doppelt so hoch ein wie der Erziehungsleiter - der sich bei dieser Fragestellung mit der Vorgabe einer fiktiven Drittelparität bedeckt hält -, bleiben aber deutlich unter der Schätzung des Heimleiters, der ihnen zu 80% die Verantwortung für "gute Arbeit" zumißt. Betrachtet man die Erzieher-Einschätzungen nach Funktions- und Geschlechtsgruppen, so fällt zum einen auf, daß die Drittkräfte den Erziehern mit 74% den relativ höchsten und der Leitung mit 12% den relativ geringsten Anteil zuschreiben - sie nähern sich von allen Erziehern am meisten der Position des Heimleiters an; zum anderen wird deutlich, daß die FG-Ehefrauen für die entgegengesetzte Tendenz stehen: sie sind diejenige Erzieher-Teilgruppe, die der Leitung mit 27% etwa doppelt so viel Verantwortlichkeit für "gute Arbeit" der Einrichtung zuerkennt, wie ihre Ehemänner und die Drittkräfte dies tun, und andererseits den Erziehern mit 55% den relativ geringsten Anteil. Ihren eigenen Beitrag zu "guter Arbeit" des FG-Teams veranschlagen sie im Schnitt auf fast die Hälfte (45%) der FG-Leistung.

Tabelle 6.27: Mittlere Prozentwerte der Einschätzungen von FG-Erziehern (N=12) und Heimleitung (N=2) auf die Frage:
"Wer ist in Ihren Augen vor allem dafür verantwortlich, daß in Ihrer Einrichtung gute Arbeit geleistet wird?"

	Heim-leiter	Erzieh.-leiter	FG-Ehe-Paare	FG-Ehe-Männer (N=4)	FG-Ehe-Frauen (N=4)	Dritt-kräfte (N=4)	alle FG-Erzieher
Heim- und Erziehungsleitung	10	33,3	21	15	27	12	18
Fachdienste	10	33,3	18	17	18	14	17
Erzieher	80	33,3	61	68	55	74	65
Summe %	100	100	100	100	100	100	100
Eigenanteil Erzieher *			42	38	45	28	37

* Durchschnittliche Prozentwerte der FG-Erzieher auf die Zusatzfrage:
"Wieviel Prozent der FG-TEAM-Leistung schreiben Sie sich selbst zu?"

Auf einer Ebene liegen die Voten der Erzieher relativ homogen beisammen: Die Verantwortlichkeit der **Fachdienste** für das Zustandekommen "guter Arbeit" wird auf etwa ein Sechstel an der Gesamtleistung der Einrichtung geschätzt.

Diese Relativierung muß man bedenken, wenn man sich die in Tabelle 6.28 zusammengefaßten Ergebnisse zur Kooperation der Familiengruppen mit den fünf Fachdiensten des Jugendhilfezentrums betrachtet.

Tabelle 6.28: Kooperation der Familiengruppen mit den Interdisziplinären Diensten des Stammheims: Erzieher-Einschätzungen (N=11) zu den Rangfolgen von Wichtigkeit und Inanspruchnahme der gruppenübergreifenden Fachdienste.

	MUSIKPÄD. DIENST	PSYCHOLOG. DIENST	RELIG.PÄD. DIENST	SPORTPÄD. DIENST	WISSENSCH. DIENST
Rangfolge der Wichtigkeit für die FG-Arbeit	2	1	4	3	5
Rangfolge der tatsächlichen Inanspruchnahme	2	1	5	3	4

Der Psychologische Dienst steht unangefochten an erster Stelle der Fachdienst-Relevanz für die FG-Erzieher und wird auch am häufigsten in Anspruch genommen (Supervision, Diagnostik, Fallbesprechungen). Ebenso klar steht der Musikpädagoge auf der zweiten Rangposition (musikalische Früherziehung, Instrumentalunterricht, musikalische Projekte aus Anlaß von Feiern und Festen etc.), was bemerkenswert erscheint, da es sich um den historisch jüngsten Fachdienst handelt. Der Sportpädagoge nimmt die Mittelposition ein (Sportunterricht, Akrobatik, Motopädagogik); der Religionspädagoge und der Wissenschaftler sind von ihrer Bedeutung und Inanspruchnahme durch die Erzieher eher Randerscheinungen, sie werden nur zu vereinzelten und festumschriebenen Fragestellungen einbezogen.

Unter dem Blickwinkel von Chancen und Risiken des Betreuungsmodells lassen sich die Ergebnisse aus den Tabellen 6.27 und 6.28 wie folgt zusammenfassen:

- Die FG-Erzieher haben ein relativ selbstbewußtes Konzept eigener Verantwortlichkeit für "gute Arbeit", das von der Leitung prinzipiell gestützt und bestätigt wird. Dieses Verursacher-Konzept steht in Übereinstimmung mit den Erzieher-Einschätzungen zu Fragen der Autonomie und Kompetenz.

- Den gruppenübergreifenden Fachdiensten wird ein eher mäßiger Beitrag zum Leistungsmerkmal "gute Arbeit" zugeschrieben. Ihre Entlastungsfunktion im Sinne der angestrebten Netzwerkunterstützung erscheint durch die Erzieher-Attribution begrenzt.

Das **funktionale Selbstverständnis** der Familiengruppen ist ein weiterer Aspekt, der sich als belastend oder entlastend herausstellen kann. Heimleitung und FG-Erzieher wurden in den Interviews nach ihrer Einschätzung (in Prozent) zu verschiedenen Funktionen des Betreuungsmodells gefragt. Tabelle 6.29 stellt die Ergebnisse im Überblick dar.

Die Auffassungen unterscheiden sich im wesentlichen im Hinblick auf die beiden dichotomen Funktionen "Ergänzung" versus "Ersatz". Die Position des Erziehungsleiters und die der FG-Ehepaare ist hierbei diametral entgegengesetzt: Während der Erziehungsleiter eindeutig den offiziellen Standpunkt des Hauses vertritt, indem er die Familiengruppe zu 80% als (herkunfts-) familien**ergänzende** Betreuungsform klassifiziert, bestehen die Erzieher-Ehepaare mit fast ebensolcher Eindeutigkeit (knapp 70%) auf einer (herkunfts-)familien**ersetzenden** Funktion.

Tabelle 6.29: Mittlere Prozentwerte der Einschätzungen von Heimleitung und FG-Erziehern zur Interview-Frage: *"Zu wieviel Prozent erfüllt die Familiengruppe als Betreuungsmodell Ihrer Meinung nach die folgenden Funktionen?"*

	Heim-leiter	Erzieh.-leiter	FG-Ehepaare	FG-Drittkräfte	alle Erzieher
ERGÄNZUNGS-MODELL "Durchlauf"-Funktion	60	80	24	44	34
ERSATZ-MODELL "Speicher"-Funktion	40	5	67	44	56
KRISEN-INTERVENTION "Notaufnahme"-Funktion	0	10	2	12	7
ANBAHNUNGS-MODELL "Diagnose"-Funktion	0	5	7	0	3
Summe %	100	100	100	100	100

Der Heimleiter bevorzugt das "Durchlauf"-Modell gegenüber dem "Speicher"-Modell nur knapp (60:40), während die Drittkräfte von einer 1:1-Parität ausgehen - oder anders ausgedrückt: eine unentschiedene Haltung einnehmen. Drittkräfte und Erziehungsleiter treffen sich in der Einschätzung, die Familiengruppen sollten zu etwa 10% auch eine Notaufnahme-Funktion wahrnehmen. Der Erziehungsleiter sieht sich von den FG-Ehepaaren darin unterstützt, einen zeitweiligen Aufenthalt in der Familiengruppe unter dem Aspekt der Diagnosestellung zu einem wenn auch geringen (5-7%-) Anteil zum Funktionsumfang des Betreuungsmodells zu rechnen.

Als Ergebnis sei folgender Befund akzentuiert:

- Die Erzieher-Ehepaare in den Familiengruppen favorisieren - entgegen der offiziellen Position des Hauses, wie sie in den Verhandlungen mit den Kostenträgern der Jugendhilfemaßnahmen vertreten wird - eine **familienersetzende** Funktion des Betreuungsmodells.

Das Problem ist nicht, daß die Erzieher die Sache anders sehen als der Erziehungsleiter. Das Problem liegt darin, daß die Ersatzfunktion der allgemeinen Funktion von Heimerziehung als einer **temporären** Maßnahme widerspricht. Dieser Widerspruch kommt in der Interaktion mit externen Instanzen (Jugendämter, Familiengerichte, Herkunftseltern) zum Tragen und stellt dann in dem Maße eine Belastung für die Familiengruppe dar, in dem das Erzieher-Ehepaar Fluktuation als konstitutives Element der FG-Arbeit nicht akzeptieren mag.

6.3.5 Erziehungsalltag und Belastung

Im folgenden werden die Ergebnisse aus der Erzieher-Befragung mit dem "Fragebogen zur Belastung von Erziehern" (von uns als **FBE** abgekürzt) von Mitransky (1990) in einigen wichtigen Teilaspekten referiert.

Im vorigen Abschnitt wurde bereits angesprochen, daß insgesamt von einer **Balance zwischen belastenden und entlastenden Aspekten** der Familiengruppenarbeit auszugehen ist. Dies läßt sich auch aus der Erhebung mit dem Mitransky-Fragebogen belegen. Wir betrachten zu diesem Zweck die Ergebnisse zu einigen allgemeinen Fragen über die Rahmenbedingungen des beruflichen Alltags. Nach dem Ansatz Mitranskys

und den Folgerungen, die er selbst aus seiner Untersuchung zieht, kann die Erziehertätigkeit dann als **belastet** gelten, wenn u.a.
- keine Zeit für die eigene Familie, für Freunde und eigene Freizeitbeschäftigungen (Hobby) bleibt;
- vorhandene gesundheitliche Beschwerden und insbesondere Schlafstörungen als berufsbedingt attribuiert werden;
- beim Eintritt in die Erziehertätigkeit keine (einschlägige oder anderweitige) Berufserfahrung vorliegt;
- Unzufriedenheit mit der gegenwärtigen (Berufs- bzw. Lebens-) Situation herrscht;
- keine Fortbildungsmotivation besteht, was als Belastung insofern gelten darf, als die Wahrscheinlichkeit von Entlastung durch Fortbildung reduziert wird;
- sich Unzufriedenheit mit den vorhandenen Kompetenzen eingestellt hat etc.

Die gegenteilige Ausprägung dieser Merkmale würde **Entlastung** bedeuten.

Unsere Ergebnisse zu diesen Variablen sind in Tabelle 6.30 zusammengestellt. Die Liste dieser relevanten Merkmale von Belastung und Entlastung ließe sich sicher erweitern. Da wir bereits zusätzliche Informationen aus dem F-FG-E haben, beschränken wir uns auf die in der Tabelle aufgeführten Fragestellungen.

Die Häufigkeit der Nennungen in jeder Untersuchungsgruppe (Drittkräfte, Ehemänner und Ehefrauen des Kernfamilien-Ehepaares) summieren wir auf und setzen Belastung und Entlastung mit einem Quotienten in Beziehung; wir erhalten auf diese Art folgendes Bild:
- Die Drittkräfte signalisieren den relativ geringsten Belastungsgrad (Belastung:Entlastung=0.5), die FG-Mütter den höchsten (Quotient 1.1);
- die FG-Väter haben eine etwas günstigere Belastung-Entlastungs-Bilanz (Quotient 0.9) als ihre Frauen und "kompensieren" das Ergebnis für die FG-Ehepaare zu einem 1:1-Verhältnis;
- die weniger belasteten Drittkräfte und FG-Ehemänner gleichen die erhöhte Belastung der FG-Ehefrauen zu einem Familiengruppen-Gesamtwert aus, bei dem die entlastenden Effekte überwiegen (Quotient 0.8).

Tabelle 6.30: Vermutete belastende bzw. entlastende Faktoren in den Arbeitsbedingungen der Familiengruppen-Erzieher (MITRANSKY-Fragebogen zur Belastung v. Heimerziehern); Zusammenfassung der nach Geschlecht bzw. Rolle/Funktion gruppierten Faktoren in sogenannten Belastungsquotienten (Summe Belastung : Summe Entlastung).

N (Ehemänner) = 4 N (Ehefrauen) = 4 N (Drittkräfte) = 3	Belastung			Entlastung		
	Dritt-kräfte	FG-Ehe-männer	FG-Ehe-frauen	FG-Ehe-frauen	FG-Ehe-männer	Dritt-kräfte
Haben Sie neben Ihrer beruflichen Tätigkeit noch Zeit für die Familie?	2	2	3	1	2	1
Haben Sie neben Ihrer beruflichen Tätigkeit noch Zeit für Freunde?	2	4	4	0	0	1
Haben Sie neben Ihrer beruflichen Tätigkeit noch Zeit für ein Hobby?	1	0	1	3	4	2
Leiden Sie unter berufsbedingten gesundheitlichen Beschwerden?	1	3	1	3	1	2
Haben Sie einen guten Nachtschlaf?	0	0	0	4	4	3
Sind Sie vor Ihrer Erziehertätigkeit berufstätig gewesen?	1	0	1	3	4	2
Sind Sie mit Ihrer augenblicklichen Situation zufrieden?	2	2	3	1	2	1
Möchten Sie sich fortbilden, um in Ihrem Beruf weiterzukommen?	0	2	2	2	2	3
Wünschen Sie sich für Ihre Tätigkeit mehr Kompetenzen?	0	4	4	0	0	3
Belastungsquotient Drittkräfte	9		(0.5)			18
Belastungsquotient FG-Ehemänner		17	(0.9)		19	
Belastungsquotient FG-Ehefrauen			19 (1.1) 17			
Belastungsquotient FG-Ehepaare			(1.0)			
Belastungsquotient FG-Erzieher			(0.8)			

In der Einzelbetrachtung ergibt sich, daß bei keiner der untersuchten vier Familiengruppen die Belastungsaspekte überwiegen (drei Gruppen haben den Quotienten 0.8, eine erreicht 0.7); wohl aber gibt es zwei FG-Ehepaare, deren Belastungs-Quotient >=1 ist (1.0 und 1.6); eine Drittkraft (1.25), ein FG-Ehemann (1.25) und zwei FG-Ehefrauen (1.25 und 3.5) signalisieren überwiegende Belastungswerte. So wichtig diese Einzelergebnisse für die Rückmeldung an die betroffenen Erzieher auch sind - über die Familiengruppen hinweg bleibt festzuhalten:

- Bei wichtigen Rahmenbedingungen der alltäglichen Erziehungsarbeit halten sich belastende und entlastende Momente insgesamt die Waage.

Dieses Ergebnis sollte bei den nachfolgenden Ausführungen immer im Auge behalten werden. Da sich jetzt die Darstellung fast ausschließlich den Belastungsaspekten zuwendet, könnte sonst leicht der falsche Eindruck entstehen, es gäbe keine entlastenden Merkmale der Familiengruppenarbeit.
Aus Platzgründen fassen wir die wichtigsten Ergebnisse zu belastenden Merkmalen im Hinblick auf pädagogische, disziplinarische, strukturierende und strukturelle Bedingungen des Erziehungsalltags in einer Grafik zusammen (siehe Abbildung 6.28).

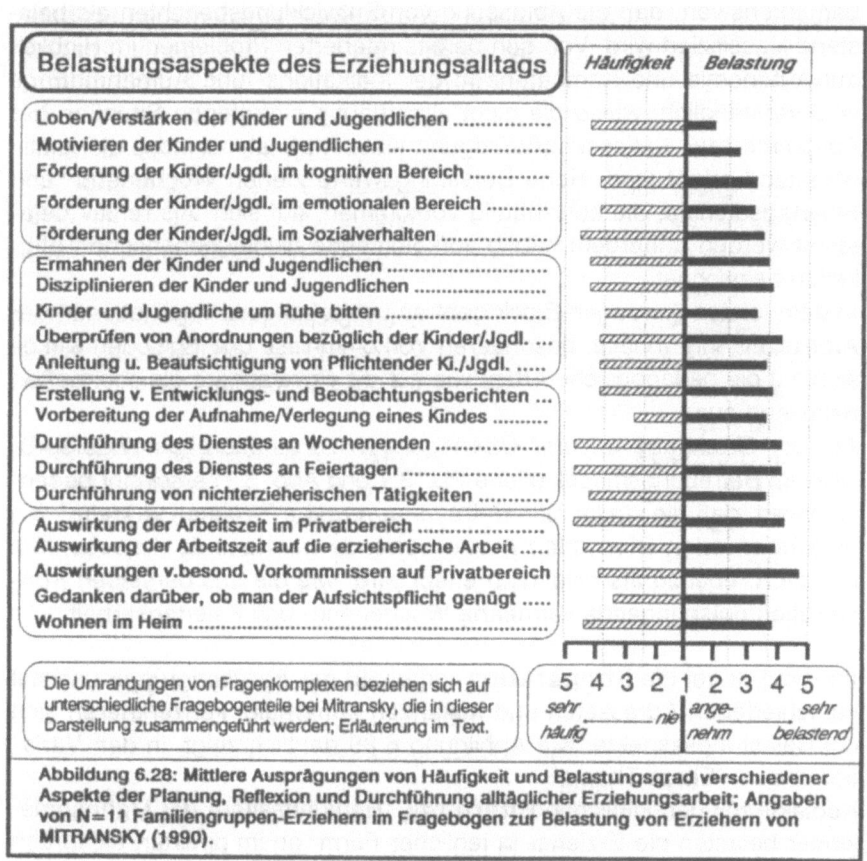

Abbildung 6.28: Mittlere Ausprägungen von Häufigkeit und Belastungsgrad verschiedener Aspekte der Planung, Reflexion und Durchführung alltäglicher Erziehungsarbeit; Angaben von N=11 Familiengruppen-Erziehern im Fragebogen zur Belastung von Erziehern von MITRANSKY (1990).

Der erste in Abbildung 6.28 mit einer Umrandung zusammengefaßte Aussagen-Block bezieht sich auf die pädagogische Interaktion mit den Kindern und Jugendlichen. Die einzelnen Handlungen finden häufig statt und stellen für die Erzieher nur eine geringe bis höchstens mittlere Belastung dar; als in Richtung "angenehm" ausgeprägt und damit im Grunde entlastend darf der häufig anzutreffende Interaktionsaspekt "Loben und Verstärken der Kinder und Jugendlichen" gelten.
Der zweite Aussagen-Block beinhaltet fünf disziplinarische Interventionen bzw. Ordnungs-Kategorien der Erziehungsarbeit. Diese Situationen sind häufig und werden überwiegend als deutlich belastend erlebt.
Die nächsten fünf in einer Umrandung zusammengefaßten Aussagen beziehen sich auf strukturierende Leistungsaspekte und auf die Dienstplanung bzw. Dienstzeit. Unter dem professionellen Blickwinkel erscheint bemerkenswert, daß die Abfassung von Entwicklungsberichten als belastend klassifiziert wird. Von den bereits referierten Problemen im Hinblick auf Autonomie und Kompetenz in der Indikations- und Aufnahmefrage wird verständlich, wieso die nicht allzu häufig eintretende Situation der Aufnahme bzw. Entlassung/Verlegung eines Maßnahmekindes als relativ belastend erlebt wird. Hohe Belastungswerte ziehen Wochenend- und Feiertagsdienste, die sehr häufig vorkommen, auf sich. Als relativ belastend werden außerdem häufig vorkommende nichterzieherische Tätigkeiten bezeichnet.
In dem letzten Aussagen-Block geht es um belastende Implikationen der Arbeitszeit; ihre Inhalte, besonderen Vorkommnisse und Episoden wirken sich auf die pädagogische Arbeit wie auf die Privatsphäre gleichermaßen belastend aus.
Auf der Grundlage unserer Überlegungen zu strukturellen Widersprüchen im Betreuungsmodell (siehe Pkt. 3.1 und Abb. 3.1) erscheint bedenkenswert, daß die strukturelle Betreuungsvorgabe "Wohnen im Heim", die eine über jeden Dienstplan hinwegsehende permanente Anwesenheit impliziert, ebenso als belastend erlebt wird, wie die aus derselben Konstellation entspringende vermehrte Wochenend- und Feiertagsarbeit.

Im Hinblick auf die **Kooperation** innerhalb der Familiengruppe und mit verschiedenen Adressaten und Instanzen außerhalb, konzentrieren sich die Belastungsaspekte, wie Abbildung 6.29 deutlich zeigt, in den Variationen zum "Eltern-Thema".
Kontakte mit den leiblichen **Eltern** bzw. Herkunftseltern der Maßnahmekinder belasten die Erzieher in jeglicher Form: ob im direkten Gespräch

beim Besuch der Eltern im Heim, ob bei telefonischen Abstimmungen, und auch wenn es sich gar nicht um direkten Kontakt, sondern nur um die Beschäftigung mit der Thematik im Vorfeld von Eltern-Kind-Begegnungen handelt; auch die äußerst selten stattfinden Besuche der FG-Erzieher im Elternhaus der Kinder und Jugendlichen werden als belastend erlebt.

Dieses Ergebnis hat Implikationen für ein "entlastendes" Konzept von Elternarbeit, auf die bei unseren Optimierungsvorschlägen (siehe Kapitel 7) zurückzukommen sein wird.

Die FG-Erzieher reagieren auf die geschilderten Belastungen mit Symptomen auf der kognitiven, emotionalen, vegetativen und muskulären Ebene des Verhaltens in Streßsituationen.

Abbildung 6.29: Mittlere Ausprägungen der Häufigkeit und Belastung von FG-Erzieher-Aktivitäten in der Zusammenarbeit untereinander, mit anderen Gruppen, Instanzen und Institutionen im Mitransky-Fragebogen FBE; die Kooperation mit den Herkunftseltern der Maßnahmekinder ist durch Umrandung hervorgehoben.

Abbildung 6.30 veranschaulicht die wichtigsten Reaktionsklassen. Es überwiegen emotionale Reaktionen (Streß, Ärger), gefolgt von muskulären (Abgespanntheit), vegetativen (Kopfschmerzen, Kreislauf-, Magen- und Herzbeschwerden) sowie kognitiven Symptomen (Niedergeschlagenheit/negative Kausalattributionen).

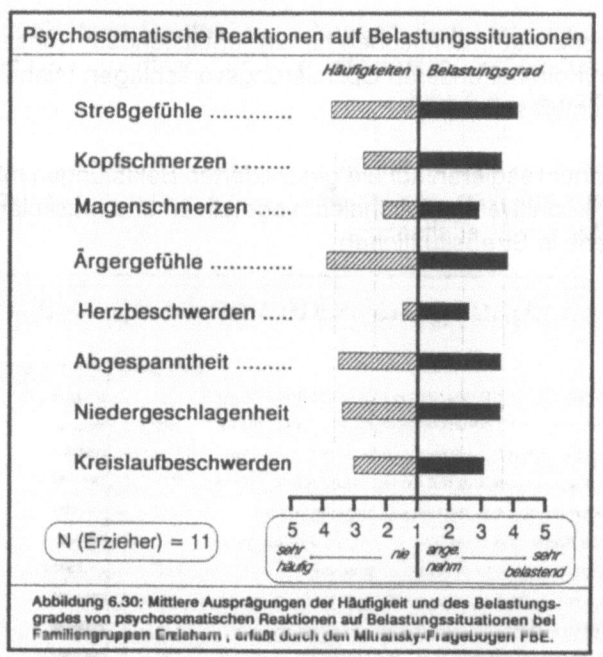

Für die im Vordergrund stehenden Streß- und Ärgergefühle seien einige Beispiele angeführt. Die FG-Erzieher fühlen sich überfordert durch:

- Auseinandersetzungen der Kinder und Jugendlichen untereinander, die mit verbalen und körperlichen Aggressionen einhergehen;
- aggressive Musik, die von Jugendlichen bevorzugt abgespielt wird;
- Geschrei, Nichtbeachtung von Anordnungen, Anspruchsdenken, übermäßig lange Arbeitszeiten etc.

Die aus Belastungssituationen resultierenden Konflikte beziehen alle Interaktionsebenen ein (Maßnahmekinder, eigene Kinder, Ehepartner, Kollegen, Eltern, Lehrer, Heimleitung). Das mitunter auch über die Situation episodisch hinausgehende "Reizklima" in der Familiengruppe bewirkt auch gegenüber vertrauten Personen Konflikte, die oftmals erheblicher Bewältigungsanstrengungen bedürfen und Kräfte binden, die der pädagogischen Arbeit abgehen. Im folgenden sollen daher die von den Erziehern als besonders belastend geschilderten "Kritischen Situationen" genauer betrachtet werden.

6.3.6 Kritische Situationen

In unserem Streßmodell (siehe Abb. 3.2, S. 32) kommt der Wahrnehmung von Stressoren in Abhängigkeit von und Interaktion mit den persönlichen Ressourcen des Individuums bei der Bewältigung von Belastung große Bedeutung zu. Von daher war es naheliegend, diesen subjektiven Evaluationsaspekt von Belastung mit dem Ansatz Mitranskys zu verbinden, der im dritten Teil seines Fragebogens FBE versucht, über konkrete Situationsschilderungen einen inhaltsanalytisch vermittelten Zugang zum persönlichen Belastungserleben der Heimerzieher zu finden. Jeder der in unsere Erhebung einbezogenen 11 FG-Erzieher wurde gebeten, fünf als besonders belastend empfundene "Kritische Situationen" zu schildern. Um die Darstellungen vergleichbar zu machen, waren bestimmte formale Kriterien vorgegeben (siehe dazu die Ausführungen im Kapitel Instrumentenentwicklung, Pkt. 4.4.3). Die inhaltsanalytische Auswertung der 55 Situationsschilderungen entlang der Anforderungskategorien im Fragebogenteil des FBE ergab die in Abbildung 6.31 dargestellte Differenzierung.

In den Erzieher-Schilderungen zu besonders belastenden "Kritischen Situationen" des pädagogischen Alltags dominieren Probleme in der Gestaltung der Erziehungspraxis (50,9%). Zu etwa gleichen Anteilen resultieren kritische Ereignisse aus Kooperations- (21,8%) und Reflexionsaufgaben (23,6%). Zu einem geringen Anteil (3,6%) gehen außerdem Reaktionen auf institutionelle Belastungen in die Schilderungen ein.

In 12 von den 55 geschilderten "Kritischen Situationen" handelt es sich um Kooperationsprobleme; dabei geht es ausschließlich um Reibungspunkte in **Kompetenz- und Abstimmungsfragen** mit Kollegen und Vorgesetzten. In der Hälfte dieser Darstellungen ist Belastungsthema das Aufnahmeproblem von Kindern in die Familiengruppe und die Mißachtung von Autonomie- und Kompetenzwünschen der Erzieher durch den Erziehungsleiter. Die restlichen Themen verteilen sich auf Abstimmungsprobleme der FG-Kollegen untereinander (Dienstplan- und Betreuungsfragen sowie Fragen des persönlichen Umgangs).

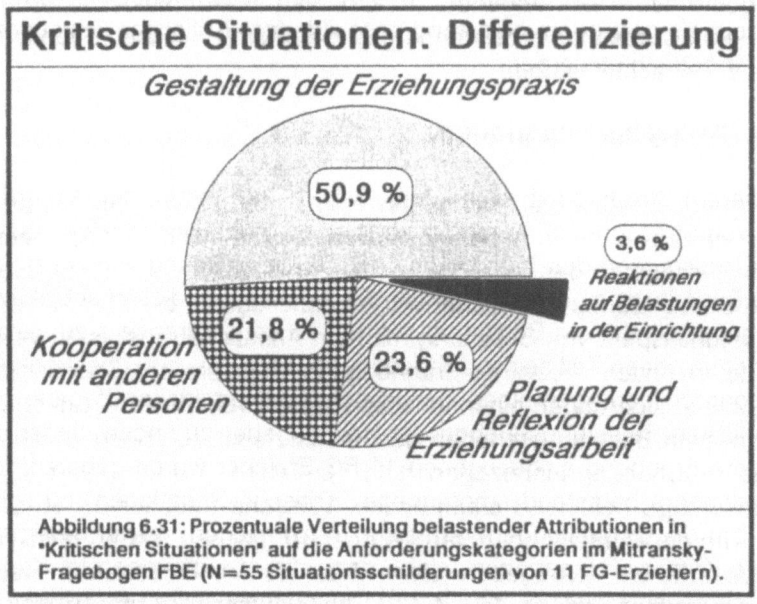

Abbildung 6.31: Prozentuale Verteilung belastender Attributionen in "Kritischen Situationen" auf die Anforderungskategorien im Mitransky-Fragebogen FBE (N=55 Situationsschilderungen von 11 FG-Erziehern).

Zu belastenden Situationen im Zusammenhang mit der Planung und Reflexion von Erziehungsarbeit kommt es in 13 der 55 Schilderungen. Davon entfallen acht auf Kognitionen von **Überforderung**: Gedanken darüber, ob man sich der Aufgabe gewachsen fühlt. Die Situation in der Familiengruppe wird von den Arbeitsbedingungen her als äußerst unbefriedigend erlebt; dabei spielen vor allem Probleme der Arbeitszeit, des Aufgabenumfangs und der personellen Dichte/Nähe eine Rolle: "Fast immer im Dienst, keine Zeit für die eigene Familie, kein Ort zum Zurückziehen", ist eine typische Formulierung.

Von den 55 "Kritischen Situationen" beschäftigen sich 28 (50,9%) mit belastenden Wahrnehmungen bei der Gestaltung der Erziehungspraxis. Davon entfallen die weitaus meisten (23 Zuordnungen) auf den **disziplinarischen Bereich**; darunter sind die in Abbildung 6.32 dargestellten Teilprobleme zu subsumieren.

Das Verweigern bzw. Nichtbefolgen von Anweisungen dreht sich um Probleme der individuellen Ordnung, Sauberkeit und Hygiene, aber auch um Aspekte des Gruppenlebens (Küchendienst etc.).

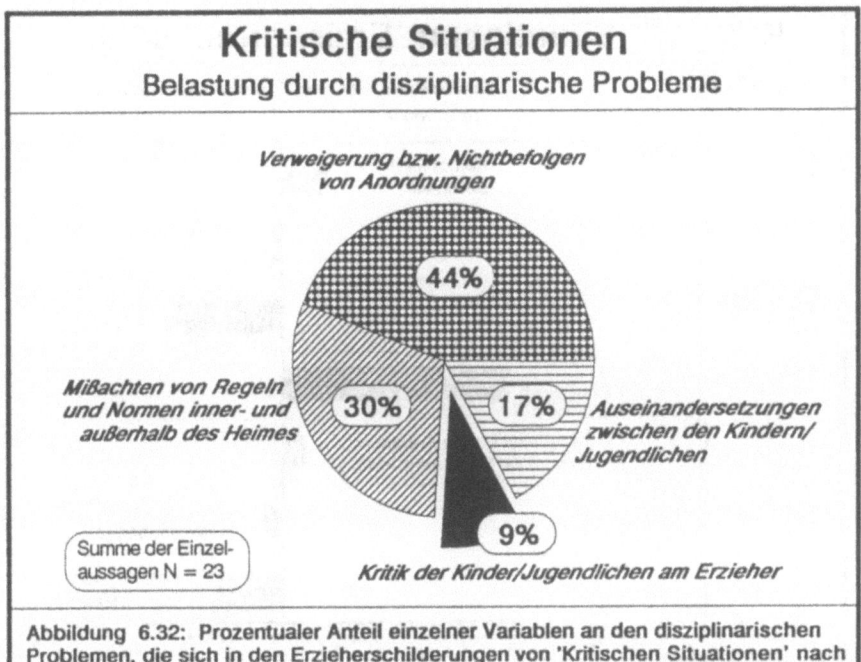

Abbildung 6.32: Prozentualer Anteil einzelner Variablen an den disziplinarischen Problemen, die sich in den Erzieherschilderungen von 'Kritischen Situationen' nach MITRANSKY als Belastung im Bereich 'Gestaltung der Erziehungspraxis' darstellen.

Die Mißachtung von Regeln und Normen macht sich fest an Zuspätkommen/Unpünktlichkeit, Diebstahl von Gruppengeld, Gebrauch beleidigender Redewendungen etc.

Die geschilderten Auseinandersetzungen zwischen den Kindern und Jugendlichen belasten die Erzieher durch die erlebte Hilflosigkeit gegenüber gehässigen und provozierenden Bemerkungen und körperlichen Aggressionen.

Um die Erzieher-Reaktionen in solchen "Kritischen Situationen" zu klassifizieren, schlägt Mitransky eine Dichotomisierung in der Frage der Situationskontrolle (zunehmend/abnehmend) entlang verschiedener Reaktionsebenen vor. Abbildung 6.33 veranschaulicht dieses Schema anhand unserer Ergebnisse.

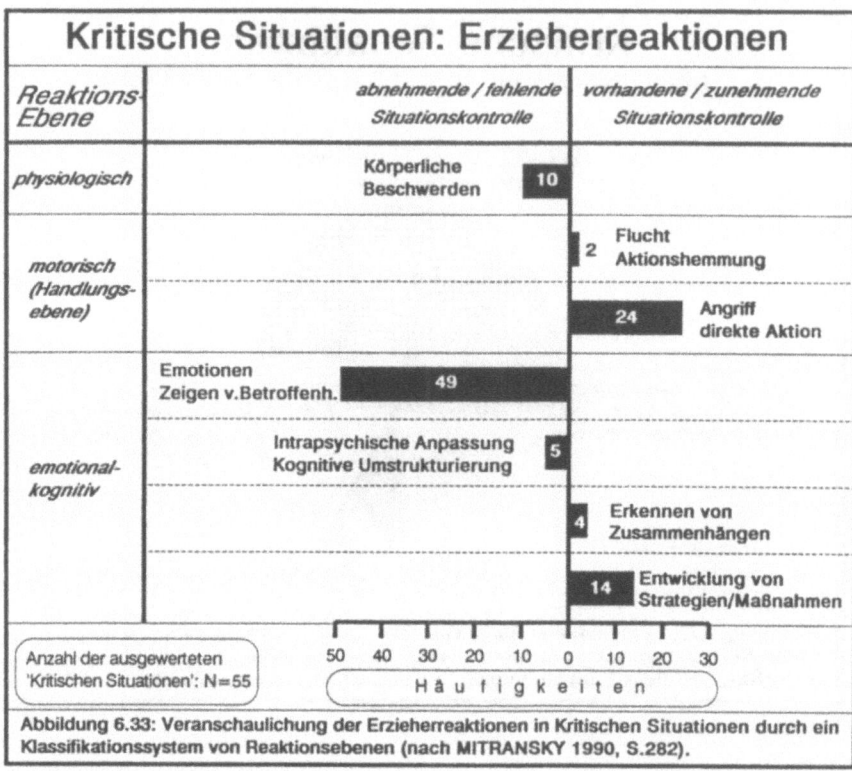

Abbildung 6.33: Veranschaulichung der Erzieherreaktionen in Kritischen Situationen durch ein Klassifikationssystem von Reaktionsebenen (nach MITRANSKY 1990, S.282).

Mit den **körperlichen Beschwerden** sind in erster Linie Reaktionen des vegetativen Nervensystems auf Belastungen in der Art der "Kritischen Situationen" gemeint. In zehn der 55 Streß-Szenarien, welche die FG-Erzieher skizzieren, signalisieren solche gesundheitlichen Beeinträchtigungen den körperlichen Verschleiß, der sich nach unserem Streßmodell im Zuge erfolgloser Bewältigungsversuche (bei fehlender Situations- und Reaktionskontrolle) in einer krisenhaften Entwicklung einstellt. Als Beschwerden werden u.a. genannt: massive Magenschmerzen, Herzklopfen, Unruhe/Zittern (motorisch und nervös), Schlafstörungen, Erkältungen etc.

Als **Vermeidungsreaktion** im Sinne von Flucht/Aktionshemmung wird der Rückzug aus der belastenden Situation angeführt. Diese De-Eskalationstechnik tritt in der Reaktionshäufigkeit jedoch weit zurück hinter ein auf aktives Problemlösen orientiertes Verhalten, das in 24 Situationsschilderungen auf **direktes Ein- bzw. Durchgreifen** gerichtet ist. Dabei halten sich argumentative, erklärende Interventionen und aggressive Reaktionen in der Häufigkeit der Nennungen etwa die Waage. Wiewohl also das Gespräch gesucht wird und Gegenargumente einbezogen werden, gibt es doch auch autoritäre Reglementierungen und massive Zurechtweisungen bis hin zum Schimpfen, Anschreien, Drohen und körperlichen Einsatz. Es ist Mitransky darin zuzustimmen, daß sich gerade in solchen Belastungssituationen die **Professionalität** oder Nicht-Professionalität des Erziehers erweist und daß in nicht wenigen Fällen in "Kritischen Situationen" wenig professionell reagiert wird. Auch für die Familiengruppen gilt daher teilweise, daß die Erzieher in Konfliktfällen, vor allem wenn sie nach Situationskontrolle durch den eigenen Angriff streben, "kaum ein Modell für die Vermittlung von Spielregeln sozialen Zusammenlebens" abgeben. (Mitransky, 1990, S. 287).

Die weitaus häufigste Reaktion der FG-Erzieher auf die Belastungen in den "Kritischen Situationen" besteht im Erleben und Zeigen von **emotionaler Betroffenheit**. Diese Reaktion tritt in 49 der 55 Schilderungen auf. Sie signalisiert eine abnehmende bzw. fehlende Situationskontrolle und manifestiert sich in Gefühlen der Hilflosigkeit, Frustration, Ohnmacht, Enttäuschung, Angst, Wut, Depression und des Ärgers. Die Kausalattribuierung betont die eigene Unsicherheit und Unfähigkeit ("Ich merke, daß ich nichts mehr bewirken kann") und die Auswegslosigkeit von Lösungsversuchen ("Ich fühle mich gefangen in diesem System", "werde nicht ernstgenommen") etc. Diese Kehrseite der Empathie führt geradewegs in die Resignation. In zehn Fällen enden die Erklärungsversuche in der Betonung der eigenen Unfähigkeit: "Ich weiß nicht, wieso und wofür ich überhaupt da war; bin untauglich für diese Arbeit; bin völlig überfordert; bin schwach und unfähig" etc. Mitransky kommt in seiner Untersuchung zu vergleichbar massiv ausgeprägten Tendenzen dieser lähmenden Betroffenheit und merkt an: "Das Betonen der eigenen Unfähigkeit (...) verstärkt den Mangel an subjektiver Kontrollierbarkeit in der belastenden Situation, verstärkt das Belastungsausmaß und damit möglicherweise körperliche Beschwerden" (1990, S. 290). Es ist der "Aufschaukeleffekt" angesprochen, mit dem sich in Belastungssituationen ungünstige

Bewältigungsreaktionen gegenseitig verstärken, um schließlich in einer krisenhaften Entwicklung zu kumulieren (vgl. das "X" in unserem Streßmodell, Abb. 3.2).

Als Bewältigungsreaktion wenig eingesetzt wird die **kognitive Umstrukturierung** im Sinne der Bagetellisierung und Relativierung bei mangelnder Situationskontrolle; ebensowenig sind auf der Gegenseite Kontrollversuche durch **Reflexion**, also das Erkennen von Zusammenhängen und Hinweisreizen festzustellen.
Größere Bedeutung kommt hingegen der **Entwicklung von Strategien** und konkreten Maßnahmen zu, die als Reaktionen auf kritische Ereignisse zum Ziel haben, "künftige belastende Situationen mit überhöhter Kontrollierbarkeit oder Steuerbarkeit (zu bewältigen)" (Mitransky, 1990, S. 294). In den 55 Situationsschilderungen der FG-Erzieher finden sich 14 solcher Hinweise auf Reaktionsaspekte, die geeignet erscheinen, die professionellen Bewältigungskompetenzen des Erziehers zu verbessern: "Mit Hilfe von Supervision lernen, Distanz in Konfliktsituationen zu entwickeln; Einbringen des Themas in die Teambesprechung; Regelungen in schriftlicher Form fixieren, Unklarheiten beenden; versuchen, das Problem strukturell zu ändern; anstreben, daß weniger Maßnahmekinder aufgenommen werden, wenn man selbst zwei bis drei Kinder hat" etc.

Es erscheint wichtig darauf hinzuweisen, daß die dargestellten Reaktionsklassen zwar systematische Trennungen ermöglichen, nicht aber sich gegenseitig ausschließende konkrete Verhaltensweisen bedeuten. Vielmehr ist von "Reaktionsmischungen" auszugehen. Mitransky verdichtet sie zu **Copingstilen** und stellt fest: "Die Reaktionsabläufe zur Abwendung der bedrohlichen Situationen bestehen aus einer Kombination der den Copingstil kennzeichnenden Kategorien" (1990, S. 295).

Von den vier "typischen Copingstilen der Erzieher", die Mitransky herausdestilliert, kommt die Reaktionskombination "Emotionale Betroffenheit, körperliche Beschwerden und intrapsychische Anpassung und Veränderung der Kognition/Evaluation" bei unseren FG-Erziehern so gut wie nicht vor (N=2). Im übrigen lassen sich die Bewältigungsstile der FG-Erzieher wie folgt klassifizieren:

- Es überwiegt (in N=26 bzw. 47% der "Kritischen Situationen") der Copingstil **"Emotionale Betroffenheit, körperliche Beschwer-**

den und direkte Aktionen bzw. Aktionshemmung": Der Erzieher ist in der belastenden Situation stark emotional involviert, zum Teil mit unmittelbar oder verzögert bemerkbaren körperlichen Beschwerden, verfügt jedoch noch über genügend Ressourcen zur Bewältigung. Die Bewältigungsversuche sind allerdings zu einem Großteil aufgrund der emotionalen Beteiligung aggressiv geprägt. Es gelingt nur wenigen Erziehern, trotz der hohen Emotionalität konstruktive Problemlösungen zu erreichen; in der Regel handelt es sich um aggressive Durchsetzungsversuche: "diese autoritär bewältigte Situationskontrolle führt nur zu Scheinanpassungen bei den Kindern und Jugendlichen und stellt aus pädagogischer Sicht kein geeignetes Erziehungsmittel dar" (Mitransky, 1990, S. 297).

- Der zweite Copingstil liegt bei 16 (=29%) Belastungsschilderungen vor und ließe sich als ausschließliche "**Emotionale Betroffenheit**" klassifizieren, deren lähmende, Hilflosigkeit sowohl ausdrückende wie gleichzeitig bewirkende Effekte weiter oben schon beschrieben wurden. Wenn in den Bewertungen der unzureichenden Bewältigungsversuche die Betonung der eigenen Unfähigkeit vorherrscht, dann resultiert nicht nur eine persönliche krisenhafte Entwicklung, die die eigene Vulnerabilität erhöht (siehe Streßmodell), sondern ein ungünstiger Verstärkungseffekt im sozialen Feld: "(...) die Kinder und Jugendlichen haben aufgrund der mangelnden Situationskontrolle leichtes Spiel mit dem Erzieher und werden mit hoher Wahrscheinlichkeit solches oder ähnliches konfliktauslösendes Verhalten wieder zeigen" (Mitransky, 1990, S. 297). Es sei hinzuergänzt: Diese negative Verstärkung gilt auch für ein als bedrohlich erlebtes Vorgesetztenverhalten, das in nicht wenigen "Kritischen Situationen" als Auslöser für die hilflose emotionale Betroffenheitsreaktion fungiert.

- Ein dritter Copingstil kommt in 11 (=20%) der geschilderten "Kritischen Situationen" zum Tragen: "**Emotionale Betroffenheit, Erkennen von Zusammenhängen, Hinweisreizen und Entwicklung von langfristigen Maßnahmen**". Bei diesem Bewältigungsmuster verhindert die emotionale Betroffenheit nicht rationale Überlegungen und Schritte zur Problemlösung. Zwar resultieren zumeist keine situationsbezogenen aktuellen Entlastungshandlungen, es wird jedoch versucht, das Problem in seinen auslösenden und aufrechterhaltenden Bedingungen zu analysieren - unter Zuhilfenahme von unterstützenden Strukturen: Teamgespräch, Supervision -, um künftig besser mit der Situation umgehen zu können. Dieser Copingstil, der in einer mittel- und langfristigen Perspektive darauf gerichtet ist, die konfliktauslösenden Bedingungen in der Erziehungsarbeit zu kontrollieren und möglichst zu reduzieren und damit die Bewältigungskompetenz des Erziehers zu erhöhen, "ist wohl als der geeignetste zur Bewältigung schwieriger Situationen anzusehen, da der Erzieher sich nicht mehr als Opfer einer Situation begreift, der auf unvorbereitete Ereignisse stark emotional mit unbeherrschten und zweifelhaften pädagogischen Maßnahmen reagiert, sondern als erzieherischer Gestalter, der zunehmend in die Lage gerät, 'Kritische Situationen' zu bewältigen" (Mitransky, 1990, S. 298f).

Die Betrachtung der Erzieher-Schilderungen zu den "Kritischen Situationen" ihres Berufsalltags ergibt in der Belastungs-Bewältigungs-Bilanz ein Überwiegen ungünstiger Reaktionsmuster. Es kommt zu Überforderungssituationen aufgrund eingeschränkter Ressourcen und reduzierter Bewältigungskompetenzen. Ein Optimierungsansatz kann und sollte sich auf die bereits vorhandenen kompetenten Merkmale des Bewältigungsverhaltens (siehe Copingstil 3) stützen. Maßnahmen der Wahl sind hierfür die autonome Erzieherbesprechung, die Fortbildung und insbesondere die Supervision.

6.4 Eltern und Elternarbeit
Herbert Müller

6.4.1 Methodisches Vorgehen und Stichprobe

Mit den leiblichen Eltern der Maßnahmekinder wurde ein ausführliches Interview durchgeführt, in dessen Zusammenhang auch die Fragebogen EF-EA und FEV (Stangl) erhoben wurden. Zur Information über diese Erhebungsverfahren sei auf den Abschnitt 4.6 im Kapitel "Instrumentenentwicklung" zurückverwiesen. Als Interviewer wurde nur eine Person eingesetzt (H. Müller). Ehepaare bzw. Lebenspartner wurden gemeinsam befragt; ihre Einzelvoten wurden dort, wo dies im Interviewleitfaden vorgesehen war, getrennt erfaßt (Fragebogenteile bearbeitete jeder Gesprächspartner für sich). Das Interview ließ aber auch Raum für die Besprechung und Mitteilung gemeinsamer Einschätzungen. Es wurden 18 Personen "in Elternrollen" befragt: Leibliche Väter und Mütter, deren aktuelle Lebenspartner, in einem Fall auch die Großeltern der Kinder. Es kamen 12 Interviews zustande, da in sechs Fällen je zwei Partner gemeinsam befragt wurden. Die Anzahl der Befragungen verteilte sich relativ gleichmäßig über die Familiengruppen: Pro Familiengruppe wurden mindestens drei und maximal sechs Elternteile zu mindestens drei und höchstens sechs Kindern befragt. Die 18 Elternteile deckten insgesamt 18 der 26 Maßnahmekinder ab. Die Interviewdauer betrug im Schnitt 78 Minuten (Minimum 45, Maximum 105, größte Häufigkeit 80 Minuten). Das Gespräch fand nur in drei Ausnahmefällen im St. Josephshaus Klein-Zimmern statt, sonst in den Wohnungen der Eltern. Die Gesamt-Aufenthaltsdauer betrug etwa 110 Minuten, also knapp zwei Stunden, weil sich an das Interview noch die Bearbeitung des FEV anschloß, die in der Regel eine halbe Stunde Zeit beanspruchte. Das Gespräch wurde mit Fragen zur Bewertung seiner Durchführung abgeschlossen. Die Wirkung des Interviews wurde folgendermaßen eingeschätzt:

- **Relevanz**: uneingeschränkt für alle 12 Interviews gegeben; typische Aussagen: "bin positiv überrascht"; "sehr gründlich" etc.
- **Leistungsaspekt**: vier Interviews wurden als anstrengend bewertet, acht als nicht besonders anstrengend; der gemeinsame Nenner: "man mußte sich voll konzentrieren".
- **Atmosphäre**: uneingeschränkt in allen 12 Interviews als "angenehm" klassifiziert; "kein bißchen zu nahe getreten".
- **Vollständigkeit**: in allen 12 Fällen lautete die Bilanz "alles Wichtige drin".

Auf die Abschlußfrage: "Führt Sie die Beschäftigung mit der Problematik der Heimeinweisung Ihres Kindes bei diesem Gespräch in irgendeiner Form zu einer **Neubewertung** einzelner Aspekte?" gaben zwei Interviewpartner (eine Stiefmutter, eine leibliche Mutter) erwähnenswerte Statements ab: "Ich sehe jetzt deutlicher die Notwendigkeit der Zusammenarbeit mit der Familiengruppe" bzw. "Ich habe jetzt eine positivere Einstellung zum St. Josephshaus". In allen anderen Fällen wurde die Frage verneint.

Die Durchführung läßt sich dahingehend zusammenfassend einschätzen, daß eine hohe Akzeptanz der Befragung angetroffen wurde.

Das **Durchschnittsalter** der Eltern und ihrer Lebenspartner liegt mit 35 Jahren nur zwei Jahre über dem der Erzieher in den Familiengruppen.

Diese Tatsache muß, wie so vieles in diesem Handlungsfeld, als Chance und Risiko zugleich angesehen werden. Als Chance deshalb, weil für die Kinder die erwachsene Bezugsperson altersmäßig konstant bleibt; hier erzieht die gleiche Generation, und ein Vater wird nicht durch einen "Kumpel" oder "großen Bruder" ersetzt, wie es in anderen Betreuungsformen schon von der Altersstruktur der Erzieherschaft her eher die Regel ist, sondern durch einen Vater. Genau darin liegt aber auch das Risiko des Modells: die beiden Erziehungsinstanzen Elternhaus und FG-Kernfamilie werden durch die Heimeinweisung zunächst zu Rivalen; der Widerspruch verschärft sich in dem Maße, wie die Familiengruppe als tatsächliche Alternative, also familienersetzend arbeitet.

Zum **Familienstand** der Eltern ist zu sagen, daß es nur in einem Fall noch eine intakte Ehe der beiden leiblichen Elternteile gibt; in drei Fällen sind Stiefeltern vorzufinden, sechs Eltern (fünf Mütter, ein Vater) sind geschieden oder vom Ehepartner getrennt und leben mit neuen Partnern oder allein; ein leiblicher Vater ist ledig. Der für die Heimerziehung "klassische" Fall des alleinerziehenden Elternteils ist deutlich unterrepräsentiert: Er kommt nur in drei Fällen vor.

Zur Normalität der Herkunftsverhältnisse gehört auch, daß die Frage nach der **Erwerbstätigkeit** keinen Hinweis auf gravierende Abweichungen in soziologischer Hinsicht liefert: Von den befragten acht Männern in Vaterrollen arbeiten fünf ganztags, einer halbtags, einer studiert; von den zehn Müttern und Stiefmüttern sind vier ganztags erwerbstätig, zwei in Teilzeit-Beschäftigungsverhältnissen, drei sind als Hausfrauen einzuordnen, eine ist arbeitslos gemeldet. Dieses Bild ändert sich auch nicht wesentlich, wenn wir die Daten der übrigen Eltern aus der Aktenanalyse hinzunehmen.

Keinen **Schulabschluß** haben nur zwei (eine Mutter, ein Vater) der befragten Eltern; zehn haben die Hauptschule abgeschlossen, zwei haben mittlere Reife, vier das Abitur. Einen **beruflichen Ausbildungsabschluß** haben zehn der 18 Eltern erreicht; die Qualifikationen reichen vom Handwerk bis zum Lehramt.

Eigenes **Sorgerecht** haben sieben von den 12 befragten Herkunftsfamilien; in einem Fall liegt das Sorgerecht bei dem anderen Elternteil, in den restlichen vier Fällen beim Jugendamt.

6.4.2 Akzeptanz, Bewältigung, Kooperation

Im folgenden geht es um die Frage, wie die Herkunftseltern selbst zur Heimeinweisung ihrer Kinder stehen: In welchem Ausmaß haben sie die Unterbringung in den Familiengruppen des St. Josephshauses akzeptiert, die Trennung von ihren Kindern bewältigt und sich auf eine Zusammenarbeit mit den FG-Erziehern eingestellt? Es werden hierzu die Ergebnisse aus dem Eltern-Fragebogen zur Elternarbeit (EF-EA) mit den anderen Interviewergebnissen zusammengeführt.

Als Skalenmittelwerte ergeben sich im EF-EA: Akzeptanz 3.8, Bewältigung 3.1 und Kooperation 3.7. Die Grenze für hohe Merkmalsausprägungen liegt, da der EF-EA eine Sechserskala verwendet, unter der Äquidistanzannahme bei 4.4, wird also in keinem Fall erreicht.

Abbildung 6.34 zeigt die Ausprägungen der Einzelaussagen auf der Skala **Akzeptanz** im EF-EA.

Es findet sich eine "hohe" Ausprägung bei der Feststellung, die Familiengruppe tue ihr Bestes, damit es dem Kind gut gehe. Deutlich in Richtung Zustimmung ausgeprägt ist auch der Mittelwert zu der Einzelaussage, die Familiengruppe erscheine als beste Betreuungsform für das jeweilige Kind. Nur bedingte Zustimmung erhalten die drei Aussagen, die sich auf die Heimeinweisung als Trennungsentscheidung und auf ihre privaten und pädagogischen Begründungen beziehen. Das Ergebnis könnte so zusammengefaßt werden: Es fällt den Eltern schwer, die Heimunterbringung zu akzeptieren; ist sie jedoch erfolgt, so wird die Betreuungsleistung auch anerkannt.
Diese Interpretation wird durch weitere Aussagen aus dem Interview gestützt. In den Prozeß der Anbahnung bis zur FG-Unterbringung fühlen sich die Eltern wenig einbezogen. Der Vorschlag, das Kind in eine Familiengruppe zu geben, stammt in aller Regel vom Jugendamt. Wahlmöglichkeiten bezüglich der Betreuungsform gibt es in den seltensten Fällen; nur zwei Eltern gaben als ihnen vorgestellte Alternativen an: Pflegefamilie, SOS-Kinderdorf oder eine familienähnliche Einrichtung von etwa der Art, wie sie die Familiengruppen des St. Josephshauses darstellen. Gelegenheit, sich die Familiengruppe anzuschauen, bevor ihr Kind dort untergebracht wurde, hatten nach ihren Angaben nur drei der 12 befragten Herkunftsfamilien.

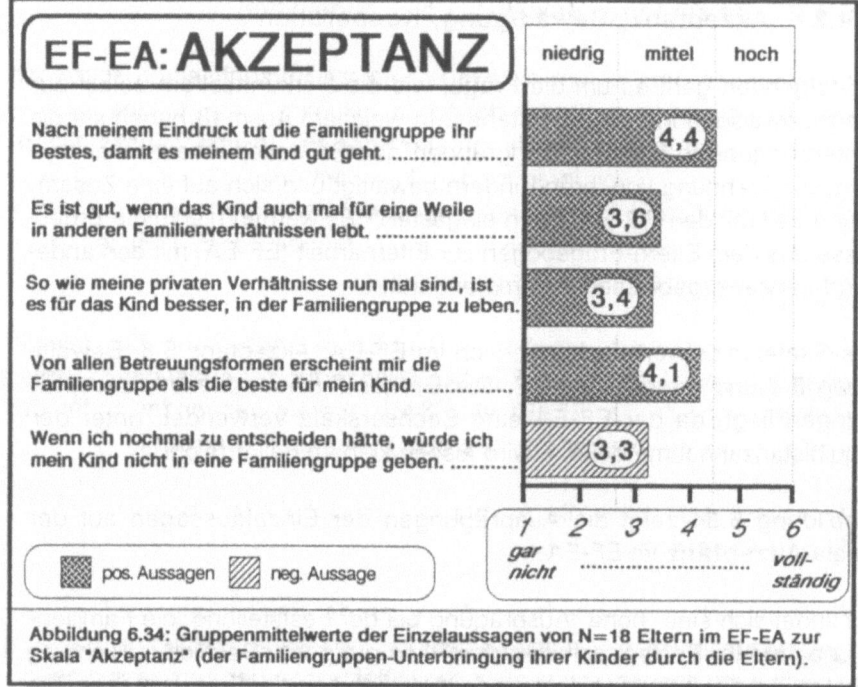

Abbildung 6.34: Gruppenmittelwerte der Einzelaussagen von N=18 Eltern im EF-EA zur Skala "Akzeptanz" (der Familiengruppen-Unterbringung ihrer Kinder durch die Eltern).

Die Unterbringung in der jeweiligen Familiengruppe wird von den 12 Herkunftsfamilien im Interview (anhand einer Siebenerskala von "sehr schlecht" bis "sehr gut") folgendermaßen beurteilt: dreimal "sehr gut" (bezogen auf zwei Familiengruppen), zweimal "gut" (wiederum auf zwei Familiengruppen bezogen), fünfmal "eher gut" (auf drei Familiengruppen bezogen). Eine Familiengruppe wird von zwei Müttern im Hinblick auf die Unterbringung mit "schlecht" bewertet.

In der Akzeptanzfrage spielt zweifellos die Aufrechterhaltung des Eltern-Kind-Kontaktes auch unter den Bedingungen der Heimunterbringung, also die Besuchsmöglichkeit eine große Rolle. Wir fragten im Interview: "Wie oft waren die Kinder nach Hause beurlaubt (A) und wie oft waren die Eltern in der Familiengruppe zu Besuch (B), seit die Kinder dort untergebracht sind?" Wir ermittelten für die in Frage kommenden Kinder eine durchschnittliche Verweildauer von 28 Monaten und, auf diese Zeitspanne bezogen, pro Familiengruppe und Kind eine Beurlaubungsrate (A) von 9 und eine Besuchsrate (B) von 27; im Durchschnitt werden die Maßnahmekinder demnach alle drei Monate nach Hause beurlaubt, und ihre Eltern kommen sie praktisch jeden Monat einmal besuchen. Wie wenig diese Mittelwertbildung indessen über die tatsächlichen Verhältnisse aussagt, stellt sich heraus, wenn man die Regelungen in den einzelnen Familiengruppen betrachtet. Es wird nämlich keineswegs eine gemeinsame Besuchs- und Beurlaubungsregelung praktiziert. Die Familiengruppen unterscheiden sich darin folgendermaßen:

- Zwei Familiengruppen praktizieren ein insgesamt ausgeglichenes Verhältnis von Beurlaubungen und Besuchen (A:B = 1 bzw. 0.8), unterscheiden sich jedoch diametral im Häufigkeitsniveau: im einen Fall gab es 24 Beurlaubungen der Kinder nach Hause und 30 Elternbesuche im Heim in einem Zeitrahmen von 31 Monaten; im andern Fall verteilen sich je drei Besuche und Beurlaubungen auf 35 Monate.
- Die beiden anderen Familiengruppen haben gemeinsam, daß das Verhältnis A:B deutlich zu ungunsten der Beurlaubungen der Kinder nach Hause ausfällt; während sich jedoch im einen Fall 16 Elternbesuche im Heim und immerhin 8 Beurlaubungen auf den Zeitraum von 20 Monaten verteilen, stellt die andere Familiengruppe das absolute Extrem dar: in 26 Monaten zwar 60 Besuche der Eltern im Heim, aber keine einzige Beurlaubung von Kindern nach Hause.

Auf die Frage: "Was halten Sie von der praktizierten Besuchs- und Beurlaubungsregelung?" bekamen wir folgende Antworten:

- Von den 12 Herkunftsfamilien hielten drei Viertel die Regelungen für "völlig ausreichend" bis "im großen und ganzen ausreichend", wobei sich die Aussagen auf drei Familiengruppen bezogen (darunter auch die FG, die keine Beurlaubungen aufwies).

- Die Eltern der Kinder in jener Familiengruppe, die das Verhältnis A:B wie 1:2 (= 8:16) gestaltet, votierten alle für eine Regelung, die es ihnen ermöglichen würde, ihre Kinder an jedem Wochenende zu sehen. Für dieses Antwortverhalten ist kennzeichnend, daß diese Eltern im Gegensatz zu den anderen, die eine solche permanente Wochenend-Besuchsmöglichkeit als Wunschvorstellung ebenfalls äußerten, sie jedoch in Abwägung der realen Gegebenheiten zurückstellten, über die eigenen fehlenden Realisierungsmöglichkeiten bewußt hinwegsahen.

Berücksichtigt man, daß gerade in der Besuchs- und Beurlaubungsfrage die konkreten Bedingungen des Einzelfalles wirksam werden und zu begründeten Abweichungen von Regelungen führen können, so stellt sich das Elternvotum zu dieser Problematik einer hinreichenden Akzeptanz der FG-Unterbringung nicht entgegen.
Wie die Trennung von den Kindern durch die Eltern im EF-EA im einzelnen beurteilt wurde, zeigt die Grafik in Abbildung 6.35.

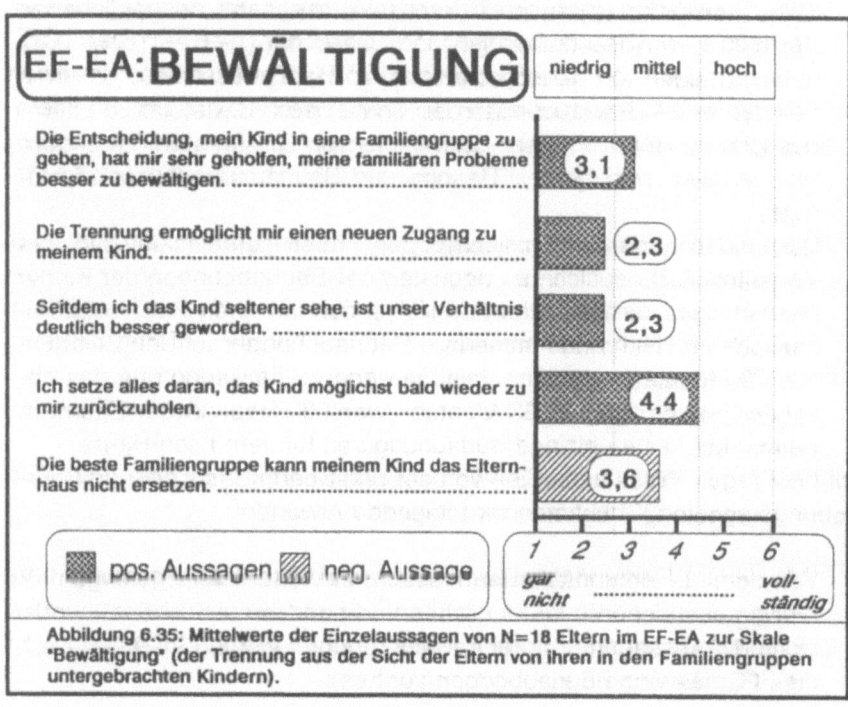

Abbildung 6.35: Mittelwerte der Einzelaussagen von N=18 Eltern im EF-EA zur Skale "Bewältigung" (der Trennung aus der Sicht der Eltern von ihren in den Familiengruppen untergebrachten Kindern).

Es setzt sich deutlich eine Aussage mit "hoher" Ausprägung ab: "Ich setze alles daran, das Kind möglichst bald wieder zu mir zurückzuholen." Nicht minder klar sind die Ergebnisse zu den Einzelaussagen, mit denen die Eltern verdeutlichen, daß die Trennung sich nicht vorteilhaft auf das Eltern-Kind-Verhältnis ausgewirkt habe. Ebenso viel Zustimmung wie Ablehnung erhält im Durchschnitt die Aussage: "Die Entscheidung, mein Kind in die Familiengruppe zu geben, hat mir sehr geholfen, meine familiären Probleme besser zu bewältigen." Bei der Aussage: "Die beste Familiengruppe kann meinem Kind das Elternhaus nicht ersetzen", sind die Eltern vergleichsweise zurückhaltender als die Maßnahmekinder, deren entsprechende Einzelaussage im ABC-Inventar: "Meine leiblichen Eltern kann mir niemand ersetzen" eine deutlich "hohe" Ausprägung erreichte (vgl. Abb. 6.8).

Der Mittelwert für die Bewältigungs-Skala fällt mit 3.1 recht niedrig aus. Den durch die Trennung bewirkten erleichternden Momenten scheinen etwa gleich starke belastende Tendenzen entgegenzustehen.

Diese Einschätzung soll nun mit den anderen Ergebnissen aus dem Elterninterview verglichen werden.

Man darf unterstellen, daß die Heimunterbringung in der Regel aus einer familiären Krisensituation heraus erfolgt und die Überlegung impliziert, eine Trennung des Kindes von seinen Eltern sei der Problemösung auf beiden Seiten dienlich. Im Interview wurde daher ähnlich wie im EF-EA nachgefragt: "Hat die Aufnahme des Kindes in die Familiengruppe Ihnen die private/häusliche Situation erleichtert?" Die Eltern-Antworten sind mit Bezug auf zwei Familiengruppen eindeutig, wenn auch völlig konträr: Die drei Herkunftseltern der Kinder, die jener Familiengruppe zuzuordnen sind, die sowohl Beurlaubungen als auch Besuche mit der von allen Familiengruppen größten Häufigkeit praktiziert, bestätigen uneingeschränkt eine Erleichterung ihrer Situation; jene drei Eltern, die sich in der Besuchs- und Beurlaubungsfrage für wöchentliche Kontakte ausgesprochen hatten, nahmen ebenso klar dahingehend Stellung, die Trennung habe nichts erleichtert. Von den je drei Eltern der in den beiden anderen Familiengruppen untergebrachten Kinder votierten jeweils zwei für, je ein Elternteil gegen Erleichterung durch die Heimeinweisung. Das resultierende Gesamtergebnis von 7:5 für den erleichternden Effekt der Trennung läßt sich keinesfalls eindeutig dahingehend interpretieren, daß Heimeinweisung für die betroffenen Familien im Sinne von (Familien-)Streß-Reduktion entlasten würde, schließt aber solche Effekte auch nicht aus.

Zur Trennungsbewältigung gehört auch die Frage, was Eltern und Kinder miteinander anfangen, wenn sie sich aus Anlaß von Beurlaubungen und Besuchen treffen. Wir fragten von daher im Zusammenhang mit den entsprechenden Regelungen auch nach der Art der Kontakte: "Gibt es bei Beurlaubungen zu Hause bei Ihnen Schwierigkeiten mit dem Kind?" Mit Ausnahme der einen Familiengruppe, auf deren Herkunftseltern die Frage nicht zutraf, weil es keine Beurlaubungen nach Hause gegeben hat, erhielten wir folgende Begründungen zu den "Ja"-Antworten:

- Probleme mit mangelnder Ordnung und Sauberkeit der Kinder;
- Anpassungs- und Umstellungsprobleme: das Kind ist "aufgekratzt" und "überdreht"; Unruhe und Aggressionen des Kindes;
- Auflehnung und Disziplinprobleme ("frech");
- Kinder sind uns fremd geworden; wir haben unseren Erziehungseinfluß verloren;
- Kind verstrickt sich in Auseinandersetzungen mit dem (neuen) Partner der Mutter;
- Kind will zum Ende der Besuchszeit nicht mehr in die FG zurück.

Diese Schwierigkeiten spiegeln zum einen die Störungsbilder der Kinder, zum anderen die gestörten Familienverhältnisse wider; zu einem dritten Teil ist die Trennung selbst das Problem. Um die Kausalattributionen zu einem vierten Aspekt, nämlich der Familiengruppe zu erfassen, fragten wir weiter: "Führen Sie diese Schwierigkeiten auf den Einfluß der Familiengruppe zurück?" Alle fünf Eltern von insgesamt sechs Kindern, die in zwei Familiengruppen untergebracht sind, antworteten mit "Nein" und nannten folgende Erklärungen für Konflikte mit den Kindern aus Anlaß von Beurlaubungen nach Hause:
- "Das gehört zu den Problemen, die das Kind überall hat bzw. macht" (zwei Nennungen);
- "Das Kind ist einfach wegen der Trennung durcheinander";
- "Das Problem ist nicht das Kind, sondern der Partner";
- "Das Kind hat Heimweh."

Bei den Eltern der Kinder, die der verbleibenden dritten Familiengruppe zugeordnet sind, handelt es sich um jene, die sich bereits dahingehend geäußert hatten, die Trennung habe eine Problemlösung nicht erleichtert und sie wünschten ihre Kinder an jedem Wochenende zu sehen; sie schrieben nun auch die Schwierigkeiten, die sie mit den Kindern hatten, wenn diese nach Hause beurlaubt waren, eindeutig der Familiengruppe zu: "Meine Tochter wird dort falsch erzogen" bzw. "Die Familiengruppe entfremdet uns die Kinder".

Ein weiterer Bewältigungsaspekt läßt sich mit der Frage verbinden, in welchem Ausmaß die Herkunftseltern der Heimunterbringung eine Besserung von Kindproblemen attribuieren. Auf die Frage im Interview: "Konnten Sie feststellen, daß sich bestimmte Probleme, die das Kind hatte oder Ihnen machte, seit der Unterbringung in der Familiengruppe gebessert haben?", gab es nur ein kategorisches "Nein" und eine "Enthaltung" (letztere wegen der zu geringen Verweildauer zum Untersuchungszeitpunkt). Die übrigen "Ja"-Antworten seien zusammengefaßt:

- Kinder sind disziplinierter, ruhiger, überlegter geworden; Aggressionen haben abgenommen; Unruhe hat nachgelassen;

- Kinder sind verantwortungsbewußter und aufgeschlossener geworden; zugänglich für Argumente; das Kind nimmt mehr von dem an, was man ihm sagt; kann jetzt seine Meinung besser artikulieren; Schuldzuweisungen an die Adresse der Eltern sind zurückgegangen;

- Ordnung, Sauberkeit, Häuslichkeit verbessert; Kind ist selbständiger geworden; Schulleistung verbessert; Sprachkenntnisse verbessert; "insgesamt sehr gute Entwicklung".

Diese positiven Entwicklungsaspekte des FG-Aufenthalts erscheinen nicht nur geeignet, die ansonsten recht ungünstig ausgeprägte Bewältigungsproblematik etwas zu mildern, sondern erleichtern den Herkunftseltern sehr wahrscheinlich auch die insgesamt positive Einstellung in der Frage der **Kooperation** mit den FG-Erziehern. Abbildung 6.36 veranschaulicht die Ergebnisse zu den Einzelaussagen auf der Skala "Kooperation" des EF-EA.

"Hoch" ausgeprägt ist hier die Zurückweisung der Aussage: "Ich habe den Eindruck, die Familiengruppen-Erzieher wollen die 'besseren Eltern' sein." Eine nur mäßige Zustimmung erhalten andere Aussagen, die ebenfalls auf Rivalitätsaspekte (Entfremdung des Kindes; andere Vorstellungen über richtige Erziehung) in den Beziehungen der Eltern zu den FG-Erziehern abzielen.

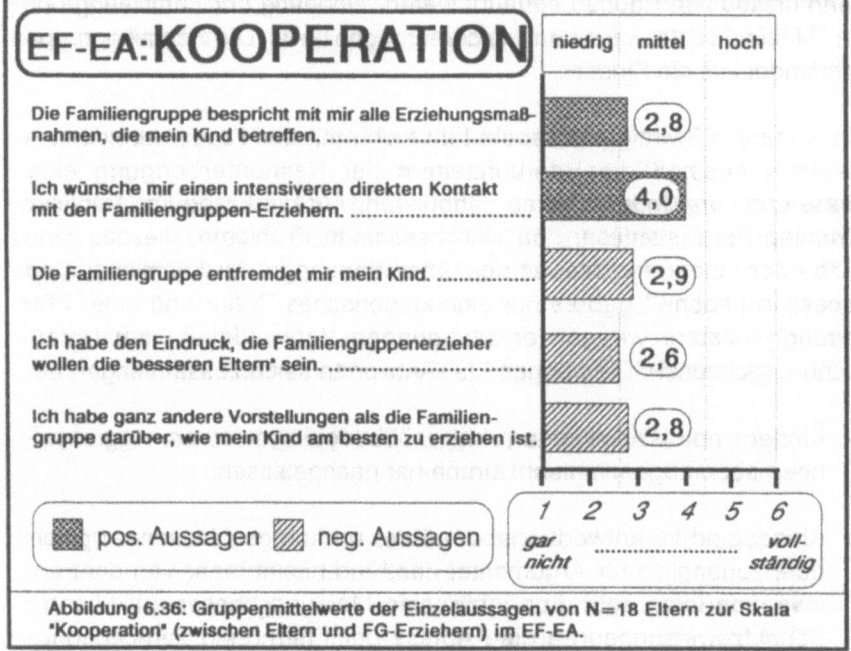

Abbildung 6.36: Gruppenmittelwerte der Einzelaussagen von N=18 Eltern zur Skala "Kooperation" (zwischen Eltern und FG-Erziehern) im EF-EA.

Ebenso wird jedoch auch der Feststellung nur mäßig zugestimmt: "Die Familiengruppe bespricht mit mir alle Erziehungsmaßnahmen, die mein Kind betreffen." Eine deutliche Zustimmungstendenz ist bei folgendem Statement erkennbar: "Ich wünsche mir einen intensiveren direkten Kontakt mit den Familiengruppen-Erziehern."

Wir haben die Kooperation mit dem Heim im Elterninterview zusätzlich (auf einer Fünferskala von "sehr schlecht" bis "sehr gut") einschätzen lassen, und zwar in getrennten Bewertungen für die Kontakte zur Heim- und Erziehungsleitung einerseits, zur Familiengruppe andererseits.

Nur fünf der 18 Eltern berichten von einer nennenswerten Zusammenarbeit mit der Heim- und Erziehungsleitung. Wo sie stattfand und eingeschätzt werden konnte, fällt die Beurteilung insgesamt "gut" aus; es gibt einen "Ausreißer"wert mit der Note "sehr schlecht".

Die Kooperation mit den Familiengruppen ist mit einem Mittelwert von 3.6 als in der Tendenz "eher gut" zu bezeichnen. Es muß hier allerdings wieder die Verteilung im einzelnen herangezogen werden, um zu differenzierten Aussagen zu gelangen. Während die Zusammenarbeit mit drei Familiengruppen von den Eltern der in ihnen untergebrachten Kinder als im wesentlichen unproblematisch bis gut beurteilt wird, setzen sich erneut jene Eltern vom allgemeinen Trend ab, die ihre Distanz und Unzufriedenheit schon bei den Themen Beurlaubung ("jedes Wochenende"), Heimunterbringung ("Trennung erleichtert nichts") und Eltern-Kind-Problemen ("für die Schwierigkeiten zu Hause ist die FG verantwortlich") zu erkennen gegeben hatten: sie beurteilen die Kooperation mit den für ihre Kinder zuständigen Erziehern der vierten Familiengruppe als "eher schlecht".

6.4.3 Elternarbeit

Ob, in welchem Umfang und mit welcher Zielsetzung Elternarbeit stattfindet, erscheint zunächst von der Frage abhängig, wie die potentiell beteiligten Partner die Heimunterbringung grundsätzlich sehen: Soll das Kind möglichst bald wieder zu seinen leiblichen Eltern zurück (Durchgangsmodell), oder soll es auf längere Dauer (Speichermodell) in der Familiengruppe bleiben? Aus der Erzieher-Befragung ist bereits bekannt, daß die Familiengruppen mehrheitlich das Ersatz- bzw. Speichermodell favorisieren (siehe Tabelle 6.29). Im Eltern-Interview wurden diese beiden Ansätze erläutert, und sodann wurde direkt gefragt: "Welches FG-Betreuungsmodell wird von Ihnen bevorzugt?" Bezogen auf die 12 befragten Herkunftsfamilien ergab sich ein Verhältnis von 2:1 (bzw. 8:4) für das Durchgangsmodell. In einem Fall trat jedoch ein Widerspruch innerhalb eines Paares zutage: während der leibliche Vater sich für das Durchgangsmodell aussprach, votierte die Lebenspartnerin für den dauerhaften Verbleib des Kindes in der Familiengruppe.

Betrachtet man die Aussagen der Eltern in Verbindung mit den Standpunkten der für ihre Kinder zuständigen FG-Ehepaare in dieser Frage, so ergibt sich in vier Fällen ein Widerspruch zwischen dem Erzieher- ("Speicher"-) und dem Eltern- ("Durchlauf"-)- Standpunkt, wobei drei dieser vier Fälle auf jene Konstellation fallen, in der die Eltern auch in anderen wichtigen Fragen (Beurlaubungen, Trennung, Einschätzung der Kindprobleme, Erziehungsfragen, Kooperation etc.) ihren Gegensatz zu den Erziehern betonen.

In der Frage, was als "Elternarbeit" bezeichnet werden soll, übernehmen wir die Kriterien der Planungsgruppe PETRA, die eine systematische Elternarbeit von den (meist aus Anlaß von Terminabsprachen bei Besuchs- und Beurlaubungsregelungen stattfindenden) informellen Kontakten zwischen Heim/Erziehern und Eltern abgrenzt: "Um ein Mindestmaß an Zielgerichtetheit und Kontinuität zu gewährleisten, sollte von Elternarbeit nur dann gesprochen werden, wenn **mindestens vier intensive Gespräche pro Jahr** durchgeführt werden." (Thurau und Büttner in: Planungsgruppe PETRA 1987, S.425; Hervorhebung von H.M.)

Wir fragten die Eltern im Interview von daher: "Haben intensive pädagogische Gespräche mit Ihnen über Ihr Kind seit der Unterbringung in der Familiengruppe stattgefunden (und wenn ja, wie oft)?" Die Frage wurde zu einem Drittel (vier von 12 Herkunftsfamilien) verneint; bei einem weiteren Drittel war - meist aus Anlaß der Heimeinweisung und mit dem Jugendamt zusammen - nur ein solches Gespräch durchgeführt worden. Nur in den verbleibenden vier Fällen wurde das Kriterium "intensives pädagogisches Gespräch, viermal im Jahr" erfüllt, wobei es sich ausschließlich um Gespräche mit Eltern von Kindern in jenen zwei Familiengruppen handelt, deren Erzieher eher das "Durchgangsmodell" praktizieren.

Nun ist ein "intensives pädagogisches Gespräch" ja nicht nur davon abhängig, ob die Einrichtung bzw. die Erzieher es anbieten, sondern setzt gleichfalls für sein Zustandekommen die Gesprächsbereitschaft der Eltern voraus. Wir fragten daher die Eltern, in welchem Maße sie zu solchen Gesprächen bereit wären. In der Hälfte der vier Fälle, in denen bisher intensivere Kontakte gar nicht stattgefunden haben, soll es nach Auffassung der Eltern auch weitgehend so bleiben: Eine Mutter und ein Vater halten intensivere pädagogische Gespräche "gar nicht für sinnvoll"; die beiden anderen Elternteile würden intensivere pädagogische Gespräche begrüßen und sich die Zeit dafür nehmen. - In den vier Fällen, in denen bisher nur ein Gespräch von längerer Dauer und größerer Intensität stattgefunden hat, würden zwei Elternteile sich die Zeit für häufigere intensive Gespräche nehmen, die anderen beiden Elternteile führen "bestimmte Gründe" (andere als Zeit-Gründe) dafür an, wieso ihnen ein größerer Aufwand nicht möglich ist. - Die vier Elternteile, mit denen auch bisher schon vier solcher Elterngespräche pro Jahr stattgefunden haben, wurden gefragt, ob sie zu mehr bereit wären; drei Eltern erklärten, daß sie auch öftere intensive Gesprächskontakte begrüßen und sich die Zeit dafür nehmen würden; eine Mutter gab zu Protokoll: "Zu mehr habe ich keine Zeit." - Als Besonderheit ist zu vermerken, daß diejenigen Eltern, die sich in den meisten der vorangegangenen Fragen von den Erziehern der Familiengruppe, in welcher ihre Kinder untergebracht sind, abgesetzt haben, in der Gesprächsfrage nicht mit der Familiengruppe kooperieren wollen, sondern für entsprechende Kontakte ihre jeweils zuständigen Sachbearbeiter auf dem Jugendamt vorziehen (wobei in einem Fall zusätzlich ein anderer Sachbearbeiter gewünscht wird).

Die große Mehrheit der übrigen Eltern wünscht für regelmäßige Kontakte im Rahmen von Elternarbeit die Zuständigkeit der jeweiligen Familiengruppe; in zwei Fällen wird die Heim- bzw. Erziehungsleitung als Ansprechpartner favorisiert.

Eine weitere Frage bezog sich auf den Ort, an dem die Elterngespräche stattfinden sollten. Je eine Mutter wünschte die "intensiven pädagogischen Gespräche" bei sich zu Hause bzw. im St. Josephshaus (das heißt in einem Besprechungszimmer des Stammheims). Zwei Mütter votierten für das Jugendamt als Treffpunkt. Zwei Väter und drei Mütter nannten die Familiengruppe als bevorzugten Besprechungsort. (Die fehlenden drei Elternteile aus den 12 befragten Herkunftsfamilien hatten vorher schon erklärt, an solchen Gesprächen aus Zeit- bzw. prinzipiellen Gründen nicht interessiert zu sein.)

Abschließend sei ein Ergebnis aus der Erzieher-Befragung mit dem F-FG-E nachgetragen, um das Bild abzurunden, das sich im Hinblick auf die Problematik der Elternarbeit in unserer Untersuchung ergeben hat. Abbildung 6.37 faßt die Einzelaussagen der FG-Erzieher zu diesem Thema im Überblick zusammen.

Die Erzieher sprechen sich deutlich gegen häufigere Kontakte zwischen Maßnahmekindern und Herkunftseltern aus. Sie argumentieren mit "hoher" Übereinstimmung, eine solche Regelung erschwere die (pädagogische) Arbeit mit den Kindern in der Familiengruppe. Aussagen, die in die Richtung gehen, den Sorgerechtsentzug zur Aufnahmevoraussetzung zu machen und möglichst auf Distanz zu den Herkunftseltern zu gehen, erhalten eine "bedingte" Zustimmung bzw. Ablehnung; ein klares Votum verhindert hier die Mittelwertbildung - im Einzelfall können jedoch je zwei Familiengruppen der einen oder anderen Richtung deutlich zugeordnet werden.

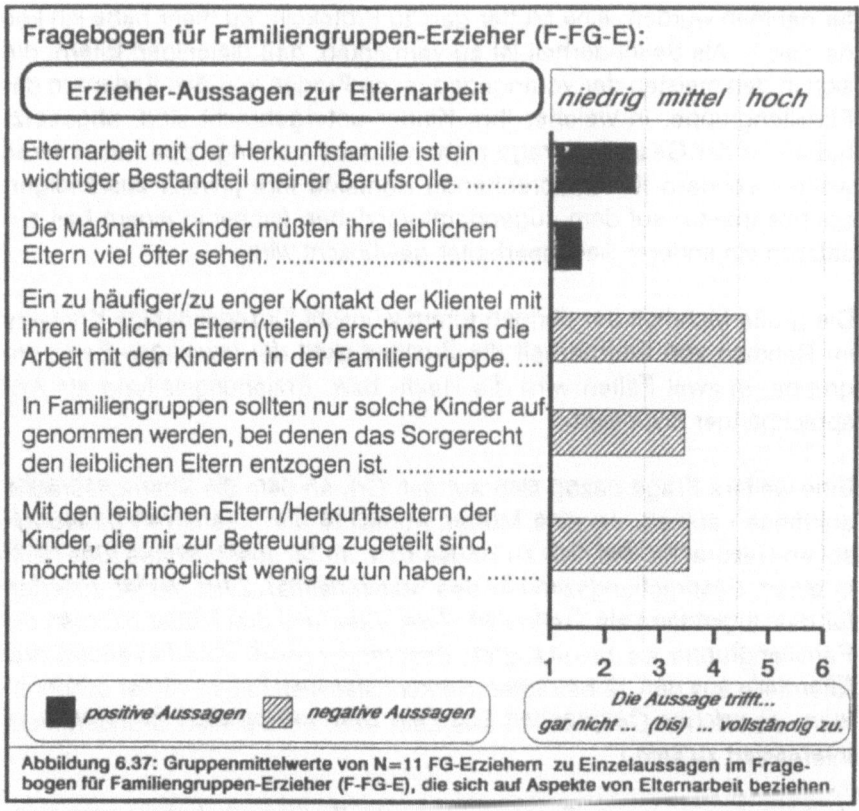

Abbildung 6.37: Gruppenmittelwerte von N=11 FG-Erziehern zu Einzelaussagen im Fragebogen für Familiengruppen-Erzieher (F-FG-E), die sich auf Aspekte von Elternarbeit beziehen

Eine eindeutige Aussage über alle Familiengruppen hinweg stellt die "niedrig" ausgeprägte Zustimmung zu der Aussage dar, Elternarbeit sei ein wichtiger Bestandteil der Erzieher-Berufsrolle: Die Familiengruppen-Erzieher finden das nicht.

Überlegungen zur Optimierung von Elternarbeit im Handlungsfeld Familiengruppe werden diesen Standpunkt berücksichtigen und hier professionelle Entlastung schaffen müssen.

6.5 Supervision
Andreas Düchting-Röth, Gundolf Dörnfeld und Herbert Müller

6.5.1 Methodisches Vorgehen und Stichprobe

Es wurden alle Personen, die mit der Verwaltung, Gestaltung und der Durchführung der Supervision der Familiengruppen-Erzieher im Untersuchungszeitraum befaßt waren, mit den zu diesem Zweck entwickelten Instrumenten (s. Pkt. 4.7) befragt. Die Stichprobe bestand aus Heimleiter, Erziehungsleiter, 13 Erziehern (vier Ehepaare und fünf Drittkräfte) sowie den drei Psychologen des Hauses, die neben anderen Aufgaben mit der Durchführung der Supervision betraut waren. Die Befragung der Erzieher fand in den Räumen der jeweiligen Familiengruppe, die der Supervisoren und der Leiter in ihren Arbeitsräumen statt. Sie gliederte sich in ein teilstrukturiertes Interview und einen Fragebogen. Die Dokumentation erfolgte durch Mitschrift und Tonbandaufzeichnung. Die Einzelbefragungen wurden von den Untersuchten durchweg als streß- und angstfrei erlebt.

6.5.2 Organisatorischer Rahmen

Die Befragung ergibt, daß die Supervision in den Räumen der Familiengruppen stattfindet, und zwar im Wohnzimmer und vormittags. Sie dauert zwischen anderthalb und drei Stunden und findet, von arbeits- bzw. urlaubsbedingten Unterbrechungen abgesehen, in ein- bzw. zweiwöchigem Turnus statt. Der Vormittag als Supervisionstermin wird damit begründet, daß in dieser Zeit die wenigsten Störungen durch die Kinder und Jugendlichen zu erwarten seien. Sind dennoch Klein- und/ oder Schulkinder anwesend, so unterscheidet sich der Umgang mit dieser Störquelle zwischen den einzelnen Familiengruppen: In der einen wird versucht, die Kinder anwesend sein zu lassen ("Die Kinder sind wichtiger als die Supervision"). In einer anderen wird die Tür geschlossen; kommt es dennoch zu Unterbrechungen durch Kinder, so werden deren Anliegen möglichst kurz behandelt.

Teilnehmer an der Supervision ist neben dem Supervisor immer das jeweilige Familiengruppen-Ehepaar. Die Beteiligung der Drittkräfte wird unterschiedlich gehandhabt: drei nehmen nie, eine nimmt sporadisch und eine regelmäßig an den Sitzungen teil. Als Begründungen für die Nichtteilnahme von Drittkräften wurden angeführt:

- Zeitökonomie (Verlust von dringend benötigten Arbeitsstunden der Drittkraft);
- Privatheit der Themen (z.b. bei Eheproblematiken);
- prinzipielle Erwägungen (z.B. Bevorzugung der Teilnahme der Drittkraft an nicht supervidierten Teamsitzungen);
- Routine ("Da haben wir noch nie drüber nachgedacht", "Das war schon immer so").

Die Frage nach einer arbeitsvertraglich vorgegebenen Regelung der Supervisionsteilnahme wurde völlig unterschiedlich beantwortet:
- Die Supervisoren verneinen übereinstimmend, daß sie arbeitsvertraglich zur Durchführung von Supervision verpflichtet seien.
- Von den 13 Erziehern sagen sieben, sie seien arbeitsvertraglich zur Teilnahme an der Supervision verpflichtet; vier verneinen eine solche Verpflichtung; zwei antworten "weiß nicht".
- Von der Heim- und Erziehungsleitung wird einmal eine solche vertragliche Regelung als gegeben, einmal als nicht gegeben dargestellt.

6.5.3 Erwartungen an die Supervision

Die Befragten wurden zunächst gebeten, ihre Vorstellung von Supervision zu umreißen. Die Tabelle 6.31 faßt die Antworten nach inhaltsanalytischer Kategorienbildung zusammen.

Tabelle 6.31: Vorstellungen von und über Supervision
(A = Heim- und Erziehungsleiter, B = Erzieher, C = Supervisoren)

Rang	Kategorie	Summe N=18	A 2	B 13	C 3
1	Unterstützung, Beratung, Hilfestellung, alternative Perspektiven, Anregungen, Ermutigung	14	0	11	3
2	Reflexion der Arbeitsinhalte und -formen, der Erziehungsziele	7	0	4	3
3	Hilfe bei persönlichen Schwierigkeiten, helfende Klärung der Aspekte von Dienst/Privatheit, Aspekte der Ehebeziehung	6	1	4	1
4	Möglichkeit zur offenen Aussprache, Kompensation der Mitarbeiterbelastung, Puffer für Verärgerung und Aggression, "emotionale Tankstelle", Finden von Ressourcen	6	0	4	2
5	Fall- und "ad-hoc"-Supervision, Krisenintervention	5	1	4	0
6	Reflexion der Emotionalität und der Beziehungen der Mitarbeiter und Kinder/Jugendlichen	4	1	3	0
7	institutionelle Funktionen: Bindeglied zwischen Leitung und Mitarbeitern vs. "Frühwarninstrument" im Interesse der Heim- und Erziehungsleitung	3	1	2	0

Mit deutlichem Abstand wird von den Erziehern das Bedürfnis nach kompetenter fachlicher Unterstützung durch die Supervision am häufigsten genannt. Die Inhalte dieser Kategorie finden sich auch in den Aufzählungen aller drei Supervisoren, gar nicht dagegen bei Heim- und Erziehungsleitung. Die häufigste Vorstellung scheint demnach bei Erziehern wie Supervisoren gleichermaßen darin zu bestehen, daß vorhandene Kompetenzen zur Bewältigung der pädagogischen Anforderungen durch Supervision ausgeschöpft und erweitert werden sollen.

Was die Gruppe der Erzieher betrifft, so fallen die Inhalte aller weiteren Kategorien in der Häufigkeit ihrer Nennungen demgegenüber weit ab.

Den zweiten Rang erhält die Kategorie **Reflexion der Arbeitsinhalte und -formen, der Erziehungsziele** dadurch, daß von allen drei Supervisoren sowie von vier Erziehern diesbezügliche Inhalte genannt werden. Auch in dieser Kategorie gibt es keine inhaltlichen Nennungen durch Heim- und Erziehungsleiter.

Es fällt auf, daß überall dort, wo Vorstellungen über Supervision von mindestens zwei (Kat. 4) bzw. von allen drei (Kat. 1 und 2) Supervisoren geäußert werden, keine Nennungen von Seiten der Heim- und Erziehungsleitung erfolgen. Und umgekehrt: Bis auf eine Ausnahme (Kat. 3) fehlen in allen Kategorien, die durch Beiträge der Heim- und Erziehungsleitung gefüllt werden, inhaltliche Entsprechungen auf seiten der Supervisoren (Kat. 5, 6, 7).

Hinsichtlich der Übereinstimmung innerhalb der befragten Gruppen ist für die Gruppe der Erzieher nochmals auf die Kategorie 1 hinzuweisen. Die Supervisoren stimmen in den Inhalten, welche die Kategorien 1 und 2 ausmachen, vollständig überein. Die einzige Gruppe, die in keiner Kategorie eine gemeinsame Nennung aufweist, ist die der Heim- und Erziehungsleitung.

Im weiteren Ablauf der Befragung wurde um eine Rangreihenbildung zu acht vorgegebenen Funktionen von Supervision gebeten. Die Ergebnisse sind in Tabelle 6.32 dargestellt.

Tabelle 6.32: Rangreihe von Funktionen der Supervision
(in der bei der Befragung präsentierten Reihenfolge)

Nr.	Funktion	A	B	C
			Ränge	
1	Reflexion beruflichen Handelns	2	1	1
2	Bearbeitung von Teamkonflikten	2	3	5
3	Bearbeitung von institutionellen Konflikten	5	4	5
4	Beziehungspflege im Arbeitsteam	5	8	7
5	Fallsupervision	4	1	3
6	Reflexion persönlicher Probleme	1	5	3
7	Unterstützung der Arbeitsmotivation / - zufriedenheit	8	6	2
8	Normkonsentierung	5	7	8

Die ermittelten Rangplätze seien zunächst hinsichtlich der extremen Positionen 1 bzw. 8 betrachtet: Für die Erzieher sind Fallsupervision und Reflexion beruflichen Handelns die wichtigsten Funktionen der Supervision; ihre Einschätzung deckt sich bezüglich der Reflexion beruflichen Handelns mit derjenigen der Supervisoren genau, mit derjenigen der Heim- und Erziehungsleitung bis auf eine Position. Heim- und Erziehungsleiter stellen nämlich die Reflexion persönlicher Probleme noch darüber.

Am Ende der Rangskala steht für die Erzieher die Beziehungspflege im Arbeitsteam als Aufgabe von Supervision, was die Supervisoren ähnlich sehen (Differenz ein Rangplatz). Für letztere steht die Normkonsentierung (i.e. die Vereinheitlichung der Auffassungen bzgl. der Normen von

Erziehung) am Ende der Rangskala, wobei sich ihre Einschätzung wiederum mit derjenigen der Erzieher bis auf einen Rangplatz trifft. Die Heim- und Erziehungsleitung stellt an das Ende ihrer Rangskala die Unterstützung der Arbeitsmotivation und -zufriedenheit, eine Funktion von Supervision, die auch bei den Erziehern auf einem hinteren Rangplatz zu finden ist, dagegen von den Supervisoren deutlich höher (Rang 2) eingestuft wird.

Eine hohe Übereinstimmung existiert über alle drei Gruppen hinweg in bezug auf einen mittleren Stellenwert der Bearbeitung von institutionellen Konflikten im Rahmen von Supervision.

Nach dem dienstlichen Auftrag der Supervisoren gefragt, lassen sich die häufigsten Nennungen (zehn Erzieher, ein Leiter, alle Supervisoren) in der Kategorie **Unterstützung, Klärung und Optimierung der Arbeit** zusammenfassen. Dieses Ergebnis deckt sich mit den Angaben über eigene Vorstellungen von Supervision (siehe Tab. 6.31). Fünf Erzieher und zwei Supervisoren sehen darüber hinaus auch eine Alibifunktion in der Einrichtung von Supervision, indem sie der Hausleitung die Erwartung von Informationsdiensten zu Kontrollzwecken unterstellen. Von vier Erziehern wird vermutet, daß der dienstliche Auftrag der Supervision in Beiträgen zur Auflösung von Konflikten mit der Hausleitung besteht. Die dienstliche Anbindung an die Hausleitung wird von ihnen dabei eher positiv eingeschätzt.

Die Existenz eines expliziten (schriftlich fixierten, verbindlichen) Supervisionskonzeptes für die Familiengruppe wird von neun Erziehern, der Heim- und Erziehungsleitung und allen Supervisoren verneint. Die Supervisoren betrachten die Nichtexistenz der schriftlichen Fixierung einer Konzeption nicht als Mangel, sondern geradezu als Voraussetzung ihrer Zusammenarbeit mit den Familiengruppen.

In den Antworten auf die Frage nach der **Wichtigkeit**, die der Supervision im Hinblick auf die Erfüllung des Erziehungsauftrages der Familiengruppen zugewiesen wird, erweist sich, daß die drei befragten Gruppen sich lediglich graduell in ihrer Bewertung unterscheiden; sie stimmen darin überein, die Supervision als "ziemlich wichtig" (Erzieher-Mittelwert 3.84; Supervisoren-Mittelwert 4.0) bzw. "sehr wichtig" (Heim-/Erziehungsleiter-Mittelwert 5.0) zu betrachten.

Als zeitlichen Aufwand für Supervision wünscht sich die Mehrheit der Befragten (acht Erzieher, zwei Supervisoren, ein Heim- /Erziehungsleiter) einen Block von zwei Stunden Dauer pro Woche. Drei Erzieher halten eine Stunde für ausreichend; ein Supervisor und ein Mitglied der Heimleitung halten bis zu drei Stunden für erforderlich; zwei Erzieher plädieren für mehr als drei Stunden wöchentlich. Im Durchschnitt ergeben sich als gewünschte Supervisionszeit zwei Wochenstunden, denen durchschnittlich rund eineinhalb Wochenstunden an tatsächlich aufgewendeter Zeit gegenüberstehen.

Aus den Vorüberlegungen zur Untersuchung hatte sich ergeben, daß das Thema **Schweigepflicht** im Zusammenhang mit der Supervision im St. Josephshaus Klein-Zimmern ein Problem darstellte. Von daher wurde zunächst danach gefragt, für wie wichtig die Schweigepflicht des Supervisors erachtet wird.

Die Befragten halten die Schweigepflicht des Supervisor einheitlich für "sehr wichtig" (Erzieher-Mittelwert 4.9; Supervisoren-Mittelwert 5.0; Heim- /Erziehungsleiter-Mittelwert 5.0).
Nach den Grenzen der Schweigepflicht gefragt, bejahen elf Erzieher (zwei davon "unter besonderen Umständen"), alle Supervisoren (einer davon "unter besonderen Umständen") sowie die Heim- und Erziehungsleitung, daß es für sie Grenzen der Schweigepflicht des Supervisors gebe. Solche Grenzen werden in Situationen gesehen, die eine existentielle physische und/oder psychische Gefährdung eines Klienten oder seines sozialen Umfeldes beinhalten.
Die Möglichkeit einer Aufhebung der Schweigepflicht der Supervisoren durch die Heimleitung bzw. die Zurückstellung der Schweigepflicht hinter eine Informations-/Mitteilungspflicht gegenüber der Heimleitung wird von vier Erziehern und zwei Supervisoren kategorisch verneint; der dritte Supervisor stimmt einer solchen Möglichkeit in Ausnahmefällen (bei Gefahr für Leib und Leben) zu, was von weiteren vier Erziehern ebenfalls so gesehen wird. Die restlichen fünf Erzieher bejahen, ebenso wie Heim- und Erziehungsleiter eine Aufhebung der Schweigepflicht ohne die vorgenannte Einschränkung. Die Begründungen, die von den Erziehern gegeben werden, welche eine Mitteilungspflicht gegenüber der Heimleitung bejahen, finden nach ihren eigenen Angaben keine Entsprechung in ihren konkreten Erfahrungen mit der Supervision.

Das St. Josephshaus praktiziert ein Konzept **interner** Supervision, d.h. die im Heim angestellten Diplompsychologen sind u.a. auch für die Supervision zuständig. Diese Regelung findet die Zustimmung eines Mitgliedes der Heimleitung, zweier Supervisoren und zweier Erzieher. Ein Supervisor und sechs Erzieher favorisieren stattdessen das Konzept einer **externen** Supervision, bei dem der Supervisor eine der Heimleitung nicht untergebene externe Instanz darstellt.
Eine "bedarfsorientierte" Regelung, also die Wahlmöglichkeit der Familiengruppen für eine externe oder interne Supervision, wird von fünf Erziehern und dem anderen Mitglied der Heimleitung unterstützt.

6.5.4 Durchführung und Bewertung der Supervision

Auf die Frage nach ihrem **Einfluß auf die Zuordnung des jeweiligen Supervisors** geben alle 10 befragten Erzieher an, daß sie darauf keinen Einfluß gehabt hätten. Zwar sind fünf davon mit dem Ausgang der Zuordnung (also mit dem erhaltenen Supervisor) zufrieden, doch äußern neun Erzieher prinzipielle Unzufriedenheit mit dem Mangel an Einfluß, möchten eine prinzipielle Wahlfreiheit bei der Auswahl ihres Supervisors, selbst wenn Zufriedenheit mit dem jeweiligen Supervisor vorliegt.

Mit der Supervision insgesamt in der bisherigen Form sind Erzieher und Supervisoren bedingt **zufrieden** (Mittelwerte 3.1 bzw. 3.3), von der Heim- und Erziehungsleitung ist einer sehr, der andere bedingt zufrieden.

Zur Zufriedenheit mit dem eigenen Verhalten in der Supervision wurden nur die Beteiligten, also 10 Erzieher und die drei Supervisoren, befragt. Eher zufrieden mit dem eigenen Verhalten sind zwei Erzieher und ein Supervisor; ein Erzieher und ein Supervisor sind bedingt (un)zufrieden, sieben (!) Erzieher und ein Supervisor sind mit dem eigenen Verhalten eher unzufrieden.
Als Gründe für die Zufriedenheit mit dem eigenen Supervisionsverhalten werden von den Erziehern angeführt:
- "Fühle mich wohl; habe das Gefühl, offen sein zu können".
- "Gestaltungsmöglichkeiten werden genutzt; möglicherweise dadurch Beschränkung anderer Supervisionsteilnehmer".

Unzufriedenheit begründen die Erzieher mit folgenden Argumenten:
- "Abblocken von Vorgängen, die zu sehr betroffen machen";
- "keine eigene Vorbereitung auf die Supervision";
- "Sollte mich mehr einlassen, stattdessen zuviel Geplänkel";
- "Zu cholerisch und aufbrausend in der Supervision";
- "Zu emotional in der Supervision - mit den Nachwirkungen bleib' ich allein";
- "Eher phlegmatischer Umgang mit der Supervision - keine Vorfreude";
- "Könnte ergiebiger (geplanter, systematischer) sein, ist es aber wegen eigener Erschöpfung nicht".

Gründe für Unzufriedenheit mit dem eigenen Verhalten bei den Supervisoren sind das Bedürfnis nach einem mehr strukturierten Vorgehen sowie das Bewußtsein, "etwas zu tun, das eigentlich (von den Supervisanden) nicht gewollt ist".

Begründungen für Zufriedenheit sind hier das Gelingen der Einfühlung in die Supervisanden und "eine gute professionelle Unzufriedenheit" (mit der nicht optimalen Arbeit).

Die Frage, wieweit sich die Erzieher in der Lage sehen, **die Supervision für sich zu nutzen**, beantworten sechs Erzieher positiv, zwei unentschieden und zwei negativ. Argumente für eine eher negative Sicht sind:
- "Aktuell wird in der Supervision keine Gestaltungsmöglichkeit und kein Nutzen gesehen";
- "Ansprüche an die Supervision sind noch zu klären";
- "Privater Austausch zwischen Ehepartnern wirkt mehr";
- "Zwang zur Artikulation";
- "Zuviel Gestaltungsraum, da Supervisor anscheinend ohne Konzept und eigene Standpunkte".

Argumente aus der eher positiven Sicht:
- Nutzung als Ventil bei Ärger über Arbeitgeber;
- eigene Gestaltung bei Auswahl der Inhalte;
- Hilfe bei der Erarbeitung von (vor allem pädagogischen) Grundhaltungen;
- Gestaltung durch Vorbereitung der Themen;

- Nutzung der Möglichkeiten zur Klärung persönlicher Probleme;
- Hilfe zur "Individualisierung";
- Nutzung als Motivationshilfe und Unterstützung, da sonst zuwenig Anerkennung für die eigene Arbeit.

Die Supervisoren wurden gefragt, wieweit sie sich in der Lage fühlen, die Supervision nach ihren eigenen Vorstellungen zu gestalten. Prinzipiell wird hier ein großer Gestaltungsspielraum ("100%") gesehen. Konkret allerdings werden als Einschränkung des Gestaltungsspielraums zum einen Widerstände der Supervisanden, zum anderen das Problem genannt, daß "überwiegend (St. Josephs-) hausgemachte Schwierigkeiten zu bearbeiten sind". Außerdem werden Tendenzen der Heimleitung wahrgenommen, die Schweigepflicht zu überwinden.

Die **fachliche Kompetenz** ihres jeweiligen Supervisors hatten die Erzieher auf einer Skala von 1=sehr gering bis 5=sehr hoch einzuschätzen; bei einer Streuung der Rohwerte von 2 bis 5 schätzen die Erzieher die fachliche Kompetenz ihrer Supervisoren mit 3.2, also "mittel" ein. Dieser Fremdeinschätzung steht die Selbsteinschätzung der Supervisoren mit 4, also "hoher" fachlicher Kompetenz gegenüber (Streuung von 3-5).

Begründungen für eher negative Einschätzung der Supervisoren-Fachkompetenz durch die Erzieher sind:
- "Keine Auseinandersetzung mit Drittkraft";
- "Zu liberal";
- "Naivität gegenüber Arbeitgeber";
- "Mangel an Lebenserfahrung";
- "Zu wenig eigenes Profil; kein deutlicher Standpunkt";
- "Zu wenig konkrete Strukturen in der Fallarbeit";
- "Mangel an klinischem Blick".

Für eher positive Kompetenzeinschätzung werden folgende Begründungen genannt:
- ideenreich;
- praktisch;
- "Einbringen von Erfahrungen, die außerhalb der Heimarbeit gemacht werden";
- "Lebenserfahrung (durch eigene Familie)";
- "Beherrschung der Kunst, das Richtige am richtigen Ort zu sagen".

Die Supervisoren zu ihrer eigenen Fachkompetenz, eher negativ:
- "Sehe eine Reihe von Verbesserungsmöglichkeiten";

eher positiv:
- "Gute eigene Supervisions-Sozialisation";
- Nutzung externer Quellen wie Psychotherapieerfahrung und Fortbildung.

Die Frage nach dem Ausmaß der persönlichen **Akzeptanz** gegenüber dem Supervisor beantworteten die Erzieher dahingehend, daß sie nach ihrer Einschätzung insgesamt "hoch" sei (Mittelwert 4.0; Streuung von "gering" bis "sehr hoch"). Die Supervisoren erleben die ihnen entgegengebrachte Akzeptanz dagegen lediglich als "bedingtes" Wohlwollen (Mittelwert 3.0; Streuung von "gering" bis "hoch").

Inhaltliche Begründungen der Erzieher für eher niedrige persönliche Akzeptanz:
- Mangelndes Wissen über konkrete Familiengruppen-Arbeit;

für eher hohe persönliche Akzeptanz:
- Sympathie;
- "Trotz Schwäche gutes Gefühl im emotionalen Kontakt";
- "Erscheinung und Art sind angenehm";
- "Auf emotionaler Ebene gutes Verständnis, auf sachlicher Ebene fachliche Kompetenz";
- "Freundschaftliche Kontakte außerhalb der Supervision".

Im folgenden hatten die Erzieher einzuschätzen, ob und wie sie in der Supervision ihre **Autonomie gefördert** oder **eingeschränkt** erleben (Tab. 6.33).
Ergebnis: Zwei Erzieher fühlen sich in der Supervision uneingeschränkt in ihrer Autonomie gefördert; vier Erzieher erleben in der Supervision sowohl Förderung als auch Einschränkungen ihrer Autonomie, zwei fühlen sich darin weder gefördert noch eingeschränkt.

Tabelle 6.33: Förderung oder Einschränkung der Autonomie in der Supervision

uneingeschränkt gefördert	2
sowohl gefördert als auch eingeschränkt	4
weder gefördert noch eingeschränkt	2
nicht gefördert, aber eingeschränkt	0
ohne Angaben	2

Sechs von den 10 befragten Erziehern erleben also einen fördernden oder teilweise fördernden, teilweise einschränkenden Zusammenhang zwischen der Supervision und ihrer Autonomie. Was dabei Erzieher unter Autonomie verstehen, wird aus einigen der zu dieser Frage gegebenen Erläuterungen deutlich:

Inhaltliche Erläuterungen bei "uneingeschränkt gefördert":
- Erfahrung direkter Unterstützung, die eigene Möglichkeiten erweitert;
- Autonomie in der Supervision durch eigene Themenwahl;
- Autonomie wächst durch die Supervision wegen Bestärkung eigener Wege und durch zunehmende Motivation;

bei "sowohl gefördert als auch eingeschränkt":
- gefördert, wenn weitergeholfen wird und neue Wege aufgezeigt werden können, eingeschränkt durch die institutionelle Anordnung zur Supervision;
- gefördert durch erweiterten Handlungsspielraum, eingeschränkt durch das Erleben von Mißverstandenwerden;
- gefördert durch Verarbeitung von Supervisionskritik, dadurch Möglichkeiten zur eigenen Entwicklung, eingeschränkt durch qualitative Mängel in der Supervision, die durch institutionelle Vorgabe begründet sind;

- gefördert durch das Aufzeigen von eigenen Grenzen in der Supervision und einen dadurch angestoßenen Umgang mit diesen Grenzen; diese Verdeutlichung von Grenzen des eigenen Handlungsspielraumes wird unter anderen Aspekten - vornehmlich institutionellen - auch als Autonomie einschränkend betrachtet.

Im Anschluß an die Einschätzung von Förderung vs. Einschränkung ihrer Autonomie in der Supervision wurden die Erzieher gebeten, eine **Zuschreibung dieser Modalitäten zur Heimleitung und/oder den Supervisoren** vorzunehmen. Ergebnis: Förderung der Autonomie in der Supervision wird deutlich überwiegend den Supervisoren, Einschränkung ebenso deutlich überwiegend der Heimleitung zugeschrieben.

Als Gründe für die Einschränkung der Autonomie vor allem durch die Heimleitung werden u.a. aufgezählt: "Mißtrauen durch Verordnung der Supervision", "Supervision als institutionelle Abfuhreinrichtung bzw. Kanalisierung von Unzufriedenheit" und "Wegen interner Supervision keine Vertrauensbasis zum Supervisor".

6.5.5 Ergebnisse aus dem Fragebogen zur Supervision (F-SV)

Abschließend wurden den Interviewteilnehmern der Fragebogen zur Supervision (F-SV) in der jeweils für ihre Berufs- bzw. Funktionsgruppe passenden Form vorgelegt. Er umfaßt die Skalen **Akzeptanz**, **Praxisrelevanz** und **Konzeption** (siehe Pkt. 4.7).

Aufgrund der geringen Stichprobengröße (N=2 bei HL/EL, N=13 bei den Erziehern, N=3 bei den Supervisoren) sind auch hier die Gruppenmittelwerte nur als Tendenzen interpretierbar (Abb. 6.38).

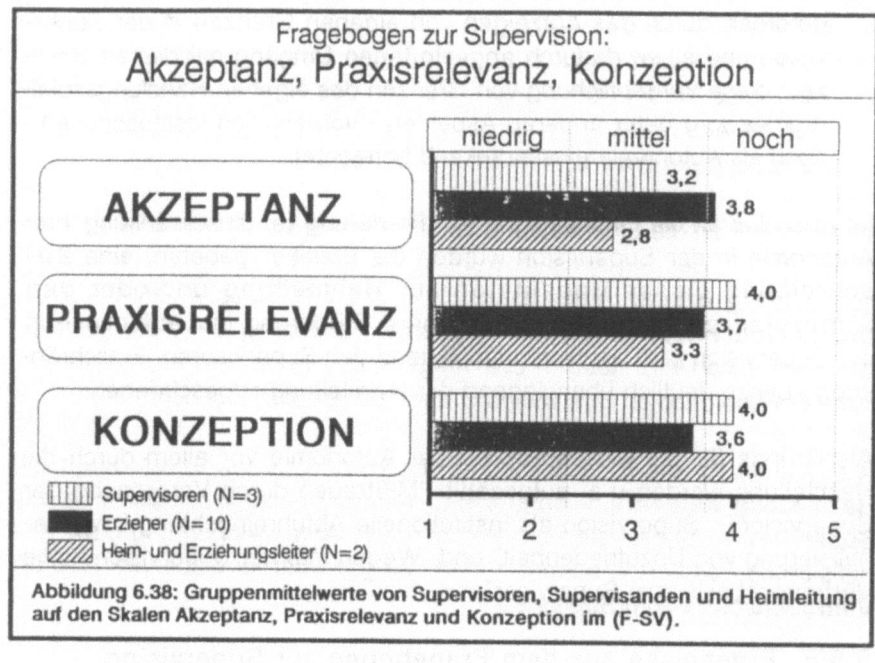

Abbildung 6.38: Gruppenmittelwerte von Supervisoren, Supervisanden und Heimleitung auf den Skalen Akzeptanz, Praxisrelevanz und Konzeption im (F-SV).

Tabelle 6.34 gibt auf der Ebene der Einzelaussagen die Mittelwerte der jeweiligen Funktions- bzw. Berufsgruppen zur Skala **Akzeptanz** wieder (Gruppen-Mittelwerte aus einer Skala von 1=völlige Ablehnung bis 5=uneingeschränkte Zustimmung).

Tabelle 6.34: Aussagen zur Akzeptanz im F-SV

	A	B	C
Ich habe durch die Supervision mehr Vertrauen in meine (die) eigene Kompetenz als (der) Erzieher.	4,0	3,3	3,0
Ich fühle mich (Die Erzieher fühlen sich) in der Supervision mit meinen (ihren) Stärken und Schwächen angenommen.	3,5	4,4	3,3
Ich freue mich jedesmal richtig auf die Supervision.	–	3,2	2,7
Ich weiß nicht, wie der Supervisor (die Supervisanden) zu mir steht (stehen).	–	2,6	2,0
Ich empfinde einen großen persönlichen Abstand zwischen (A) manchem Supervisor und seinen Supervisanden, (B) mir und dem Supervisor, (C) mir und den Supervisanden.	1,5	2,2	2,7
Ich habe zum Supervisor (zu manchen Supervisanden) kein Vertrauen	–	1,5	2,3

Bei der Betrachtung dieser Mittelwerte ist zu beachten, daß die Gruppen (A, B, C) unterschiedliche Perspektiven haben: Die Erzieher (B) schätzen ein, wie sehr sie sich vom Supervisor und in der Supervisionssituation (also auch von den anderen Supervisionsteilnehmern) akzeptiert fühlen; die Supervisoren (C) schätzen ein, wie sie sich von den Supervisanden akzeptiert sehen; Heimleiter und Erziehungsleiter (A) schätzen die Akzeptanz zwischen Supervisanden und Supervisoren "von außen" ein; bei ihnen fehlen deshalb zu Aussagen, die nur für die Supervisionspartner gelten, die Werte.

Als Tendenz ist zu erkennen, daß die Erzieher (B) in der Supervision und durch die Supervisoren ein hohes Maß an Akzeptanz ("weitgehend") erleben; Heimleiter, Erziehungsleiter (A) und Supervisoren (C) sehen ein mittleres Maß von Akzeptanz in der Supervision realisiert.

Auf die zentralen Annahmen der Studie bezogen, ist die Fragebogendimension Akzeptanz ein wesentlicher Aspekt der Identifikation der Beteiligten mit dem Organisationsmerkmal **Bereitstellung von Supervision**; was sich aus dem Arrangement **interne Supervision** in ihrer Durchführung als soziale Interaktion entwickelt hat, wird von Heim- und Erziehungsleiter sowie den Supervisoren mittel, von den Erziehern insgesamt deutlich positiv eingeschätzt.

Mit der Skala **Praxisrelevanz** (Einzelaussagen Tab. 6.35) wird als ein Aspekt der zentralen Annahmen der Studie die **Kompetenz** der Erzieher angesprochen: Wenn die Supervision praxisrelevant wirkt, dann fördert sie die (fachliche und persönliche) Kompetenz der Erzieher.

Tabelle 6.35: Aussagen zur Praxisrelevanz im F-SV

	A	B	C
Die Supervision beeinflußt meine (die) praktische Erziehungsarbeit wenig.	3,0	2,6	3,0
Bei entscheidenden Konflikten kann eine Bearbeitung in der Supervision auch nicht helfen.	4,0	2,1	2,7
Aus der Supervision ergeben sich kaum jemals umsetzbare Anstöße/Hinweise für die Bewältigung meiner (der) praktischen Erziehungsarbeit.	3,0	2,0	1,3
Die Supervision wird meinen (den) tatsächlichen Problemen im Erziehungsalltag nicht gerecht.	3,0	2,6	2,0
Der Supervisor hat keine Ahnung, mit welchen Problemen ich (die Erzieher) tagtäglich konfrontiert bin (sind).	1,5	2,5	1,3
Wie konkret und praxisrelevant die Supervision für meine (die) Arbeit ist, hängt zum größten Teil von mir (den Erziehern) selbst ab.	3,5	3,7	4,7

Nach eigener Einschätzung erhalten die Erzieher nicht selten "umsetzbare Anstöße und Hinweise für die Bewältigung der praktischen Erziehungsarbeit". Die Supervisoren wissen durchaus, "mit welchen Problemen die Erzieher tagtäglich konfrontiert sind"; sie werden in dieser eigenen Auffassung von Heim- und Erziehungsleiter bestätigt, während die Erzieher nur "bedingt" zustimmen.

Erzieher und noch deutlicher die Supervisoren meinen, daß es "weitgehend" von den Erziehern selbst abhängt, "wie konkret und praxisrelevant" die Supervision für die pädagogische Arbeit ist.

Heim- und Erziehungsleiter unterscheiden sich von den beiden anderen Gruppen ganz deutlich in ihrer Auffassung, daß "bei entscheidenden Konflikten (...) eine Bearbeitung in der Supervision auch nicht helfen" kann; die Erzieher halten dies für gut möglich, die Supervisoren für bedingt möglich.

Als Tendenz ist bei der Skala Praxisrelevanz insgesamt erkennbar, daß Erzieher und Supervisoren eine solche praktische Relevanz der Supervision für den pädagogischen Alltag als "weitgehend" gegeben ansehen, Heim- und Erziehungsleiter dagegen nur eine "bedingte" Bedeutung für die Praxis annehmen.

Bei der Skala **Konzeption** (Einzelaussagen Tab. 6.36) geht es um die Frage, wie die Supervision als konzeptueller Bestandteil der Organisation eingeschätzt wird; im Hinblick auf die zentralen Annahmen sind Aspekte der Differenzierung (Bereitstellung von Supervision im Rahmen eines gruppenübergreifenden Angebots oder nicht) und der Erzieher-Autonomie im Sinne einer Förderung von Professionalität in der Erziehungsarbeit einbezogen.

Tabelle 6.36: Aussagen zur Konzeption im F-SV

	A	B	C
Es ginge auch ohne Supervision.	1,0	2,0	2,0
Das Anstellungsverhältnis der Supervisoren beim gemeinsamen Dienstherrn schafft (für mich) Probleme der Offenheit und des Vertrauens in der Supervision.	3,5	2,5	3,7

Die Supervision ist nicht dazu da, persönliche Probleme zu behandeln.	1,0	2,6	1,3
Supervision ist für mich ein unverzichtbarer Bestandteil von Erziehungsarbeit.	5,0	3,9	4,7
Die Supervision unterstützt meine (die) Professionalität in der Erziehungsarbeit.	4,0	3,5	4,7
Ich erwarte aus der Supervision ganz konkrete Handlungsanleitungen für meine (die) Praxis.	2,5	2,8	3,3

Alle drei Gruppen stimmen darin überein, die Supervision als "unverzichtbaren Bestandteil von Erziehungsarbeit" zu betrachten. Mit vergleichbarer Eindeutigkeit wird von allen die Aussage zurückgewiesen: "Es ginge auch ohne Supervision". Heim- und Erziehungsleiter sowie die Supervisoren messen der Supervision deutlich eine Unterstützung der "Professionalität in der Erziehungsarbeit" bei; die Erzieher stimmen dem nur im mittleren Bereich zu.

Besonders fällt auf, daß die Gruppe der Erzieher "kaum" Probleme der Offenheit und des Vertrauens in der Supervision sieht, die durch das Anstellungsverhältnis der Supervisoren beim gemeinsamen Dienstherrn, also durch die Form der Supervision als "interne" bedingt wären.

Von den drei im Fragebogen erfaßten **Kategorien** weist die **Konzeption** die größte Übereinstimmung zwischen den drei Gruppen der Befragten auf.

Als gemeinsame Tendenz zeigt sich eine "weitgehende" (Heim-, Erziehungsleiter und Supervisoren) bzw. "bedingte" bis "weitgehende" (Erzieher) Zustimmung zur konzeptuellen Relevanz der praktizierten Supervision.

6.5.6 Verbesserungsvorschläge

Im Verlauf des Interviews wurden die Befragten auch um **Vorschläge zur Verbesserung der Supervision** gebeten; im folgenden die Vorschläge der drei Gruppen:

Vorschläge von Heim- und Erziehungsleiter:

- sollte mehr Aufmerksamkeit bekommen ("Fachlichkeitsniveau durch höheres Bewußtsein");
- muß konzeptionell angepackt werden;
- bessere Abstimmung der Supervisoren hinsichtlich der Methodik;
- mehr Zivilcourage bei den Supervisoren, im Sinne von Supervision beenden, wenn Erfolge ausbleiben.

Vorschläge der Erzieher:

- mehr gegenseitiges Vertrauen finden;
- als Veranstaltungsort sollte ein "neutraler Boden" gefunden werden;
- Supervisor sollte Familiengruppen-Alltag mehr kennenlernen, um dies eventuell auch diagnostisch besser nutzen zu können;
- man sollte mehr über sich selbst reden (statt über die Kinder);
- der Supervisor sollte mehr private Anteile einbringen;
- die Funktion von Supervision sollte geklärt werden;
- die Rückmeldung über das, was der Supervisor mit den Inhalten der Supervision anstellt, sollte verbessert werden;
- der Supervisor sollte mehr eigenes Profil zeigen;
- der Supervisor sollte aktiver sein und Vorgaben machen;
- der Supervisor sollte mehr konkrete Anregungen (z.B. in Form von Material oder Literatur) geben;
- der Supervisor sollte mehr eigenes Interesse an eigenem "Familienleben" haben;
- der Supervisor sollte über den Rahmen der Supervision hinaus Kontakt zur Familiengruppe suchen, dort "mit anpacken", und weniger deutlich die Pflicht zur Supervision und mehr das Interesse an der Familiengruppe spüren lassen;
- der zeitliche Umfang sollte ausgeweitet werden;
- die einzelnen Sitzungen sollten intensiver gestaltet werden;
- inhaltlich wäre etwas weniger "Gründlichkeit" angenehm, manchmal wird zuviel "gebohrt";
- grundlegende Gedanken über Supervisionskonzept sollten gemacht werden.

Vorschläge der Supervisoren:
- externe Supervision;

- Bedürfnisse und Erwartungen genauer abklären;
- die außerhalb des Supervisionsrahmens liegenden "Institutionskonflikte" sollten beseitigt werden, damit diese in der Supervision nicht der Fallsupervision und/oder Fortbildung den Platz rauben.

6.6 Einordnung der Ergebnisse
Herbert Müller

Die Darstellung der empirischen Ergebnisse erfolgte themen- und instrumentenbezogen, aber nicht (hypo-) thesengeleitet. Es soll nun versucht werden, die Ergebnisse auf das Untersuchungsschema in Abb. 3.4 sowie auf die in den Tabellen 3.1 bis 3.7 niedergelegten Thesen zu beziehen. Unter Rückgriff auf die Klassifikationsmatrix werden die erhaltenen Daten einmal spaltenweise (also mit Bezug auf die sieben Untersuchungsebenen und die zugeordneten zentralen Annahmen) und sodann zeilenweise (mit Bezug auf die zentralen Begriffe) zusammengefaßt. Es findet eine Verdichtung in Richtung Bewertung statt: Für die Zellen der Matrix, zu denen einzelne Ergebnisse und empirisch gewonnene Interpretationen vorliegen, wird jeweils ein "Befund" formuliert, der in der schematischen Darstellung (siehe Tabelle 6.37) die Form einer numerischen Bewertung annimmt. Diejenigen Zellen der Matrix, zu denen keine Untersuchungsergebnisse vorliegen, nehmen wir von der Bewertung aus. Die Bewertungsskala entspricht einem Kontinuum von "Risiko" (Wert 1) über "Balance" (Wert 2) bis "Chance" (Wert 3). Dabei ist das Interesse auf Akzentuierung gerichtet. Wir stellen die methodischen Bedenken zugunsten klarer Aussagen zurück. Wenn im Einzelfall Überpointierungen resultieren, sollte dies einer engagierten Diskussion der Familiengruppen-Problematik nur zuträglich sein.

Tabelle 6.37 faßt die numerischen Bewertungen in einer Ergebnismatrix zusammen.

Tabelle 6.37: Bewertungsschema zur Klassifikationsmatrix der Untersuchung (vgl. Abbildung 3.4 und die Tabellen 3.1 bis 3.7 in Kap. 3);die Bewertung versucht die Antworten auf die Thesen unter Berücksichtigung der empirischen Ergebnisse zusammenzufassen (Erläuterung im Text).

Untersuch.-ebenen / zentrale Begriffe	ORG	ERZ	KIND	ELT	KF	FG	HKF	MW
DIFF	1	1	0	1	0	1	1	1.0
IDFIK	2	2	2	0	0	2	0	2.0
AUT	1	2	0	1	0	0	1	1.3
KPTZ	1	2	1	1	2	1	1	1.3
AKZ	3	2	2	3	2	3	1	2.3
BEW	2	2	2	1	2	2	1	1.7
KOOP	2	2	2	1	0	2	1	1.7
BEL	1	2	2	1	0	0	1	1.4
ERZ	1	2	1	1	2	1	1	1.3
MW	1.5	1.9	1.7	1.3	2.0	1.7	1.0	1.6

Bewertungsskala: 0 = keine Bewertung; 1 = erhebliche Mängel / geringe positive Ausprägung/ Risikofaktoren überwiegen; 2 = mittlere Ausprägung positiver Merkmale / Risiko-Chancen-Balance; 3 = gehobene bis hohe Ausprägung positiver Merkmale/die Chancen-Faktoren überwiegen. MW = Mittelwert (Bei der MW-Bildung sind die Null-Kategorien nicht mitgerechnet.)

6.6.1 Zentrale Annahmen

Auf der Ebene der **Organisation** erscheint die Akzeptanz des Betreuungsmodells bei allen Befragten (ORG-5) als insgesamt zufriedenstellend ausgeprägt. Aspekte der Bewältigung, der Kooperation und der Identifikation deuten auf eine Risiko-Chancen-Balance hin, wobei unter dem Optimierungs- Blickwinkel beide Richtungen gleichermaßen interessieren: Welche Momente stehen einer besseren Bewältigung, Kooperation und Identifikation im Rahmen dieses Betreuungsmodells entgegen, und auf welchen bisher schon gut entwickelten Grundlagen kann man aufbauen? Eine Antwort auf diese Fragen steht in Zusammenhang mit der Kritik, die sich an den Mängeln im Hinblick auf (Binnen-)Differenzierung, Autonomie, Kompetenz, Belastung und Erziehung ergibt. Wir haben einen "Wildwuchs" von Familiengruppen untersucht; in keinem Fall lag ihrer Einrichtung ein von Anfang an klares, explizites Konzept im Hinblick auf Störungsbild/Indikation, Interventionsziele/Evaluation, Rückführung/Elternarbeit oder auch nur zur Frage Durchgangs- oder Speichermodell zugrunde.

Die Risiko-Annahmen ORG-3a, 9a und 9b können mit den methodischerseits gebotenen Einschränkungen als bestätigt gelten. Von daher sollten von Seiten der Organisation explizite konzeptuelle Vorgaben zur Gründung von Familiengruppen entwickelt werden, die sich auf den FG-Typ, das zulässige Störungsbild der Klientel, sowie auf das Angebot an gezielten professionellen Hilfen für die Betreuung beziehen. Die Förderung von Professionalität durch ein qualifiziertes Fortbildungs- und Supervisionsangebot sollte einhergehen mit einer weitgehenden organisatorischen Öffnung in Richtung Autonomie. Weil alle diese Aspekte in den Ergebnissen aus F-FG-E, Erzieher- und Heimleitungs-Interviews als problematisch dastehen, lokalisiert der Spalten-Mittelwert (1.5) die Organisationsebene genau zwischen "mangelhaft" und "ausbalanciert", eine insgesamt plausible Positionierung.

Die Untersuchungsergebnisse zum Thema "Durchlauf"- versus "Ersatz"-Modell geben Anlaß zu grundlegenden Bedenken: Wird den Erzieher-Ehepaaren mit dem FG-Betreuungsmodell nicht womöglich ein Angebot gemacht, das gar nicht so gemeint sein kann/darf, wie die Erzieher es verstehen müssen? Wird nicht von Seiten der Einrichtung die "Speicher"-Orientierung der Erzieher, die diese zum Schutz ihrer eigenen Familie brauchen, stillschweigend akzeptiert, wohl wissend, daß Heimerziehung regulär nur familienergänzend wirken darf und daß demnach Störungen und zusätzliche Belastungen des (Kern-) Familienlebens durch Fluktuation (in für die Erzieher erwartungswidrigem Ausmaß) die Regel sein werden? Das entscheidende Außenkriterium ist die Frage der Elternarbeit: Das "Mißverständnis" Ergänzung vs. Ersatz lebt davon, daß keine Elternarbeit gemacht und keine Rückführung mit professionellen Mitteln betrieben wird.

Auf der Person-Ebene **Erzieher** kommen wir zu einer insgesamt ausgeglichenen Chancen-Risiko-Balance. Die nivellierende Betrachtung mittlerer Ausprägungen deckt hier jedoch Widersprüche zu, die bei der Diskussion der Erzieher-Problematik nicht unbeachtet bleiben können. Es geht dabei um Fragen, die wir in der vorliegenden Studie nur angerissen haben und die weiterer und spezifischerer Untersuchung bedürfen, so vor allem Fragen der Professionalität und der Arbeitszeit, sowie die Drittkräfte-Problematik. Was die Drittkräfte angeht, erscheint z.B. das Problem der pädagogischen "Unterordnung" unter die Erziehungsvorgaben des FG-Ehepaares problematisch, zumal sie mitunter mit einer Tendenz einherzugehen scheint, der Drittkraft die Funktion einer zusätzlichen Haushaltshilfe zuzuweisen - dies ist ein unerwarteter zusätzlicher Aspekt der Kooperations-These ERZP-7, die sich mit der Drittkraft-"Passung" befaßt. Das Arbeitszeit- und Überstundenproblem scheint sich beim Zusammentreffen von Schichtdienst (Drittkraft) und "Familiendienst" (FG-Ehepaar) nicht zu entspannen, sondern noch zu verschärfen. Die Identifikation der Erzieher (ERZP-2) ist insgesamt gut; sie wäre höher, wenn auf Seiten des FG-Ehepaares mehr Entlastung in Richtung Kernfamilie wirken würde. Das Autonomie-Problem (ERZP-3) stellt sich sowohl ideologisch als auch materiell dar: Es geht den "Subunternehmern" gleichermaßen um mehr Kompetenzen in der Etatfrage wie um solche in der Aufnahmefrage. Die in den Thesen zur Bewältigung, Belastung und Erziehung (ERZP-6,8,9 und Zusatzthesen ERZP-4b und 8a) angesprochene Professionalität erscheint förderungsbedürftig. Für die zu diesem Zweck erforderlichen Hilfen durch Fortbildung und Supervision und deren Effizienz fehlt bislang ein explizites Konzept. Seine Entwicklung erscheint umso dringlicher, als sich vor allem in der Alltagsbewältigung (Standardsituation Mittagessen, "Kritische Situationen") Hinweise auf mangelnde Bewältigungskompetenzen und eingeschränkte Ressourcen ergeben haben.

Auf der Person-Ebene **Kind** halten wir Bewertungen im Hinblick auf die Thesen zur Differenzierung (KIND-1) und Autonomie (KIND-3) zurück, bis die Standardsituationen "Hausaufgaben" und "Spiel" ausgewertet sind. Die Einbeziehung der Erzieher-Kinder in diese Untersuchung hat Hinweise auf eine Reihe von Problemen gebracht (Selbstwertgefühl, Verhalten beim Mittagessen), die den Aufbau von Bewältigungskompetenzen, angemessenem Sozialverhalten und die Entwicklung von Erziehungsplanung unter Einschluß a l l e r Kinder nahelegen.

Die leiblichen **Eltern** der Maßnahmekinder zeigen auf der Person-Ebene nur in der Akzeptanzfrage (ELT-5) einen überwiegend positiven Untersuchungsbefund. Bezüglich aller anderen Variablen und Thesen auf der Person-Ebene der Eltern sind die Einschränkungen und Risiko-Faktoren maßgebend, die durch die fehlende Konzeption einer spezifischen Elternarbeit bedingt sind.

Auf der System-Ebene der **Kernfamilie** bleiben die meisten der mit unseren Thesen aufgeworfenen Fragen unbeantwortet, weil sie aufgrund mangelnder Operationalisierung bisher nicht in die empirische Erhebung einbezogen werden konnten. Die Wirksamkeit des "Familienmodells" im Sinne des Erziehungsauftrags dennoch anzunehmen, erscheint uns als "Balance" zwischen Risiko und Chance aufgrund unserer Beobachtungen und Ergebnisse plausibel.

Das bei den Erziehern vorherrschende Selbstverständnis der **Familiengruppe** als Maßnahme-"Speicher" verursacht Reibungsverluste bei der Realisierung des Betreuungsmodells im System der Heimerziehung (FG-1). Weitere Abstriche sind im Hinblick auf die Kompetenz- und die Erziehungsfrage zu machen; sie stammen vor allem aus der Video-Auswertung der Standardsituation Mittagessen: Der Maßnahme-Charakter der Situation erscheint weitgehend unklar, ein intuitives Erziehungskonzept herrscht vor. - Insgesamt ausbalanciert erscheinen dagegen Risiken und Chancen hinsichtlich der Merkmale Identifikation (FG-2), Bewältigung (FG-6) und Erziehungsmitarbeit der Klientel (FG-7). Zu den Variablen Autonomie (FG-3: Loslösung von der Einrichtung bei substantieller Einschränkung) und Entlastung durch Gemeinde-Einbettung (FG-8) wurden zu wenige Hinweise erhoben, um eine Einschätzung vornehmen zu können.

Die **Herkunftsfamilie** weist von den Untersuchungseinheiten die größte Problematik auf. Unsere Thesen auf dieser Ebene setzen ein realisiertes Konzept von Elternarbeit voraus, das zudem in erster Linie rückführungsorientiert sein müßte. Die Realität des FG-Betreuungsmodells ist davon weit entfernt, und zwar nicht nur durch die Haltung der Erzieher, die eine auf Rückführung gerichtete Zusammenarbeit mit der Herkunftsfamilie nicht als Teil ihrer Berufsrolle begreifen, sondern vor allem durch die fehlende konzeptuelle Klarheit bezüglich der Elternarbeit auf der Leitungsebene der Einrichtung.

Die Betrachtung der Ergebnisse zu den zentralen Annahmen entlang der Untersuchungsebenen ergibt ein Gesamtbild, das in der Risiko-Abwägung durch Unzulänglichkeiten in den Bereichen Herkunftsfamilie/leibliche Eltern und Organisation bestimmt wird, denen in Richtung auf Belastungs-Bewältigungs-Balance positive Ansätze auf den Person-Ebenen Erzieher/Kinder und auf den System-Ebenen Kernfamilie/Familiengruppe gegenüberstehen.

6.6.2 Zentrale Begriffe

Die zur Erfassung relevanter Merkmale des Leistungsfeldes "Familiengruppe" eingeführten zentralen Variablen erweisen sich als für eine systematische Deskription gut geeignete Ordnungsbegriffe.

Differenzierung
Das bei der Untersuchung festgestellte Maß an Binnendifferenzierung im Leistungsfeld erscheint unzureichend. Für entscheidende Leistungsmerkmale fehlen explizite konzeptuelle Vorgaben; dies gilt auf der Leitungsebene für Erzieher-Fortbildung, Supervision und Elternarbeit sowie für Erziehungskonzeption, Erziehungsplanung und Evaluation auf der Erzieherebene. Damit erscheinen Professionalität und Erfolgskontrolle eingeschränkt. Binnendifferenzierende Überlegungen zum Verhältnis Maßnahmekinder/Erzieherkinder sind dem bisherigen Ansatz ebenso fremd, wie konzeptuelle Vorgaben zur "Eignung" der Kernfamilie als Familienmodell und zur "Passung" von Störungsbild und Kernfamilienstruktur.

Identifikation, Autonomie, Kompetenz
Die drei "Qualifikations"-Variablen eignen sich nicht nur zur Erfassung organisatorischer Vorgaben und relevanter Erzieher-Merkmale, sondern ebenso zur Klassifikation entsprechender Funktionen auf den übrigen Untersuchungsebenen, auch wenn dort zum gegenwärtigen Stand der Untersuchung die empirische Datenbasis noch sehr lückenhaft ist. Es lassen sich Akzentuierungen sowohl in positiver Richtung (Identifikation) wie im Hinblick auf Risiko-Entwicklungen (Autonomie, Kompetenz) treffen, die auf der jeweiligen Untersuchungsebene anhand der zentralen Annahmen zu spezifizieren sind.

Akzeptanz, Bewältigung, Kooperation
Auch diese drei Variablen weisen in ihrer Funktionalität als zentrale Ordnungsbegriffe über den spezifischen Anwendungsrahmen des ABC-Inventars hinaus. Die Akzeptanz, welche die Maßnahmekinder ihrer Unterbringung in den Familiengruppen entgegenbringen, wird von derjenigen des Betreuungsmodells durch die Eltern übertroffen: In dieser Richtung ergeben sich aus unserer Untersuchung deutliche Chancen des Modells. Auch die Ergebnisse zu den Kooperationsfragen und zur Bewältigungsproblematik enthalten Hinweise auf bereits erreichte günstige Positionen, die bei einem Optimierungsansatz genutzt werden können (kooperative

Projekte im Freizeitbereich; Copingstil "systematische langfristige Problemlösung" im Bewältigungsverhalten).

Erziehung und Belastung
Die bisherigen professionellen Hilfen zur Bewältigung der Alltagsanforderungen sind unzureichend. Die FG-Erzieher sind weitgehend auf sich alleine gestellt; insofern erscheint die festgestellte Ausbalancierung von Streß (siehe Pkt. 6.3.5) in den einzelnen Familiengruppen als beachtliche Leistung. Dennoch ist unverkennbar, daß die Familiengruppen als System und einzelne Erzieher als Person zur Erhaltung bzw. Verbesserung ihrer Leistungsfähigkeit gezielter Unterstützung bedürfen. Die Entwicklung alltagsnaher und praktikabler professioneller Hilfen erscheint für das Betreuungsmodell Familiengruppe überlebenswichtig.

Wir kommen abschließend zu folgender Gesamteinschätzung:
Das eingesetzte Bewertungsschema hat vornehmlich heuristische Funktion. Der sich aus den Zeilen und Spalten der Klassifikationsmatrix für die Untersuchung ergebende Gesamt-Durchschnittswert von 1.6 ist in eben diesem heuristischen Sinne zu verstehen: als numerischer Ausdruck dafür, daß die empirische Erhebung trotz aller methodischen Restriktionen zu der Schlußfolgerung berechtigt, das Betreuungsmodell Familiengruppe sei auf einem hypothetischen Risiko-Chancen-Kontinuum in seiner unkontrolliert gewachsenen Klein-Zimmerner Form etwa auf halbem Wege zwischen "Risiko" und "Balance" angelangt. Die wissenschaftliche Untersuchung hat indessen nicht nur die Mängel und Grenzen dieser Betreuungsform aufgedeckt, sondern zugleich die Kriterien für einen Differenzierungs- und Optimierungsansatz geliefert, der auf die Förderung jener Merkmale gerichtet ist, welche die Chancen dieses Modells ausmachen.

7 Optimierung des Familiengruppen-Konzeptes

Franz Petermann, Herbert Müller, Peter Ach, Gundolf Dörnfeld, Eckhart Knab, Ulrike Petermann und Theresia Schlaegel

In Kapitel 7 sollen einige Optimierungsvorschläge zum Themenbereich Familiengruppen entwickelt werden. Die Überlegungen greifen dabei die zentralen Variablenbereiche/Begriffe wieder auf. Unter Optimierung wollen wir konkret umsetzbare Empfehlungen für die Praxis genauso subsumieren wie die Hinweise auf zukünftige Erfordernisse für Angebote im Feld der Jugendhilfe.

7.1 Voraussetzungen beim Aufbau von Familiengruppen

Der erfolgreiche Aufbau einer Familiengruppe hängt von Hintergrundfaktoren ab, die auf der Seite der Organisation Erfahrungen mit familiengruppenähnlichen Erziehungshilfemaßnahmen (Heim als Verbundsystem, Heim als Kleinstheim etc.) im Vorfeld der Gründung einer Familiengruppe einschließen. So muß die strukturelle Veränderung einer wohngruppenorientierten Einrichtung in eine solche, die auch Familiengruppen aufweist, schrittweise erfolgen. Einige der Gründe hierfür liegen in folgenden Punkten:

- Die Mitarbeiter lernen erst allmählich die Teilautonomie von einer Zentraleinrichtung produktiv zu nutzen; Autonomie ist eine sich schrittweise durch Aufgabenübertragung und Bewährung entwickelnde zentrale Voraussetzung einer Familiengruppe;

- die Zentraleinrichtung lernt schrittweise die Autonomie bzw. Teilautonomie einer Familiengruppe zu akzeptieren (vgl. Vertrauensentwicklung in der Organisation; Kompetenz von Mitarbeitern, die eine Delegation von Verantwortung erst ermöglichen; zugelassene Autonomie ermöglicht wiederum erst Identifikation mit einer Einrichtung);

- allmählicher Aufbau eines Erziehungs- und Konzeptionskonsenses bezüglich der Vorgaben für Familiengruppen bei den Entscheidungsträgern und Mitarbeitern einer Organisation;

- personelle Voraussetzungen für die Gründung einer Familiengruppe durch Vorgaben (z.B. nur Ehepaare mit eigenen Kindern sollen eine Familiengruppe betreuen).

Sehr eng gefaßte Voraussetzungen (z.B. konfessionelle Vorgaben, wie etwa die Forderung, daß lediglich katholische Erzieherehepaare eine Familiengruppe betreuen sollen) führen schnell zu weitreichenden Folgen, die die Realisierung einer Familiengruppe erschweren können. Dies gilt auch für räumliche und strukturelle Voraussetzungen, z.B. die Forderung nach einem Wohn- oder Bauernhaus für eine Familiengruppe.

Auf der Mitarbeiterebene sollten folgende Voraussetzungen bei der Entwicklung einer Familiengruppe gegeben sein:

Neben den traditionellen Service-Leistungen einer Organisation (Supervision, Fortbildung) sollte die aktive Teilnahme der Mitarbeiter bei der Fortentwicklung der Familiengruppe von Seiten der Heimleitung eingeräumt werden. Dieser Schritt trägt entscheidend zur Identifikation mit einer Familiengruppe bei. Professionelle Hilfsangebote im Bereich der Erziehungsplanung und Organisation von Familiengruppen sowie in systematischer Elternberatung verstehen wir als vorrangige und zentrale organisatorische Voraussetzungen. Die Bereitschaft zur Fortbildung in diesen Bereichen dürfte eine zentrale Mitarbeitervoraussetzung darstellen. Von einer Therapeutisierung von Erziehungsmaßnahmen sollte jedoch dringend abgeraten werden (vgl. zur Wechselwirkung von Alltag, Pädagogik und Therapie die Ausführungen der Planungsgruppe PETRA, 1987).

7.2 Klassifikation möglicher Betreuungsformen einer familienorientierten, stationären Jugendhilfe

Da wir zum gegenwärtigen Zeitpunkt keine empirische Klassifikation möglicher Betreuungsformen von Familiengruppen vorlegen können und dies von unserem empirischen Zugang nicht zu erwarten war (vgl. Kap. 5), möchten wir eine heuristische Klassifikation vorlegen, die eine grobe Orientierung im Hinblick auf mögliche Chancen und Risiken der Familiengruppenerziehung erlaubt. Chancen und Risiken beziehen sich in erster Linie auf die Entwicklung des Klienten und dann erst auf seine Herkunftsfamilie. Da der Auftrag der Jugendhilfe das Kindeswohl im Blickpunkt hat, gehen wir bei der Risikoabschätzung von den Klientenmerkmalen aus. Es stehen dabei vor allem solche im Blickpunkt, die besonders leicht und frühzeitig feststellbar sind. Die aus diesen Kriterien ableitbaren Entscheidungen sind normativ und basieren auf Extremgruppendarstellungen. Die so gewonnene Orientierung soll dazu herangezogen werden, eine problem- und klientangemessene Jugendhilfe zu ermöglichen. Die in Tabelle 7.1 dargestellten Klassifikationen basieren auf der Variation von Begriffen, die die Beschreibungsmerkmale einer Betreuungsform bestimmen.

Tabelle 7.1 klassifiziert wichtige Klientelmerkmale, die Annahmen über Schweregrade bei der Aufnahme implizieren. Aus diesen Eingangskriterien lassen sich hypothetische Erfolgsabschätzungen einer Erziehungshilfemaßnahme ableiten. Zumindest aber kann eine solche Klassifikation unterschiedliche Formen von Erziehungshilfemaßnahmen konfigurieren; so ließe sich eine Konstellation von Eingangskriterien konstruieren, die einen Hinweis auf die mangelnde Eignung von Familiengruppen ermöglichen.
In Tabelle 7.1 bedeuten die Spaltenkategorien im einzelnen folgendes:

(A) Prognostizierbare Verweildauer des Kindes in der Familiengruppe;
(B) Alter des aufzunehmenden Kindes;
(C) Ausmaß der psychosozialen Beeinträchtigung, definiert über die Bereiche familiärer Belastungsgrad der kindlichen Entwicklung einerseits und Lern-, Entwicklungs- und Verhaltensstörung andererseits;
(D) Vorerfahrungen aus anderen stationären Unterbringungen (Heime, Kliniken);
(E) Geschwisterkinder, die ebenfalls in die Jugendhilfe kommen bzw. dort sind;
(F) Prognose im Hinblick auf den Zeitpunkt und die generelle Chance, in die Herkunftsfamilie wieder zurückkehren zu können;
(G) Ausmaß spezifischer Störungen (z.B. körperliche Krankheiten, Sucht).

Tabelle 7.1: Klassifikation von Betreuungsformen nach zentralen Klientelmerkmalen. (Die arabischen Ziffern in runden Klammern verweisen auf die Klassifikationsschlüssel, die der Modellbildung zugrunde liegen.)

A	B	C	D	E	F	G
KURZ (1)	<6 J. (2;3)	GERING (1;2)	NEIN (1;2)	NEIN (1;2;4)	NEIN (1;2;4)	NEIN (1;2)
LANG (2;3;4)	>6 J. (1;4)	MASSIV (3;4)	JA (3;4)	JA (3)	JA (3)	JA (3;4)

KLASSIFIKATIONSSCHEMA

Schlüssel   Betreuungsmodell

(1)   **Familienanbindung:**   Jugendlichen-Wohngruppe mit Familienanbindung

(2)   **Familiengruppe, Typ-I:**   vorbelastete Kinder ohne komplexe Lern-, Entwicklungs- und Verhaltensstörungen

(3)   **Familiengruppe, Typ-II:**   (Pädagogisch-therapeutische Familiengruppe): Massiv vorbelastete Kinder mit komplexen Lern-, Entwicklungs- und Verhaltensstörungen

(4)   **Für Familiengruppe ungeeignetes Kind**

Selbstverständlich kann man auch andere bzw. zusätzliche Merkmale, wie z.B. Entzug des elterlichen Sorgerechts, zur Klassifikation von Eingangskriterien für Familiengruppen wählen. Dennoch geben die aus Tabelle 7.1 resultierenden vier Formen von Familiengruppen einen Eindruck davon, wie sich Organisationsformen möglicherweise differenzieren lassen bzw. welche Ausschlußkriterien möglich wären. Deutlich wird auch, in welcher Form die sozial-emotionale Betreuungsintensität in den Familiengruppen sich unterscheidet (vgl. z.b. der lockere Verbund im Modell "Jugendlichen-Wohngruppe"). In Zukunft sollten gezielte Modellprojekte gefördert werden, in denen sich die Indikationskriterien deutlich voneinander unterscheiden. Nur eine solch systematisch aufgebaute Praxisforschung kann darüber entscheiden, welche Leistungsfähigkeit Familiengruppen aufweisen und wie man verschiedene Ansätze differenzieren kann. Die damit verbundene Forderung nach **Differenzierung** ergibt sich aus unserem Optimierungswunsch. Solche Differenzierungsmerkmale könnten etwa sein:

- Nähe zur Struktur der bisherigen Lebenswelt des Kindes (Familienähnlichkeit);
- Passung zwischen dem Angebot der Familiengruppe und dem psychosozialen Beeinträchtigungs- und Belastungsausmaß usw.

Die Anwendung eines Differenzierungsmerkmals setzt voraus, daß
- Vorstellungen (Konsens) über detaillierte Ziele und den Verlauf der Erziehungshilfemaßnahme bestehen;
- alternative Betreuungsmodelle zur Auswahl stehen;
- das Angebot, die Struktur und die Funktion der Familiengruppe reflektiert und allen Entscheidungsbefugten (also auch den Eltern) bekannt sind.

7.3 Chancen und Risiken der Betreuungsform "Familiengruppe"

In der Erziehungspraxis sind die Risiken und Chancen der Familiengruppenerziehung in Fallberichten darstellbar. Diese Risiken für die kindliche Entwicklung schätzen wir bei Familiengruppen (im Vergleich zu anderen langfristigen Unterbringungen) global als relativ gering ein, wobei die unter Abschnitt 7.2 aufgeführten Ausschlußkriterien beachtet werden sollten. Diese positive Bewertung, d.h. die Vermutung über geringe negative Nebenwirkungen, liegt entscheidend an der Überschaubarkeit der Erziehungssituation, der Konstanz der Beziehungen, der Form der psychosozialen bzw. sozial-emotionalen Unterstützung gegenüber dem Kind und der Normalität des Alltags (im Sinne eines Familienalltags) der Familiengruppe.

Aussagen über die Chancen und Risiken von Familiengruppen können systematisch zumindest auf vier Ebenen diskutiert werden:

- Klientel
- Kernfamilie/Herkunftsfamilie
- Organisation
- Erzieher (Mitarbeiter).

Die möglichen Risiken und Chancen basieren auf verschiedenen Vorannahmen, die wir in Kapitel 3 entwickelt haben. Von den neun zentralen Begriffen unserer Studie soll anhand von vier eine Beschreibung vorgenommen werden. Dafür wählen wir Kooperation, Akzeptanz, Bewältigung und Identifikation aus. Es handelt sich um Aspekte, die in unserer Studie besonders systematisch auf den Ebenen Klientel, Familie, Organisation und Erzieher erfaßt und ausgewertet wurden (vgl. ABC-Filter, ABC-Inventar). Auf diesen Ebenen lassen sich zur Abgrenzung des Aussagenbereichs jeweils ein Chancen- und Risikenprofil von Familiengruppen skizzieren (vgl. Tab. 7.2).

Tabelle 7.2: Chancen- und Risikenprofil von Familiengruppen

Merkmal	Chancen	Risiken
KLIENTEL		
Kooperation	Hohe soz. Unterstützung	Rivalität
Akzeptanz	Hohe Familienähnlichkeit	Scheitern der Erziehungsplanung
Bewältigung	Hilfe bei Bewältigung von Trennung	Symptomverstärkung familiärer Trennung
Identifikation	Aufbau von Geborgenheit im neuen Zuhause	Verlust familiärer Bindungen

Merkmal	Chancen	Risiken
KERNFAMILIE / HERKUNFTSFAMILIE		
Kooperation	Erlebte Entlastung	Belastung durch mangelnde Unterstützung
Akzeptanz	Erlebte Entlastung	Belastung durch fehlende Anerkennung
Bewältigung	Erlebte Entlastung	Belastung durch eigene familiäre Problematik
Identifikation	Entlastung durch Einbeziehung in Elternarbeit	Belastung durch den Abgrenzungsaufwand

Merkmal	Chancen	Risiken
ORGANISATION		
Kooperation	Hoher Interessenkonsens	Reibungsverluste durch Verweigerung
Akzeptanz	Hoher Interessenkonsens	Reibungsverluste durch fehlende Akzeptanz
Bewältigung	Erfolgreiche JH-Maßnahmen	Stigmatisierende Heimkarrieren
Identifikation	Hoher Normkonsens	Reibungsverluste durch 'innere Kündigung'

Merkmal	Chancen	Risiken
ERZIEHER (MITARBEITER)		
Kooperation	Gleichgewicht von Autonomie und Loyalität	Belastung durch fehlende Kooperation
Akzeptanz	Hoher Idealismus	Motivationsverlust
Bewältigung	Eigenständige Konzeptfortentwicklung	Schematisches Erziehungsverhalten
Identifikation	Eigenständige Konzeptfortentwicklung	Abbau von Professionalität

In der Chancen- und Risikendiskussion ist von zwei und mehr Betreuungsmodellen auszugehen (vgl. Abschnitt 7.2). Betreuungsmodelle werden dabei nicht nur durch die Form der pädagogischen Betreuung selbst (also Konzeption, Zielvorgaben und Praxis), sondern vor allem auch durch die Form der organisatorischen Einbindung in die Gesamteinrichtung geprägt. Durch eine Festlegung auf der Zielebene (im Rahmen der Zielvorgabe) ergibt sich unsere Optimierungsaufgabe: Individualisierung als Ziel der Jugendhilfe. Zur Risikominimierung empfehlen wir eine systematische, problembezogene **Fortbildung** der Erzieher, wobei auf diesem Wege automatisch eine Beteiligung der Erzieher an der Organisationsentwicklung möglich wird. Konkret bedeutet dies, daß zur Risikominimierung eine **Kompetenzsteigerung** der Erzieher empfohlen wird. Wir belegen an verschiedenen Stellen unserer Studie, daß durch Kompetenzsteigerung im Sinne von zunehmender Professionalisierung Belastungen reduzierbar sind oder zumindest diese besser bewältigt werden können. Konkret schlagen wir Fortbildungsbausteine zu den Bereichen psychosoziale Belastungen in Familien, Familienberatung, Lern-, Entwicklungs- und Verhaltensstörungen vor.

7.4 Elternarbeit

Einige Ansprüche der Familiengruppe können bei der Realisierung der Elternarbeit hinderlich sein. Dies ergibt sich aus einer der Konzeption der Familiengruppe innewohnenden Konkurrenzsituation zur Herkunftsfamilie. Eine aktive Elternarbeit könnte dieser Tendenz entgegenwirken. Eine erfolgreiche Elternarbeit setzt aber auch eine Entmythologisierung der Familiengruppen-Idee voraus. Dies ist möglich, wenn sich Organisationen und Erzieher in Familiengruppen ihren eigentlichen Jugendhilfeauftrag vor Augen führen, nämlich die baldige Rückführung des betreuten Kindes in die Herkunftsfamilie oder in die Selbständigkeit.

Unsere Zielvorgabe für die Elternarbeit ist eine verhaltenstheoretisch fundierte Familienberatung, die langfristig angelegt ist und auch den Hausbesuch als milieunahe Interventionsform zum familienbezogenen Erlernen und Einüben neuer Interaktionsmuster miteinschließt. Im Detail muß die Doppelelternschaft von den Betroffenen verarbeitet werden und im abgeklärten Selbstverständnis der Familiengruppen-Erzieher präsent sein. Die Elternarbeit hat den Phasen des Einlebens des betreuten Kindes, den Erziehungszielen und der aktuellen Problemlage der Herkunftsfamilie zu entsprechen.

Nach einer Differenzierung der Familiengruppenangebote muß eine konzeptuelle Festlegung der Form der Elternberatung erfolgen. Diese Festlegung bedeutet vor allem für die Erzieher in den Familiengruppen eine konzeptuelle Sicherheit, die eine Identifikation mit der Arbeit erleichtert oder von Anfang an ausschließt. Diese Konzeptionsfestlegung im Bereich der Elternarbeit gibt jedoch in der Regel den Erziehern Sicherheit in der Festlegung ihrer Erziehungsziele im Alltag.
Wichtig erscheint vor allem, daß die Erzieher bei der Elternarbeit unterstützt und weitgehend entlastet werden. Dazu müssen gegebenenfalls auch neue Formen interdisziplinärer Zusammenarbeit entwickelt werden, die eine Öffnung der Heime in Richtung Gemeinwesenarbeit (Beratungsstellen, Sozialdienste etc.) implizieren.

7.5 Supervision

Supervision hat als Dienstleistungsangebot vor allem zwei Funktionen:

- **Strukturierung**
- **Entlastung.**

Sie sollte den Erziehern sowohl kognitive als auch emotionale Unterstützung anbieten. Ihre strukturgebende Funktion zielt auf die Förderung von Kompetenz und Professionalität; darunter fallen Aufgaben wie z.B. praxisnahe Konzeptfindung, Problemlösung, Erziehungsplanung und Arbeitsplanung. Ihre Entlastungsfunktion hebt vor allem auf emotionale Aspekte von Unterstützung ab, wie Distanzfindung und Konfliktverarbeitung. Beiden Funktionen ist der Effekt einer Ressourcenverstärkung gemeinsam, der über die Neubewertung von Anforderungen zur angemessenen Regulation von Belastungen führt.

Die Rolle und Form der Supervision muß im organisatorischen Kontext der Einrichtung und im Hinblick auf die Zielvorgaben der Familiengruppen bestimmt werden. Wir empfehlen **Transparenz** und **Festlegung** sowohl in konzeptueller wie institutioneller Hinsicht. Dazu gehören u.a. folgende Aspekte:

- arbeitsvertragliche Verpflichtung der Erzieher zur Teilnahme an der Supervision;
- Beteiligung der Erzieher an der Wahl ihres Supervisors;

- Regelungen zu Unabhängigkeit und Schweigepflicht des Supervisors;
- Regelungen im Hinblick auf hierarchische Abhängigkeiten.

Wenn Strukturierung und Entlastung nicht gelingen, treten die **Risiken** von Supervision in den Vordergrund. Sie bestehen generell in einer möglichen Unangemessenheit des Supervisionsansatzes im Kontext der Familiengruppenarbeit. Diese kann sich in praxisfernen Konzeptualisierungen, in der mangelnden Relevanz der Supervisionsthemen und -inhalte, in einer Überforderung der Mitarbeiter (z.B. durch hohe persönliche Betroffenheit) etc. ausdrücken.

Die Forschungsgruppe konnte sich zu keiner Empfehlung für ein bestimmtes Supervisionskonzept entschließen. Fragen der schulenmäßigen Orientierung, der konzeptuellen Festlegung und der Spezifizierung des Angebots (interne vs. externe Supervision) mußten offenbleiben.

7.6 Perspektiven für die Entwicklung von Familiengruppen

Familiengruppen als Angebot der Jugendhilfe besitzen eine hohe Plausibilität, ohne daß man bislang ernsthaft um einen Beleg für ihre Effektivität im Rahmen der Jugendhilfe bemüht war. So fehlen Präzisierungen der Konzeption im Hinblick auf die Anzahl der maximal zu betreuenden Kinder, ihre Altersstruktur und die Problemstreuung. Spezifische Risiken und Chancen der Familiengruppen werden wir in unserer im Frühjahr 1992 beginnenden Verlaufsstudie systematisieren.
Wichtige Hinweise für die Weiterentwicklung der Familiengruppen lassen sich aus dieser dann ableiten.

Die zentrale Problematik, die einer gezielten Weiterentwicklung der Familiengruppen aktuell im Wege steht, ist ihre mangelnde Spezifität. Im Hintergrund steht die globale Annahme, die sozial-emotionale Entwicklung eines Kindes durch familienähnliche Bedingungen zu fördern. Globale Kriterien, wie Familienähnlichkeit, sind jedoch vermutlich eher nebensächliche Merkmale, die vielfach eine pädagogische Konzeption ersetzen sollen. Die zentrale Entwicklungsperspektive liegt in der **Differenzierung** des Jugendhilfeangebotes, das auf prüfbaren Leistungsmerkmalen der Familiengruppen basiert. So haben wir bereits auf pädagogisch-therapeutische Familiengruppen hingewiesen, in denen massiv verhaltens-, lern- und entwicklungsgestörte Kinder gefördert werden können (siehe Familiengruppen-Typ II in Tabelle 7.1). Erst durch solche konzeptuellen Vorgaben lassen sich klar unterscheidbare Modelle der Familiengruppen profilieren. Eine solche Differenzierung schafft effiziente und humane Jugendhilfeangebote, in denen Mitarbeiter kontinuierlich qualifiziert werden und in der Folge davon Erfolgserlebnisse im Erziehungsalltag zu verzeichnen haben. Dies setzt voraus, daß der äußeren Differenzierung, also der Einrichtung bestimmter Formen von Familiengruppen, eine angemessene **Binnen**differenzierung, also die Ausarbeitung der konzeptuell-inhaltlichen Leistungsmerkmale folgt. Sie stellt die eigentliche Entwicklungs- und Optimierungsaufgabe dar.

Die Heimleitung sollte Familiengruppen schrittweise Teilautonomie zugestehen, um auf diesem Wege die Identifikationsnotwendigkeit der Mitarbeit gegenüber der Familiengruppe zu fördern. Die konzeptuelle Klarheit in der Zielvorgabe ermöglicht es den Mitarbeitern erst, sich mit einer Familiengruppe zu identifizieren. Prinzipiell sind solche Entscheidungsräume für die überdurchschnittliche Arbeitsmotivation der Erzieher in Familiengruppen erforderlich; zumindest sind sie eine Voraussetzung für die erfolgreiche Belastungsregulation und damit für eine langfristig andauernde Zufriedenheit im Beruf ebenso, wie für eine an verbindlichen Gütestandards gemessene Attribution "guter Arbeit" im Leistungsfeld Familiengruppe.

Literatur

Ach, P. & Knab, E. (1991) Jugendhilfezentrum St. Josephshaus Klein-Zimmern. In E. Knab (Hrsg.), Von der Knabenrettungsanstalt zum Jugendhilfezentrum, 2. überarbeitete Auflage. Freiburg: Lambertus, S. 41-68.

Arbeitsgruppe St. Josephshaus Klein-Zimmern (1990) (Hrsg.) Familiengruppe - Trend oder Innovation im System der öffentlichen Erziehung. Materialien zur Fachtagung vom 13.-15.2.1990. Klein-Zimmern: Eigenverlag.

Arendt, G., Bosselmann, R., Kindschuh-van Roje, E., Kleinschnittger, I., Neraal, T. & Schreiber, A. (1982) Familienorientierte Ansätze in der Heimerziehung - Erfahrungsbericht einer Studienreise nach Stockholm/Schweden, Mai 1981. Psychosozial, 5, 94-123.

Bieniussa, P. (1987) Heimerziehung: Orientierung an der Familie oder Entwicklung eigener Kompetenzen? Zur Entwicklung der Heimerziehung heute. Jugendwohl, 68, Heft 89.

Broska, M., Tobler A. & Wagner, C. (1985) Die Kinderarche. Ein Projekt der familienorientierten Fremderziehung. Unsere Jugend, 37, 151-154.

Büttner, P. (1987) Stand der Diskussion in der Heimerziehung. In Planungsgruppe PETRA, Analyse von Leistungsfeldern in der Heimerziehung. Ein empirischer Beitrag zum Problem der Indikation. Studien zur Jugend- und Familienforschung, hrsg. v. Prof. Dr. F. Petermann, Band 1, Frankfurt/Main usw. : Lang, S. 10-21.

Campbell, D.T. & Fiske, D.W. (1959) Convergent and discriminant validation by the multitrait-multimethod matrix. Psychological Bulletin, 56, 81-105.

Conen, M.-L. (1990) Elternarbeit in der Heimerziehung. Eine empirische Studie zur Praxis der Eltern- und Familienarbeit in Einrichtungen der Erziehungshilfe. Frankfurt/M.: Internationale Gesellschaft für Heimerziehung (IGfH).

Coob, S. (1982) Social support and health through the life course. In H.I. McCubbin, E.A. Camble & J.P. Patterson (Eds.), Family stress, coping, and social support. Springfield: Thomas.

Diagnostisches und Statistisches Manual Psychischer Störungen: DSM-III-R (1989) Deutsche Bearbeitung und Einführung von Wittchen, H.-U., Saß, H., Zaudig, M. und Koehler,K. Weinheim und Basel: Beltz.

Graf, S. & Graf, K. (1988) Wir stellen vor: Heimerziehung in der Familie. Unsere Jugend, 40, 341-344.

Hanselmann, P.G. & Weber, B. (1986) Kinder in fremder Erziehung. Weinheim: Beltz.

Hebborn-Brass, U. und Holländer, A. (1987) Beschreibung der Klientel aus psychologischer Sicht. In: Verband katholischer Einrichtungen der Heim- und Heilpädagogik: Schwerpunktverlagerungen in der Jugendhilfe, Beiträge zur Erziehungshilfe, 1, 16-28, Freiburg: Lambertus.

Jochum, I. und Wingert, B. (1987) Pädagogik und Alltag. In Planungsgruppe PETRA, Analyse von Leistungsfeldern in der Heimerziehung. Ein empirischer Beitrag zum Problem der Indikation. Studien zur Jugend- und Familienforschung, hrsg. v. Prof. Dr. F. Petermann, Band 1, Frankfurt/Main usw. : Lang, S. 214-371.

Jürgensmeier, F. (1991) Die St. Josephs-Knabenanstalt in Klein-Zimmern. In E. Knab (Hrsg.), Von der Knabenrettungsanstalt zum Jugendhilfezentrum, 2. überarbeitete Auflage. Freiburg: Lambertus.

Kagan, R.M., Reid; W.J., Roberts, S.E. & Silverman-Pollow, I. (1987) Engaging families of court mandated youths in an alternative to institutional placement. Child Welfare, 66, 365-376.

Kessler, A. & Gallen, M. (1985) Der erfolgreiche Umgang mit täglichen Belastungen - ein Programm zur Streßbewältigung. Teilnehmer-Unterlagen für den Gruppenkurs. München: Röttger.

Ketteler, W.E.Fr.v. (1859) Hirtenwort zu Beginn der Fastenzeit. Hrsg. v. J.M. Raich, Mainz 1904.

Kraak, B. & Nord-Rüdiger, D. (1989) Fragebogen zu Lebenszielen und zur Lebenszufriedenheit (FLL). Göttingen: Hogrefe.

Krebs, E. (1984) Familienorientierung in der Heimerziehung. Die konzeptuelle Weiterentwicklung des therapeutisch-pädagogischen Jugendheimes "Haus Sommerberg" in Rösrath. Praxis der Kinderpsychologie und Kinderpsychiatrie, 33, 28-34.

Lambach, R. (1987) Die Organisation Heim. In Planungsgruppe PETRA, Analyse von Leistungsfeldern in der Heimerziehung. Ein empirischer Beitrag zum Problem der Indikation. Studien zur Jugend- und Familienforschung, hrsg. v. Prof. Dr. F. Petermann, Band 1, Frankfurt/Main usw. : Lang, S. 59-175.

Lecher, Th. (1988) Datenschutz und psychologische Forschung. Göttingen, Toronto, Zürich: Hogrefe.

Lehnhart, L. (1930) Die St. Josephs-Knabenrettungsanstalt zu Klein-Zimmern. Klein-Zimmern: unveröffentl. Manuskript.

McCubbin, H.T. & Patterson, I.M. (1983) The family stress process: The double ABCX model of adjustment and adaption. Marriage and Family Review, 6, 7-137.

Merchel, J. (1989) Was muß Heimerziehung künftig leisten? Pädagogische Herausforderungen für die Heimerziehung. Unsere Jugend, Jg. 41, Heft 10, S. 404-410.

Mitransky, U. (1990) Belastung von Erziehern. Qualitative und quantitative arbeitspsychologische Untersuchung der psychischen und physischen Belastung von Heimerziehern. Frankfurt/M.: Lang.

Müller, H. (1990) Dilemmata und Chancen der Praxisforschung. In Arbeitsgruppe St. Josephshaus Klein-Zimmern (Hrsg.), Familiengruppe - Trend oder Innovation in der öffentlichen Erziehung. Klein-Zimmern: Eigenverlag, S. 42-70.

Müller, H. (1991) Die Einrichtung eines wissenschaftlichen Dienstes im St. Josephshaus Klein-Zimmern. Voraussetzungen, Erwartungen, Aufgaben, Perspektiven. In E. Knab (Hrsg.), Von der Knabenrettungsanstalt zum Jugendhilfezentrum. 2. überarbeitete Auflage. Freiburg: Lambertus, S. 198-233.

Niederberger, J.M. & Bühler-Niederberger, D. (1988) Formenvielfalt in der Fremderziehung. Stuttgart: Enke.

Patry, J.L. (1982) (Hrsg.) Feldforschung. Methoden und Probleme sozialwissenschaftlicher Forschung unter natürlichen Bedingungen. Bern usw.: Huber

Petermann, F. (1985) Psychologie des Vertrauens. Salzburg: Otto Müller.

Petermann, F. (Hrsg.), (1989) Einzelfallanalyse. München: Oldenbourg, 2. völlig veränderte Auflage.

Petermann, F. (1990) Die Bedeutung von empirischer Praxisforschung für die Entwicklung der Heimerziehung. Jugendwohl, 71, 227-234.

Petermann, F. & U. Petermann (1991) Training mit aggressiven Kindern. Einzeltraining, Kindergruppe, Elternberatung. München: Psychologie Verlags Union, 5. veränderte Auflage.

Petermann, U. & F. Petermann (1989) Training mit sozial unsicheren Kindern. Einzeltraining, Kindergruppe, Elternberatung. München: Psychologie Verlags Union, 3. völlig veränderte Auflage.

Petermann, F., Noeker, M., Bochmann, F. & Bode, U. (1990) Beratung von Familien mit krebskranken Kindern: Konzeption und empirische Ergebnisse. 2., überarbeitete Auflage. In Planungsgruppe PETRA, Analyse von Leistungsfeldern in der Heimerziehung. Ein empirischer Beitrag zum Problem der Indikation. Studien zur Jugend- und Familienforschung, hrsg. v. Prof. Dr. F. Petermann, Band 3, Frankfurt/Main usw. : Lang

Pfülf, O. (1899) Bischof von Ketteler (1811-1877). Eine geschichtliche Darstellung. 3 Bde. Mainz

Planungsgruppe PETRA (1988) Analyse von Leistungsfeldern in der Heimerziehung. Ein empirischer Beitrag zum Problem der Indikation. Studien zur Jugend- und Familienforschung, 2. veränderte Auflage Frankfurt/Main usw. : Lang

Pühl, H. (1987) Schwedische Ansätze ganzheitlicher Familienarbeit. Theorie und Praxis der sozialen Arbeit, 11, 387-391.

Rogers, C.R. (1951) Client-centered therapy. Boston.

Sauer, M. (1979) Heimerziehung und Familienprinzip. Neuwied: Luchterhand.

Schauder, T. (1991) Die Aussagen-Liste zum Selbstwertgefühl für Kinder und Jugendliche (ALS). Weinheim: Beltz-Test.

Schellhammer, E. (1979) Merkmale des Forschungsfelds "Heimerziehung" und ihre Bedeutung für die sozialpädagogische Feldforschung. Vierteljahreszeitschrift für Heilpädagogik und ihre Nachgebiete (VHN), Jg. 46, Heft 1, S. 15-29.

Schneewind, K.A. (1990) Familien als intime Beziehungssysteme. In U. Schmidt-Denter & W. Manz (Hrsg.), Entwicklung und Erziehung im öko-psychologischen Kontext. München: Reinhardt.

Schneewind, K.A. (1987) Familienentwicklung. In R. Oerter & L. Montada (Hrsg.), Entwicklungspsychologie. München: Psychologie Verlags Union, 2. veränderte Auflage.

Stangl, W. (1987) Der Fragebogen zum elterlichen Erziehungsverhalten (FEV). Linz: Institut für Pädagogik und Psychologie der Universität Linz.

Steinke, T. (1987) Therapie im Heim. In Planungsgruppe PETRA, Analyse von Leistungsfeldern in der Heimerziehung. Ein empirischer Beitrag zum Problem der Indikation. Studien zur Jugend- und Familienforschung, hrsg. v. Prof. Dr. F. Petermann, Band 1, Frankfurt/Main usw. : Lang, S. 373-420.

Thurau, H. (1987) Ansatz, Aufbau und Methode der Untersuchung. In Planungsgruppe PETRA, Analyse von Leistungsfeldern in der Heimerziehung. Ein empirischer Beitrag zum Problem der Indikation. Studien zur Jugend- und Familienforschung, hrsg. v. Prof. Dr. F. Petermann, Band 1, Frankfurt/Main usw. : Lang, S. 23-57.

Thurau, H. & Büttner,P. (1987) Elternarbeit. In Planungsgruppe PETRA, Analyse von Leistungsfeldern in der Heimerziehung. Ein empirischer Beitrag zum Problem der Indikation. Studien zur Jugend- und Familienforschung, hrsg. v. Prof. Dr. F. Petermann, Band 1, Frankfurt/Main usw. : Lang, S. 421-482.

Wagner-Link, A. (1989) Aktive Entspannung und Streßbewältigung. Wirksame Methoden für Vielbeschäftigte. Ehningen: expert.

Weinschenk, R. (1978) Geplantes Erziehen im Heim. Freiburg: Lambertus.

Wieczerkowski, W., Nickel, H., Janowski, A., Fittkau, B. & W. Rauer (1980) AFS. Handanweisung für die Durchführung, Auswertung und Interpretation. Braunschweig: Westermann, 5. Auflage.

Wingert, B. (1987) Leistungsanalyse. In Planungsgruppe PETRA, Analyse von Leistungsfeldern in der Heimerziehung. Ein empirischer Beitrag zum Problem der Indikation. Studien zur Jugend- und Familienforschung, hrsg. v. Prof. Dr. F. Petermann, Band 1, Frankfurt/Main usw. : Lang, S. 177-211.

Wynne, L.C. (1985) Die Epigenese von Beziehungssystemen: Ein Modell zum Verständnis familiärer Entwicklung. Familiendynamik, 10, 112-146.

Zeledon-Lizano, C. (1982) For abandoned children: Institutions or families? International Child Welfare Review, 66, 21-29.

Anhang

- ABC-Inventar
- Erzieher-ABC-Filter
- Interviewleitfaden zum Elterngespräch
  - Eltern-ABC-Filter
  - Elternfragebogen zur Elternarbeit (EF-EA)
- Beobachtungsbogen Mittagessen
- Fragebogen für Familiengruppen-Erzieher (F-FG-E)
- Fragebogen zur Supervision (F-SV), Version für Supervisanden
- Untersuchungsbewertungsbogen (UBB)

Der Anhang umfaßt nur einige ausgewählte Erhebungsverfahren; aus Platzgründen wurde auf Auswertungsbögen verzichtet. Diese können bei der Forschungsgruppe angefordert werden (Kontaktadresse siehe Vorwort).

Alle hier abgedruckten Instrumente wurden von H. Müller entwickelt; beim **ABC-Inventar** arbeitete F. Petermann mit, beim **Beobachtungsbogen Mittagessen** M. Macsenaere.

Wir bedanken uns bei der Planungsgruppe PETRA e.V. für die freundliche Überlassung der Liste zu den Erziehungszielen sowie der Aussagenliste zum Verhältnis Heim/Familie. Beide Vorlagen wurden im Interviewleitfaden zum Elterngespräch übernommen.

A - B - C - Inventar (Akzeptanz, Bewältigung, Cooperation)

Im folgenden findest Du eine Reihe von Aussagen, die Deine Situation im Heim betreffen. Lies sie Dir bitte in Ruhe durch und entscheide jeweils, ob und in welchem Ausmaß eine Aussage auf Dich zutrifft oder nicht. Du hast fünf Möglichkeiten, Deine Entscheidung auszudrücken.
"Dieser Satz trifft auf mich...
...gar nicht ...kaum ...ein bißchen ...ziemlich ...vollständig ...zu."
    1   2   3   4   5

Es geht dabei um **Deine eigene Meinung**, es interessiert nur, wie Du selbst zu diesen Aussagen stehst. **Es gibt also keine guten oder schlechten, keine richtigen oder falschen Antworten.**
Nur noch eine Bitte an Dich: antworte so spontan und so offen und ehrlich, wie Du kannst.
Wenn Du etwas nicht verstehst, melde Dich und laß es Dir erklären.

---

01. Ich habe in der Familiengruppe den Eindruck, daß meine Person wichtig ist und ernstgenommen wird.
02. Ich bin zu allen immer freundlich.
03. Dadurch, daß ich nicht bei meinen Eltern leben kann, habe ich noch mehr Probleme bekommen, als ich vorher hatte.
04. Meine Interessen kommen hier zu kurz, weil andere vorgezogen werden.
05. Es macht richtig Spaß, hier in der Familiengruppe zu leben.
06. Für meine Hobbies finde ich hier Verständnis und Unterstützung.
07. Ich fühle mich hier nicht zu Hause.
08. Ich vermisse meine Eltern oft.
09. Ich habe noch nie gelogen.
10. Wenn es nach mir ginge, wäre ich nicht hier.
11. Es hat keinen Zweck, daß ich mich anstrenge, weil man dann nur immer noch mehr von mir verlangt.
12. Die Erzieher hier geben mir das Gefühl, etwas wert zu sein.
13. Herr und Frau ... sind zu mir wie Vater und Mutter.
14. Ich mache gerne bei gemeinsamen Unternehmungen (Ausflüge, Feiern etc.) der Familiengruppe mit.
15. Ich ziehe mich lieber aufs Zimmer zurück, als mit den andern zusammen zu sein.
16. Um mich kümmert sich hier niemand so richtig.
17. Ich bin noch nie auf einen anderen neidisch gewesen.
18. Ich denke oft daran, daß ich lieber wieder ganz zu Hause wäre.

19. Meine Ideen und Vorschläge werden hier von anderen angenommen.
20. Ich sage immer die Wahrheit.
21. Ich glaube nicht, daß ich die Trennung von meinen Eltern auf Dauer verkraften kann.
22. Ich halte mich deshalb nicht immer an die Regeln, weil die Erwachsenen sie selbst oft nicht einhalten.
23. Wenn mir etwas gegen den Strich geht, mache ich einfach nicht mehr mit.
24. Ich fühle mich in dieser Gruppe wohl.
25. Ich helfe den Kleineren in der Gruppe gerne.
26. Ich habe noch nie eine Ausrede gebraucht.
27. Ich glaube, daß ich hier keine richtigen Freunde finde.
28. Es wird mir hier fast nie langweilig, weil es so viele Angebote zur Beschäftigung gibt.
29. Herr und Frau ... bevorzugen zu sehr ihre eigenen Kinder.
30. Wenn ich etwas falsch gemacht habe, bemühe ich mich, es wieder gut zu machen.
31. Ich habe hier viele Möglichkeiten, meine Freizeit zu gestalten.
32. Ich bin nie schlecht gelaunt.
33. Ich wünsche mir mehr Kontakt zu meinen Eltern.
34. Ich verstehe mich mit den anderen Kindern hier ganz gut.
35. Ich habe mich damit abgefunden, daß ich von meinen Eltern getrennt lebe.
36. Ich habe zu den Erziehern hier volles Vertrauen.
37. Ich mache hier nur mit, weil ich keine andere Wahl habe.
38. Es bedrückt mich immer wieder, daß ich von zu Hause weg mußte.
39. Ich habe die Erfahrung gemacht, daß ich meine Probleme besser lösen kann, wenn ich mich an die Erzieher wende.
40. Ich benehme mich immer einwandfrei.
41. Hier gibt es zu viele Vorschriften, was ich tun und was ich lassen soll.
42. Was ich auch tue, immer haben sie hier etwas an mir auszusetzen.
43. Ich finde es gut, wie man sich hier um mich kümmert.
44. Meine leiblichen Eltern kann mir niemand ersetzen.
45. Es wäre schön, wenn ich hier möglichst lange (bis zur Volljährigkeit) bleiben könnte.
46. Ich habe hier alles, was ich brauche, um zufrieden zu sein.
47. Ich vermisse meine früheren Freunde von zu Hause sehr.
48. Mit den Erziehern hier kann ich richtig gut zusammenarbeiten.
49. Ich bin immer gut gelaunt.
50. Ich helfe gerne im Haushalt / mache gerne Gruppendienst.

Nenne drei Dinge (in der Reihenfolge ihrer Wichtigkeit für Dich), die Dir hier in der Familiengruppe **besonders gut gefallen**.

Nenne drei Dinge (in der Reihenfolge ihrer Wichtigkeit für Dich), die Dir hier in der Familiengruppe **nicht gefallen**.

Vielen Dank, daß Du mitgemacht hast !

Erzieher-ABC-Filter

Einschätzungsskala:
"Die Aussage trifft nach meinem Eindruck ...
...gar nicht ...kaum ...ein bißchen ...ziemlich ...vollständig zu"
    1   2   3   4   5

Bitte tragen Sie Ihre Einschätzung rechts auf dem Strich ein!

Ich habe den Eindruck, ...

01. daß es dem Kind richtig Spaß macht, in der FG zu leben.
02. daß sich das Kind hier nicht zu Hause fühlt.
03. daß das Kind bei gemeinsamen Unternehmungen (Ausflüge, Feiern etc.) der Familiengruppe gerne mitmacht.
04. daß das Kind die Trennung vom Elternhaus (von der Mutter/ vom Vater) auf die Dauer nicht verkraften kann.
05. daß das Kind sich bei uns wohlfühlt.
06. daß das Kind sich damit abgefunden hat, daß es von seinen Eltern (seiner Mutter/ seinem Vater) getrennt lebt.
07. daß das Kind hier nur mitmacht, weil es keine andere Wahl hat.
08. daß das Kind es gut findet, wie wir uns um es kümmern.
09. daß das Kind mit uns Erziehern richtig gut zusammenarbeitet.
10. daß das Kind lieber wieder ganz bei seinen Eltern (seiner Mutter/ seinem Vater) wäre.
11. daß das Kind sich mit den anderen (Kindern und Erwachsenen) in der Familiengruppe gut versteht.
12. daß das Kind sich lieber aufs Zimmer zurückzieht, als mit den anderen zusammenzusein.
13. daß das Kind möglichst lange (bis zur Volljährigkeit) bei uns bleiben möchte.
14. daß das Kind seine Eltern (seine Mutter/seinen Vater) oft vermißt.
15. daß das Kind, wenn es etwas falsch gemacht hat, sich bemüht, es wieder gut zu machen.

Interviewleitfaden zum Elterngespräch

Einleitung
Dieser Fragebogen soll Ihre Einstellung zur Unterbringung Ihres Sohnes/ Ihrer Tochter/Ihrer Kinder in einer der Familiengruppen des St. Josephshauses erfassen. Wir werden Ihnen eine Reihe von Fragen stellen, die wir auch den Erziehern in den Familiengruppen und den Kindern gestellt haben; das soll die Angaben vergleichbar machen.
Wir möchten Sie bitten, sich beim Beantworten der Fragen ganz an **Ihrer eigenen Meinung** zu orientieren; es gibt bei unserem Thema weder **richtige** noch **falsche** Antworten - maßgebend ist allein, **was Sie selbst für richtig halten**. Versuchen Sie also möglichst offen zu antworten. Nur dann läßt sich für die Untersuchung ein Nutzen aus dieser Befragung ziehen.
Die Befragung hat zunächst den Zweck, die Unterbringung in den Familiengruppen zu beurteilen. Dann sollen auf dieser Grundlage Vorschläge dazu entwickelt werden, was man in Zukunft besser machen kann.
Uns ist Ihre Meinung dazu sehr wichtig.
Sie können sich darauf verlassen, daß wir Ihre Äußerungen **vertraulich** behandeln und die **Datenschutzbestimmungen** einhalten.

Sind Sie damit einverstanden, daß wir das Gespräch aufzeichnen?
Das erleichtert uns die Protokollierung und Auswertung.
Haben Sie noch Fragen zu der Untersuchung?
Ehe wir mit unseren Fragen beginnen, möchten wir Ihnen Gelegenheit geben, einmal ganz ohne Vorgabe **Ihre persönliche Meinung** zur Familiengruppen-Unterbringung darzustellen.
Was halten Sie von der Unterbringung Ihres Kindes/Ihrer Kinder in der Ihnen bekannten Familiengruppe? Was erscheint Ihnen dabei wichtig? Was ist ganz allgemein Ihre Einstellung dazu? (Protokoll-Stichpunkte:)

- -

1. Wir möchten Sie jetzt bitten, uns einen Überblick über Ihre **familiären Verhältnisse** zu geben:
1.1 Wie viele Kinder haben Sie? eigene (leibl.) Kinder - Stiefkinder
1.2 **Altersreihe** der Kinder (beginnend mit dem ältesten):
1.3 **Geschwisterverhältnis** der Kinder zum Maßnahmekind/zu den Maßnahmekindern:
1.4 Welche Kinder leben z.-Zt. im Haushalt mit Ihnen zusammen?

1.5 Wer lebt sonst noch **in Ihrem Haushalt?**
1.6 Wo leben u.U. (leibl.) **Kinder von Ihnen in anderen Haushalten?**
(nicht gemeint: FG; auch gemeint: eigener Haushalt volljähriger Kinder)
2. Wir haben eine Liste mit **Erziehungszielen** vorbereitet und möchten Sie nun bitten, sie durchzugehen und jeweils Ihre Zustimmung oder auch Ablehnung anzukreuzen.
Gehen Sie dabei bitte ganz ausschließlich nur von Ihrer eigenen Überzeugung aus.
Es ist ganz unwichtig, was andere von diesen Erziehungszielen halten - **nur Ihre persönliche Meinung ist wichtig.**
Noch eins: Entscheiden Sie jeweils möglichst **spontan,** wie Sie zu dem betreffenden Erziehungsziel stehen.

Erziehungsziele

Einschätzungsskala:
sehr wichtig / wichtig / ziemlich wichtig / weniger wichtig / unwichtig-

---

01. Die Kinder/Jugendlichen sollen lernen, sich in die Gemeinschaft des Hauses einzuordnen.
02. Die Kinder sollen sich selbst kennenlernen.
03. Die Kinder sollen eine gute Schulbildung erhalten.
04. Die Kinder sollen eine solide Berufsausbildung erhalten.
05. Sie sollen lernen, Beziehungen aufzubauen und zu tragen.
06. Die Kinder sollen sich in die bestehende Gemeinschaft einordnen und sich angepaßt verhalten können.
07. Die Kinder sollen lernen, ihre Freizeit sinnvoll zu gestalten.
08. Die Kinder sollen zu Zuverlässigkeit am Arbeitsplatz erzogen werden.
09. Die Kinder sollen ihre Schwierigkeiten akzeptieren und mit ihnen leben lernen.
10. Die Kinder sollen zu kritischen und mündigen Bürgern erzogen werden.
11. Die Kinder sollen anständige und ehrliche Menschen werden.
12. Die Kinder sollten lernen, Konflikte auszuhalten und auszutragen.
13. Die Kinder sollten lernen, mit ihren Eltern auszukommen.
14. Die Kinder sollen Sauberkeit lernen.
15. Die Kinder sollen selbständige Menschen werden.
16. Sie sollen anderen gegenüber hilfsbereit und verständnisvoll sein.
17. Die Kinder sollen Kritikfähigkeit entwickeln.
18. Sonstige wichtige Erziehungsziele (definieren): _____

© Planungsgruppe PETRA, Schlüchtern

3. Schwierigkeiten des Kindes / Schwierigkeiten mit dem Kind

3.1 Wie würden Sie die Schwierigkeiten Ihres Kindes/Ihrer Kinder charakterisieren?
(Einschätzungsskala: 1=sehr gering; 2=gering; 3=mäßig; 4=ausgeprägt; 5=sehr stark)

Vom Elternteil spontan benannte Probleme:
(Problem a) benennen und b) mit Skalenwert gewichten!)

3.2 Welche **Schwierigkeiten mit dem Kind** hat es bei Ihnen, im Kindergarten/Hort und/oder in der Schule gegeben?

3.3 In welchem Ausmaß glauben Sie, daß Ihr Kind die Erziehungsmaßnahme **Heimunterbringung** akzeptiert hat?
Globaleinschätzung: _____

3.4 In welchem Ausmaß hat Ihrer Meinung nach Ihr Kind die **Trennung vom Elternhaus** bewältigt?
Globaleinschätzung: _____

3.5 Und in welchem Ausmaß glauben Sie, daß Ihr Kind zur **Mitarbeit/Kooperation** in der Familiengruppe bereit ist?
Globaleinschätzung: _____

Bitte schätzen Sie nun die Einzelaussagen auf dem folgenden Blatt ein:
"Diese Aussage trifft
...gar nicht ...kaum ...ein bißchen ...ziemlich ...vollständig zu"
   1   2   3   4   5

ELTERN-ABC-FILTER
Ich habe den Eindruck, ...

01. daß mein Kind in der Familiengruppe als Person wichtig ist und ernstgenommen wird.
02. daß mein Kind durch die Trennung vom Elternhaus noch mehr Probleme bekommen hat, als es vorher hatte.
03. daß die Interessen meines Kindes in der Familiengruppe zu kurz kommen, weil andere Kinder vorgezogen werden.
04. daß es meinem Kind richtig Spaß macht, in der Familiengruppe zu leben.
05. daß mein Kind in der Familiengruppe Verständnis und Unterstützung für seine persönlichen Neigungen/Hobbies findet.
06. daß mein Kind sich in der Familiengruppe nicht zu Hause fühlt.
07. daß mein Kind mit der Unterbringung in der Familiengruppe nicht einverstanden ist.

Ich habe den Eindruck, ...

08. daß mein Kind bei gemeinsamen Unternehmungen der Familiengruppe (Ausflüge, Feiern etc.) gerne mitmacht.
09. daß mein Kind die Trennung vom Elternhaus auf die Dauer nicht verkraften kann.
10. daß mein Kind sich in der Familiengruppe wohlfühlt.
11. daß sich mein Kind damit abgefunden hat, daß es von mir getrennt lebt.
12. daß mein Kind bei der Unterbringung in der Familiengruppe nur mitmacht, weil es keine andere Wahl hat.
13. daß mein Kind es gut findet, wie man sich in der Familiengruppe um es kümmert.
14. daß mein Kind in der Familiengruppe alles hat, was es braucht.
15. daß mein Kind mit den Erziehern in der Familiengruppe richtig gut zusammenarbeitet

---

4. Die nächste Fragengruppe betrifft Ihr Verhältnis zum Heim bzw. zur **Familiengruppe**. Ihre Einschätzung der **Elternarbeit** und Ihre allgemeine Einstellung zur **Heimerziehung**.

4.1 Fangen wir mit dem zuletzt genannten Punkt an: Seit vielen Jahren wird die Beziehung zwischen Heimen und Kindern unterschiedlich diskutiert. Welchen der folgenden Aussagen würden Sie zustimmen? (Beurteilungskategorien: "trifft zu" vs. "trifft nicht zu"

(1) Heimerziehung hat die Familie, soweit sie das vermag, zu ersetzen.
(2) Die Eltern müssen in den Hintergrund treten, da die persönliche Beziehung zwischen Kind und Erzieher sich sonst nicht entwickeln kann.
(3) Die Pflege der Kontakte mit den Eltern ist keine Aufgabe des Heims, sondern z.B. des Jugendamtes.
(4) Das Heim kann nur dann mit dem Kind arbeiten, wenn die Eltern nicht ständig in den Erziehungsprozeß eingreifen.
(5) Das Heim kann Besuch und Beurlaubung zwar nicht ganz verbieten, ist jedoch berechtigt, solche Kontakte zu unterbinden, wenn die Arbeit gestört ist.
(6) Um eine gezielte Arbeit leisten zu können, müssen durch die Elternarbeit störende Einflüsse kontrolliert werden.
(7) Heimerziehung muß sich vor allem bemühen, die Kinder wieder in die Familiengruppe zurückzuführen.
(8) Da die Probleme der Kinder immer auch in der Familie verankert sind, ist die Arbeit mit den Eltern genauso wichtig wie die Arbeit mit den Kindern.
(9) Das Heim sollte stets mit den Eltern aktiv zusammenarbeiten.

© Planungsgruppe PETRA, Schlüchtern

4.2 Als nächstes interessiert uns, wie es zu der **Zuweisung** in die Familiengruppe gekommen ist.

(1) Von wem stammte der Vorschlag, Ihr Kind/Ihre Kinder in eine Familiengruppe zu geben? (Von Ihnen selbst/ vom Jugendamt/vom Heim)

(2) Hatten Sie **Wahlmöglichkeiten bezüglich der Betreuungsform**, konnten Sie also zwischen Wohngruppe und Familiengruppe oder noch anderen Betreuungsformen wählen?
- NEIN, Familiengruppe wurde vorgegeben
- JA, möglich gewesen wäre auch: ......

(3) Aus welchen Gründen haben Sie sich **für die Betreuungsform Familiengruppe** entschieden?
- hatte keine andere Wahl
- Familiengruppe erschien als günstigste Unterbringung, weil...

(4) Konnten Sie vor der Entscheidung für eine bestimmte Familiengruppe unter **mehreren** Gruppen wählen?
- NEIN, Familiengruppe wurde vorgegeben
- JA, es waren .... Familiengruppen im Gespräch

(5) Hatten Sie Gelegenheit, sich die Familiengruppe **anzuschauen,** bevor Ihr Kind dort untergebracht wurde?
- NEIN, vorher kein Kontakt
- JA, vorher Gespräch (WO?)
- JA, vorher Besuch dort (WER DABEI?)

(6) Wie beurteilen Sie die Unterbringung in der Familiengruppe?
Beurteilungsskala:
1 = sehr schlecht; 2 = schlecht; 3 = eher schlecht; 4 = weder schlecht noch gut; 5 = eher gut; 6 = gut; 7 = sehr gut

(7) Hat die Aufnahme des Kindes in die Familiengruppe Ihnen die **häusliche/ familiäre Situation erleichtert**?
- JA, weil... - NEIN, weil...

(8) Hätten Sie Vorschläge, wie man diese erste Phase der **Anbahnung bis zur Entscheidung** über eine Zuweisung **elternfreundlicher** gestalten könnte?

4.3 **Beurlaubungen und Besuche**

(1) Wie oft war Ihr Kind zu Ihnen **nach Hause beurlaubt**, seitdem es in der Familiengruppe ist?
- insgesamt ......mal (in einem Zeitraum von ......Mon./Jahr)

(2) Wie oft waren Sie in der Familiengruppe zu Besuch, um Ihr Kind dort zu sehen?
- insgesamt .... mal (in demselben Zeitraum)
(3) Was halten Sie von dieser Besuchs-/Beurlaubungsregelung?
- Sie ist völlig ausreichend.
- Sie ist mir zu gering bemessen.
- Ich möchte mein Kind öfter sehen, nämlich .....
(4) Gibt es bei Beurlaubungen hier zu Hause bei Ihnen Schwierigkeiten mit dem Kind? - NEIN - JA, folgende:...
(5) Welche dieser Schwierigkeiten führen Sie womöglich auf den Einfluß der Familiengruppe zurück?
(6) Und umgekehrt: Konnten Sie feststellen, daß sich bestimmte Probleme, die das Kind hatte oder Ihnen machte, seit der Unterbringung in der Familiengruppe gebessert haben?
(7) Familiengruppen kann man modellhaft danach unterscheiden, wie sie die Unterbringung und Betreuung der Kinder im Hinblick auf die zeitliche Perspektive handhaben.

Ein Ansatz ist z.B., daß Familiengruppen daran interessiert sind, mit den ihnen anvertrauten Kindern möglichst lange, z.B. bis zum Erreichen der Volljährigkeit zusammen zu sein; man könnte dies das Speichermodell nennen.

Ein anderer Ansatz wäre, daß die Unterbringung und Betreuung in der Familiengruppe nicht anders als jede andere Art von traditioneller Heimerziehung verstanden wird, die nur von einem vorübergehenden Heimaufenthalt ausgeht und das Ziel hat, die Kinder möglichst bald wieder in ihre Herkunftsfamilien zurückzugeben. Das wäre dann so eine Art Durchgangsmodell.

Wie verstehen Sie nun, auf diese beiden Ansätze bezogen, die Unterbringung Ihres Kindes/Ihrer Kinder in der Familiengruppe?
- Ich unterstütze das Durchgangsmodell.
- Ich unterstütze das Speichermodell.

4.4 Nun folgen Fragen zur Elternarbeit

Damit sind Gespräche und Kontakte zwischen Ihnen und der Familiengruppe gemeint, die sich nicht nur oberflächlich um Terminabsprachen etc. drehen, sondern in denen die Situation Ihres Kindes in der Familiengruppe und bei Ihnen zu Hause sowie seine Entwicklung im Kindergarten, in der Schule etc. mit Ihnen inhaltlich-pädagogisch besprochen wird.

Das erfordert natürlich **regelmäßige** Kontakte, die auch zeitlich etwas aufwendiger sind (1-2 Std.). Man neigt unter Fachleuten dazu, erst dann von Elternarbeit in dem beschriebenen Sinne zu sprechen, wenn solche Kontakte **mindestens viermal im Jahr** stattfinden.

(1) Wer sollte Ihrer Meinung nach für solche Kontakte mit Ihnen **zuständig sein?** - das Jugendamt - der Erziehungsleiter/Heimleiter - die Familiengruppenerzieher.

(2) Haben solche **intensiven pädagogischen Gespräche** mit Ihnen über Ihr Kind/Ihre Kinder seit der Unterbringung in der Familiengruppe überhaupt stattgefunden? - NEIN - JA - wie oft? ......mal

(3) Wie steht es mit Ihrer Bereitschaft und/oder Ihren Möglichkeiten, sich auf solche (zeitlich und inhaltlich) aufwendigen Gespräche überhaupt einzulassen?
- Ich habe dazu gar keine Zeit.
- Ich halte das gar nicht für sinnvoll.
- Ich würde es machen, kann aber aus folgenden Gründen nicht: (andere als Zeitgründe!)
- Ich würde das begrüßen und mir die Zeit dazu nehmen.
- (andere Stellungnahme:)

(4) **Wo** würden Sie solche Gespräche am liebsten führen?
- hier bei mir zu Hause
- in der Familiengruppe
- im St. Josephshaus
- auf dem Jugendamt bzw. in der Sozialstation o.ä.

(5) Wie beurteilen Sie die bisherige **Zusammenarbeit**....
- ...mit der Erziehungsleitung/Heimleitung
- ...mit der Familiengruppe

(Beurteilungsskala: 1=sehr schlecht; 2=eher schlecht; 3=weder gut noch schlecht; 4=eher gut; 5=sehr gut)

Elternfragebogen zur Elternarbeit (EF-EA)

Bitte beurteilen Sie die nachfolgenden Aussagen anhand folgender Skala:

"Dieser Satz trifft für mich persönlich...

1	2	3	4	5	6
gar nicht	kaum	bedingt	weitgehend	überwiegend	vollständig

...zu."

---

01. Die Familiengruppe bespricht mit mir alle Erziehungsmaßnahmen, die mein Kind betreffen.
02. Ich habe ganz andere Vorstellungen als die Familiengruppe darüber, wie mein Kind am besten zu erziehen ist.
03. Die Entscheidung, mein Kind in die Familiengruppe zu geben, hat mir sehr geholfen, meine familiären Probleme besser zu bewältigen.
04. Ich habe den Eindruck, die Familiengruppenerzieher wollen die "besseren Eltern" sein.
05. Nach meinem Eindruck tut die Familiengruppe ihr Bestes, damit es meinem Kind gut geht.
06. Die Trennung ermöglicht mir einen neuen Zugang zu meinem Kind.
07. Die Familiengruppe entfremdet mir mein Kind.
08. Es ist gut, wenn das Kind auch mal für eine Weile in anderen Familienverhältnissen lebt.
09. Seitdem ich das Kind seltener sehe, ist unser Verhältnis deutlich besser geworden.
10. Wenn ich nochmal zu entscheiden hätte, würde ich mein Kind nicht in eine Familiengruppe geben.
11. Ich wünsche mir einen intensiveren direkten Kontakt mit den Familiengruppen-Erziehern.
12. Die beste Familiengruppe kann meinem Kind das Elternhaus nicht ersetzen.
13. So wie meine privaten Verhältnisse nun mal sind, ist es für das Kind besser, in der Familiengruppe zu leben.
14. Ich setze alles daran, das Kind möglichst bald wieder zu mir zurückzuholen.
15. Von allen Betreuungsformen erscheint mir die Familiengruppe als die beste für mein Kind.

5. Fragen zur Person, zum Sorgerecht und zur Interviewsituation

(1) Darf ich Sie nach Ihrem **erlernten Beruf** fragen? ....
Welche Beschäftigung üben Sie **zur Zeit** aus?   ....
Alter: ....
Familienstand: (ledig/verheiratet/getrennt/geschieden/
in Partnerschaft lebend/allein lebend)
(2) Wer hat das **Sorgerecht** für Ihr Kind/Ihre Kinder?

Wir danken Ihnen für das Gespräch.

Beobachtungsbogen Mittagessen

Familiengruppe: _____ /1/2/3/4

Erzieher: _____/A _____/B _____/C

Kinder: _____/1 _____/2 _____/3 _____/4 _____/5 _____/6
       _____/7 _____/8 _____/9 _____/0

Beobachter: _____ Datum: ___19___
Beginn: ____:____ Ende: ____:____

Anwesende zu Beginn: A B C 1 2 3 4 5 6 7 8 9 0
Anwesende am Ende: A B C 1 2 3 4 5 6 7 8 9 0
Ritual zu Beginn: Gebet (G) Sonstiges (S): _____
Wer kommt zu spät (Person + Min.)? A:____min B:____min C:____min
   1:____min 2:____min 3:____min 4:____min 5:____min
   6:____min 7:____min 8:____min 9:____min 0:____min
   Grund: _____

Wer geht zu früh (Person + Min.)? A:____min B:____min C:____min
   1:____min 2:____min 3:____min 4:____min 5:____min
   6:____min 7:____min 8:____min 9:____min 0:____min
   Grund: _____

Essensausgabe: Strukturiert (S) nicht strukturiert (N)

   - falls (S), durch wen ____ ____ ____ ____ ____

Lärmpegel: 1   2   3   4
                zu leise angemessen   laut   sehr laut

   Gruppe: ___/ A:___/ B:___/ C:___/

   1:___/ 2:___/ 3:___/ 4:___/ 5:___/ 6:___/ 7:___/ 8:___/ 9:___/ 0:___/

Stimmung: 1 2 3 4
gedrückt angemessen unruhig ausgelassen

Gruppe: ___/ A:___/ B:___/ C:___/

1:___/ 2:___/ 3:___/ 4:___/ 5:___/ 6:___/ 7:___/ 8:___/ 9:___/ 0:___/

Beobachtungskategorien

Aggression
01. anschreien, beschimpfen
02. anrempeln, boxen, schlagen, bewerfen, wegnehmen
03. verspotten, herabwürdigen, Hilfe verweigern, Regeln bzw. Anordnungen mißachten
04. befehlen, kommandieren, kontrollieren, sich aufdrängen

Kompetenz
05. angemessen Wünsche äußern, um etwas bitten, fragen
06. auf Bitten eingehen, helfen, unterstützen, erlauben
07. ablehnen von Wünschen und Bitten, korrigieren, verbieten, zurechtweisen
08. erklären, Meinung äußern

Soziale Unsicherheit
09. nicht ansprechen
10. nicht antworten
11. kein Blickkontakt
12. unbewegt sitzen

Eßverhalten
13. nicht Handhabenkönnen des Bestecks, falscher Abstand zum Teller, falsche Tasse/Glas-Position, unproportionierte Menge etc.
14. unkontrolliertes Essen, Schlingen
15. Quantität der Nahrungsaufnahme (+/-)
16. Bemerkungen über das Essen (+/-)

Erzieherverhalten
20. direkte erzieherische Intervention (+/0/-)

Fragebogen für Familiengruppen-Erzieher (F-FG-E)

Im folgenden finden Sie eine Reihe von Aussagen, die sich auf Ihre Arbeitsbedingungen sowie auf Ihre Einstellung und Orientierung zu einigen wichtigen Fragen Ihres Arbeitsfeldes beziehen.
Sie werden gebeten, diese Aussagen anhand nachfolgender Beurteilungsskala einzuschätzen. Um eine angemessene Verläßlichkeit und Vergleichbarkeit der Beurteilung zu erhalten, sollten Sie sich ausschließlich an **Ihrer eigenen Meinung** orientieren und sich nicht überlegen, ob Ihre Meinung mit irgendeiner vermeintlichen Erwartung anderer konform geht oder nicht.
Sie machen Ihre Angaben unter Datenschutzzusicherung; der Fragebogen wird für die Auswertung codiert.
Für Ihre Einschätzungen zu den vorgegebenen Aussagen wird folgende Beurteilungsskala angeboten:

"Dieser Satz trifft für mich / auf mich ...
1 = gar nicht   2 = kaum   3 = in etwa   4 = weitgehend
5 = vollständig
...zu."

Beurteilen Sie bitte jeden Satz nach dieser Skala und kreuzen Sie dann **auf dem beigefügten Antwortblatt** unter der entsprechenden Satznummer diejenige Zahl an, die Ihrer Einschätzung am ehesten entspricht.

Die Skala erlaubt es Ihnen, ausnahmslos **jeden Satz** zu bewerten, lassen Sie also bitte keine Aussage aus.
Entscheiden Sie sich möglichst spontan - und möglichst klar, damit der Fragebogen auch tatsächlich die wichtigen Akzentuierungen erfassen kann, die Sie persönlich Ihrer Arbeit zugrunde legen.

Wenn Fragen zu den Aussagen auftauchen sollten, wenden Sie sich bitte an den Interviewer.

---

01. Mir geht es in erster Linie darum, die Trennung von Beruf und Freizeit für die eigene Familie aufzuheben.
02. Die interdisziplinären Dienste des St. Josephshauses sind für unsere Arbeit eine wichtige Unterstützung.

03. Ich traue mir mit meinem Mann / mit meiner Frau zusammen auch die selbständige Leitung eines Kleinstheimes zu.
04. Ich verstehe mich nicht in erster Linie als Familiengruppenerzieher(in), sondern als Vater/Mutter einer großen Familie.
05. Für die Familiengruppe ist mir keine Arbeit zu viel.
06. Ein zu häufiger oder zu enger Kontakt der Maßnahmekinder mit ihren leiblichen Eltern(teilen) erschwert uns die Arbeit mit den Kindern in der Familiengruppe.
07. Die Heim-/Erziehungsleitung mißachtet zu oft bzw. zu sehr unsere eigenen Kompetenzen in Fragen, die uns selbst betreffen.
08. Wir sind bei unserer Arbeit zu sehr auf uns selbst gestellt.
09. Ich empfinde es als eine willkommene Entlastung, daß der Erziehungsleiter uns die Kontakte zu den Ämtern abnimmt.
10. Meine natürliche Funktion/Rolle als Vater bzw. Mutter gibt für meine fachliche Kompetenz mehr ab, als ich jemals über Erziehung gelernt habe.
11. Für mich ist es besonders wichtig, meine Arbeit selbstverantwortlich zu erledigen.
12. Ich habe mir schon manchmal überlegt, mit meiner Familie aus der Familiengruppenarbeit auszusteigen.
13. Die letzte Entscheidung über Aufnahme oder Nichtaufnahme von Kindern in die Familiengruppe sollte bei uns liegen.
14. Mit den leiblichen Eltern oder Herkunftseltern der Kinder, die mir zur Betreuung zugeteilt sind, möchte ich möglichst wenig zu tun haben.
15. Ich wünsche mir einen größeren eigenen Entscheidungsspielraum in organisatorischen und administrativen Fragen.
16. Ich fühle mich durch den Erziehungsleiter zu sehr bevormundet.
17. Es stört mich sehr, daß wir wichtige Fragen der Unterbringung nicht selbst mit den zuweisenden Stellen (Jugendämtern) klären und entscheiden dürfen.
18. Die Maßnahmekinder müßten ihre leiblichen Eltern viel öfter sehen.
19. Das Überhandnehmen von Problemen in der eigenen Familie wäre für mich ein Grund, die Familiengruppenarbeit aufzugeben.
20. Mir ist bei meiner Arbeit ganz besonders wichtig, daß ich selbst entscheiden kann, wie ich sie erledigen will.
21. Der tägliche Umgang mit den Kindern und Jugendlichen ist die beste Fortbildung für mich.
22. Bei der Entscheidung für dezentrale Unterbringung spielte für mich der damit verbundene Wegfall von täglicher Beaufsichtigung und Kontrolle eine entscheidende Rolle.
23. Die organisatorische und administrative Abhängigkeit vom Stammheim stellt eine Belastung für meine Arbeit dar.
24. Ich fühle mich oft vom Arbeitgeber ausgenutzt und überbelastet.

25. Ich bin zu wenig für meine eigene Familie da.
26. Ich fühle mich in meiner Arbeit von außen unter Erfolgsdruck gestellt.
27. Unsere Familiengruppe ist ein wichtiger Teil des Jugendhilfezentrums St. Josephshaus Klein-Zimmern.
28. Ich kann in diesem Betreuungsmodell genau das realisieren, was ich mir unter optimaler Heimerziehung vorstelle.
29. In Fragen der Erziehungskonzeption muß sich die Drittkraft dem Standpunkt des Ehepaares unterordnen.
30. Die Anbindung an ein großes Heim mit zentralen Dienstleistungen bringt für die Familiengruppenarbeit entscheidende Vorteile.
31. Ich verstehe mich im Alltag der Familiengruppe nicht als professionelle(r) Erzieher(in), sondern als Vater/Mutter der mir anvertrauten Kinder.
32. Für meine Arbeit ist es sehr wichtig, daß mich meine Vorgesetzten nach außen hin absichern.
33. Meine Ausbildung hilft mir wenig bei den Problemen, mit denen ich in der Familiengruppe konfrontiert bin.
34. Ich fühle mich in meiner Arbeit von meinen Vorgesetzten geschätzt.
35. Es ist für mich sehr wichtig, daß ich mich mit den anderen Mitarbeiter(inne)n in den Familiengruppen regelmäßig über gemeinsame Interessen und Probleme austauschen und beraten kann.
36. Ich verstehe uns nicht als Familiengruppe, sondern als eine große Familie.
37. Elternarbeit mit der Herkunftsfamilie ist ein wichtiger Bestandteil meiner Berufsrolle.
38. Ich unternehme eine Reihe von Aktivitäten, um die Familiengruppe in die örtlichen Gemeindestrukturen einzubinden.
39. Wenn der Punkt erreicht wird, wo ich meine eigenen Vorstellungen von selbstbestimmter Arbeit (Autonomie) nicht mehr hinreichend berücksichtigt sehe, steige ich hier aus.
40. Die Heim-/Erziehungsleitung tut alles, um unsere Arbeit zu unterstützen.
41. Meine Entscheidungsfreiheit wird von oben zu sehr eingeschränkt.
42. In Familiengruppen sollten nur solche Kinder aufgenommen werden, bei denen das Sorgerecht den leiblichen Eltern entzogen ist.
43. Das Familiengruppen-Ehepaar weiß selbst am besten, welches Kind in die Familiengruppe paßt und welches nicht.
44. Ich bin mit meiner Rolle als Familiengruppenerzieher(in) unzufrieden.
45. Für meine Familiengruppenarbeit ist Professionalität ein grundlegender Anspruch an mich selbst.
46. Wir erhalten vom St. Josephshaus nicht die Unterstützung, die wir brauchen.
47. Ich schaue nicht auf Arbeitszeit und Überstunden, wenn es um zusätzliche Arbeit für die Familiengruppe geht.

48. Die Heim-/Erziehungsleitung redet uns in zu viele Dinge hinein, die wir selber besser beurteilen und entscheiden können.
49. Ich behandle die Maßnahmekinder anders als meine eigenen Kinder/mein eigenes Kind.
50. Die organisatorische und administrative Absicherung, die das St. Josephshaus mir durch das Anstellungsverhältnis bietet, ist für meine Arbeit sehr wichtig.
51. Ich empfinde Einschränkungen meiner Autonomie als besonders belastend für mein Dienstverhältnis.
52. Ich kann mir gut vorstellen, familienähnliche Erziehungs- und Jugendhilfearbeit auch organisatorisch ganz in eigener Regie zu leisten.
53. Ohne kontinuierliche Fortbildung und Supervision kann ich meine Fachlichkeit als Erzieher(in) nicht aufrechterhalten.
54. Die Beschäftigung mit den Problemen der Maßnahmekinder geht oft zu sehr zu Lasten der Zuwendung zu meinen eigenen Kindern/zu meinem eigenen Kind.
55. Ich habe zu meinen Vorgesetzten volles Vertrauen.

Schätzen Sie zum Abschluß nun bitte noch folgende Aussage ein:

56. Der Fragebogen erfaßt genau die Probleme, um die es bei meinem Dienstverhältnis geht.

Wenn Ihr Beurteilungswert zu diesem Satz unter "4" (weitgehende Zustimmung) liegt:
Können Sie stichpunktartig benennen, was Ihrer Meinung nach nicht oder nicht genug berücksichtigt ist? ....

Vielen Dank für Ihre Mitarbeit !

Fragebogen zur Supervision (F-SV)
Version für Supervisanden
Einschätzungsskala:
"Die Aussage trifft auf mich persönlich...

gar nicht	kaum	bedingt	weitgehend	vollständig	...zu."
1	2	3	4	5	

01. Die Supervision beeinflußt meine praktische Erziehungsarbeit wenig.
02. Der Supervisor/Die Supervisorin hat für mich kein erkennbares Konzept von Supervision.
03. Ich habe durch die Supervision mehr Vertrauen in meine eigene Kompetenz als Erzieher gewonnen.
04. Es ginge auch ohne Supervision.
05. Die Supervision unterstützt meine Arbeitsmotivation.
06. Ich fühle mich in der Supervision mit meinen Stärken und Schwächen angenommen.
07. Ich weiß nicht, wie der Supervisor / die Supervisorin zu mir steht.
08. Bei entscheidenden Konflikten kann eine Bearbeitung in der Supervision auch nicht helfen.
09. Supervision ist für mich ein unverzichtbarer Bestandteil von Erziehungsarbeit.
10. Aus der Supervision ergeben sich kaum jemals umsetzbare Anstöße/Hinweise für die Bewältigung meiner praktischen Erziehungsarbeit.
11. Ich empfinde einen großen persönlichen Abstand zwischen mir und dem Supervisor/der Supervisorin.
12. Die Supervision unterstützt meine Professionalität in der Erziehungsarbeit.
13. Ich freue mich jedesmal so richtig auf die Supervision.
14. Die Supervision gehört nicht zu den Dingen, die für meine Arbeit besonders wichtig sind.
15. Das Anstellungsverhältnis der Supervisoren beim gemeinsamen Dienstherrn schafft für mich Probleme der Offenheit und des Vertrauens in die Supervision.
16. Die Supervision ist nicht dazu da, persönliche Probleme zu behandeln.
17. Ich habe zum Supervisor/zur Supervisorin kein Vertrauen.
18. Die Supervision wird meinen tatsächlichen Problemen im Erziehungsalltag nicht gerecht.
19. Ich erwarte aus der Supervision ganz konkrete Handlungsanleitungen für meine Praxis.
20. Der Supervisor hat keine Ahnung, mit welchen Problemen ich tagtäglich wirklich konfrontiert bin.
21. Wie konkret und praxisrelevant die Supervision für meine Arbeit ist, hängt zum größten Teil von mir selbst ab.

Untersuchungsbewertungsbogen (UBB)

"Die Aussage trifft auf mich...

1 = gar nicht 2 = kaum 3 = bedingt 4 = weitgehend
5 = vollständig
..zu."

---

01. Die Untersuchung hat den Alltagsablauf in der Familiengruppe gestört.

02. Die Kinder haben sich verhalten wie immer.

03. Mein Verhalten ist von der Untersuchung sehr beeinflußt worden.

04. Der/Die Untersucher hat/haben durch sein/Ihr Verhalten die beobachteten Situationen sehr verändert /beeinflußt.

05. Durch die Untersuchung fühlte ich mich in meinen üblichen Verrichtungen behindert/beeinträchtigt.

06. Die Kinder haben auf den/die Untersucher ablehnend reagiert.

07. Ich habe heute meine Arbeit so gut wie immer gemacht.

08. Ich denke, daß die Untersuchung unseren Familiengruppen-Alltag in den beobachteten Ausschnitten real erfaßt hat.

Kreuzen Sie hier bitte das passende Gesicht an:

Ich fühle mich heute:

STUDIEN ZUR JUGEND- UND FAMILIENFORSCHUNG

Herausgegeben von Prof. Dr. Franz Petermann

Band 1 Planungsgruppe Petra.: Analyse von Leistungsfeldern der Heimerziehung. Ein empirischer Beitrag zum Problem der Indikation. 3. Aufl. 1991.

Band 2 Ulrike Petermann: Sozialverhalten bei Grundschülern und Jugendlichen. 2., durchges. Aufl. 1992.

Band 3 Franz Petermann, Meinolf Noeker, Frank Bochmann, Udo Bode: Beratung von Familien mit krebskranken Kindern: Konzeption und empirische Ergebnisse. 2., überarb. Auflage. 1990.

Band 4 Thomas Steinke: Stationäres Training mit aggressiven Kindern. Die Implementation eines verhaltenstheoretisch orientierten Behandlungsprogramms in stationäre psychosoziale Organisationen. 1990.

Band 5 Thomas Brüninghaus: Psychiatriegemeinde. Soziale Netzwerke, Beziehungen, Kontakte ehemaliger Psychiatriepatienten. 1990.

Band 6 Hermann Wilmert: Autistische Störungen. Aspekte der kognitiven Entwicklung autistischer Kinder. 1991.

Band 7 Meinolf Noeker: Subjektive Beschwerden und Belastungen bei Asthma bronchiale im Kindes- und Jugendalter. 1991.

Band 8 Forschungsgruppe Jugendhilfe Klein-Zimmern (Hrsg.): Familiengruppen in der Heimerziehung. Eine empirische Studie zur Entwicklung und Differenzierung von Betreuungsmodellen. 3.,durchges. Auflage. 1995.

Band 9 Birgit Renate Greger: Intergenerative Gruppenarbeit mit alten Menschen und Kindern. 1992.

Band 10 Frank Bochmann: Subjektive Beschwerden und Belastungen bei Neurodermitis im Kindes- und Jugendalter. 1992.

Band 11 Planungsgruppe PETRA: Bestand, Entwicklung und Leistungsmöglichkeiten von Tagesgruppen. 1992.

Band 12 Gerald Ullrich: Psychosoziale Versorgung bei Mukoviszidose. Ergebnisse einer multizentrischen Studie. 1993.

Band 13 Michael Kusch: Entwicklungspsychopathologie und Therapieplanung in der Kinderverhaltenstherapie. 1993.

Band 14 Franz Petermann/Thilo Kroll/Brigitte Schwarz: Familienorientierte Rehabilitation krebskranker Kinder. Ergebnisse einer Evaluationsstudie. 1994.